博物馆馆藏文物保护与研究

刘芬◎著

北京燕山出版社

BEIJING YANSHAN PRESS

图书在版编目（CIP）数据

博物馆馆藏文物保护与研究 / 刘芬著. -- 北京 ：
北京燕山出版社，2023.9
ISBN 978-7-5402-7017-9

Ⅰ．①博… Ⅱ．①刘… Ⅲ. ①博物馆－文物保护－研
究 Ⅳ. ①G264

中国国家版本馆 CIP 数据核字(2023)第 135601 号

博物馆馆藏文物保护与研究

作　　者	刘　芬
责任编辑	王　迪
出版发行	北京燕山出版社有限公司
社　　址	北京市西城区椿树街道琉璃厂西街20号
电　　话	010-65240430
邮　　编	100052
印　　刷	北京四海锦诚印刷技术有限公司
开　　本	787mm×1092mm　1/16
字　　数	201千字
印　　张	11.25
版　　次	2023 年 9 月第 1 版
印　　次	2023 年 9 月第 1 次印刷
定　　价	80.00 元

作者简介

刘芬，女，2009 年毕业于青岛大学专门史专业，硕士研究生。2011 年起在山东省青岛市城阳区文物保护中心工作，负责城阳区基层文物管理与保护、考古遗址的挖掘与保护、辖区文保单位的修缮巡查，馆藏文物的文物普查、档案管理等相关工作，2016 年作为中级馆员一直从事相关工作。

前　言

　　文物是人类从事各种社会活动而形成的物质性遗存，同时也是精神文明的物化载体和民族文化传统的重要象征。博物馆中保存着大量的文物，是我国重要的文化单位，既要做好文物保护的专业工作，又要做好文化宣传、教育的公益服务。随着广大民众生活品质的提升，人们的精神文化需求变得更加强烈，而博物馆文物凭借其悠久的历史、深厚的文化底蕴，成为满足人类精神文化需求的重要载体。伴随时间推移，馆藏文物若得不到有效保护，极易受损，继而影响其应有价值的发挥。为此，文物保护与研究成为博物馆日常工作的重要构成部分。

　　本书以"博物馆文物保护与研究"为选题，通过阐释博物馆的基本知识，探讨博物馆与文物保护事业的发展；在阐释博物馆馆藏文物保护理论的基础上，重点围绕博物馆馆藏陶瓷器文物、藏青铜文物保护展开研究；同时，本书也包含了纸质文物、铁质文物、纺织品文物、琥珀文物、竹木漆器文物等其他馆藏文物保护的相关内容；最后，探究了博物馆馆藏文物管理与文化传播。

　　本书理论观点新颖、论述深刻，全书内容翔实、丰富，具有较强的理论性、实践性和指导性，对推动博物馆文化事业的发展起到重要作用。

　　笔者在本书的写作过程中，得到了许多专家学者的帮助和指导，在此表示诚挚的谢意。由于笔者水平有限，加之时间仓促，书中所涉及的内容难免有疏漏之处，希望各位读者多提宝贵意见，以便笔者进一步修改，使之更加完善。

目　录

第一章 博物馆基础与文物事业发展

第一节 博物馆的界定及构成

一、博物馆的界定

（一）博物馆称谓的由来

今天我们汉语中所使用的"博物馆"一词是近代才由英语"Museum"翻译而来的。而包括英语、法语、德语、意大利语、西班牙语在内的大部分西方语言，甚至俄语中的"博物馆"一词则全都来源于希腊语"Mouseion"，意即"供奉缪斯、从事研究之处所"①。1683年，世界上第一座现代意义的博物馆——阿什莫尔艺术和考古博物馆建成开放并正式使用"Museum"命名。自此，"Museum"成为博物馆的固定称谓，并一直沿用至今。

尽管我国古代文献中早有"博物"一词，但"博物"与"馆"连用，作为一种社会文化教育机构的称呼，则出现得还比较晚，仅有一百多年的时间。中国对西方博物馆的接触和了解，始于19世纪中叶。鸦片战争结束后，中国到西方出访、留学的人逐渐增多。这些追求知识和真理的人大都被西方形形色色的博物馆所吸引，因此，在他们的游记和随笔中，时常有参观西方博物馆的记述，而他们对这些博物馆的称呼却各不相同，如"集宝楼""积宝楼""禽骨馆""画阁""军器楼"等，并没有统一的称谓。

1867—1870年间，晚清著名思想家王韬在欧洲诸国游历，回国后在他所著的《漫游随录》中首先使用了"博物院"一词来称呼西方的博物馆，但这个称呼当时并没有普及开来。与此同时，亚洲的日本也积极遣使造访和学习西方。其中，赴美使节团中的名村元度于1860年便开始使用"博物馆"一词。明治时代的资产阶级启蒙思想家福泽谕吉随幕

---

① 缪斯（Muses）就是古希腊传说中主管文化艺术的九位女神。

府使节团造访欧美之后，更是在其所著的《西洋情况》初编（卷之一，1866 年出版）中明确指出"博物馆乃以搜集世界上之物产、古物、珍品等出示于人，以广见闻而设立者也"。

但是，直到 19 世纪 70 年代中叶以后，"博物馆（博物院）"才逐渐成为"Museum"的固定译语。我国使用这个词是直接译自英语，还是借用了日本的翻译，尚存争议。但无论如何，汉语"博物馆"一词还是准确地表达了英语"Museum"的内涵。

（二）博物馆的定义变化

我们现在所能看到的较早的关于现代博物馆的定义可能产生于 17 世纪下半叶。在阿什莫尔与赫斯特关于特拉德斯干收藏归属问题的诉讼中，可以看到当时的法院将博物馆定义为：一个"贮存和收藏各种自然、科学与文学珍品或趣物或艺术品的场所"[①]。由此可见，虽然博物馆在当时已经被看作是为了保护藏品的安全而专门营造的建筑，但是却没有包含对藏品的测定、陈列和研究。因此，可以说，那时对博物馆的理解依然停留在与传统珍品收藏所相等同的层面上。

这种定义显然无法反映自那以后特别是近代以来博物馆翻天覆地的变化。20 世纪以来，博物馆不仅在各国的社会生活中发挥着日益重要的作用，而且其发展也已逐渐成为国际性事务，尤其是博物馆学和国际博物馆协会产生之后，各国博物馆学者们更是对明确博物馆的定义提出了迫切的要求，希望就此达成国际范围内的共识。因为如果没有一个科学、合理、准确、全面的博物馆定义，现代博物馆间的交流、合作以及博物馆学的教学和研究都很难进行。可是，人们在探索博物馆定义的实践中才慢慢发现，由于博物馆形态的多样性、职能的多重性、区域性文化特征与意识形态的差异性以及博物馆内涵与外延的历史性变化等原因，恰当定义博物馆实在是困难重重。

即便如此，长久以来，许多国家的博物馆组织和学者依然坚持不懈，在结合本国国情和博物馆实践的基础上，提出了不少颇有见地的博物馆定义。例如，日本 1951 年制定的《博物馆法》中将博物馆定义为："收集、保管（包括培育）、陈列展出有关历史、艺术、民俗、产业、自然科学等资料，从教育角度出发供一般市民公众利用，为有助于提高其文化素养，供其调查研究、休息娱乐等而举办必要的事业，并对此资料进行调查研究为目的的机构。"[②] 美国博物馆协会 1962 年通过的博物馆定义认为："（博物馆是）非营利的永久

---

① 雷蒙德·阿古斯特，周秀琴. 博物馆的法定定义 [J]. 中国博物馆, 1987 (01)：86-92.
② ［日］伊藤寿郎、森田恒之著；吉林省博物馆学会译. 博物馆概论 [M]. 长春：吉林教育出版社, 1986：428-429.

性机构，其存在的主要目的不是为组织临时性展览，该机构应享有免交联邦和州所得税的待遇，向社会开放，由代表社会利益的机构进行管理，为社会的利益而保存、保护、研究、阐释、收集和陈列具有教育和欣赏作用的物品及具有教育和文化价值的标本，包括艺术品、科学标本（有机物和无机物）、历史遗物和工业技术制成品。符合前述定义的机构还包括具备上述特点的植物园、动物园、水族馆、天象厅、历史文化学会、历史建筑和遗址。"[①]《苏联大百科全书》则提出："博物馆是征集、保藏、研究和普及自然历史标本、物质及精神文化珍品的科学研究机构、科学教育机构。"我国现在普遍采取的博物馆定义是 1961 年文化学院文物博物馆干部学习班所编《博物馆工作概论》中的表述：博物馆是"文物和标本的主要收藏机构，宣传教育机构和科学研究机构，是我国社会主义科学文化事业的重要组成部分"。

虽然这些博物馆定义没有得到国际博物馆学界的普遍认可，但它们却都为本国博物馆事业的发展起到了积极的指导和推动作用，并为日后世界通用博物馆定义的形成提供了有益的借鉴。

其实，同各国的博物馆组织和学者一样，代表世界各地博物馆和博物馆专业人员的国际博物馆协会（以下简称"国际博协"）自 1946 年成立伊始，就在一直努力，试图给博物馆一个恰当的定义。从 1946 年至今的六十余年间，国际博协共召开了 21 届大会，其间，结合全球博物馆事业的发展，也曾多次对博物馆的定义展开讨论，并分别于 1951 年、1961 年、1974 年、1989 年、1995 年、2001 年、2007 年和 2022 年先后将修订后的定义写进国际博物馆协会章程。

1946 年，国际博协创立之初的章程曾规定："博物馆是指向公众开放的美术、工艺、科学、历史以及考古学藏品的机构，也包括动物园和植物园，但图书馆如无常设陈列室者则除外。"

1951 年修订后的博物馆定义为："博物馆是运用各种方法保管和研究艺术、历史、科学和技术方面的藏品以及动物园、植物园、水族馆的具有文化价值的资料和标本，供公众欣赏、教育而公开开放为目的的，为公共利益而进行管理的一切常设机构。"

1961 年国际博协修订后的博物馆定义在形式上开始包括两部分内容，一部分（第 3 条）是对包括博物馆组织、目的、功能、工作对象和意义等基本要素的抽象表述，另一部分（第 4 条）则说明哪些机构可以被视为博物馆。这个定义在表述上较 1951 年的定义更加精练，同时，将"历史遗迹"和"自然保护区"也列入了博物馆的范畴。

[①] 宋向光. 物与识：当代中国博物馆理论与实践辨析 [M]. 北京：科学出版社，2009：36.

1974 年国际博协于丹麦哥本哈根召开的第 10 届大会暨第 11 次全体会议形成了现代通用博物馆定义的雏形，章程的第 3 条规定："博物馆是一个不追求营利、为社会和社会发展服务的公开的永久性机构。它把收集、保存、研究有关人类及其环境见证物当作自己的基本职责，以便展出，公之于众，提供学习、教育、欣赏的机会。"

到了 1989 年 9 月，在荷兰海牙举行的国际博协第 15 届大会暨第 16 次全体会议通过了修订后的《国际博物馆协会章程》，其中的第 2 条总结了以往博物馆定义的经验，再次将博物馆的定义修正为：博物馆是为社会及其发展服务的非营利的永久机构，并向大众开放。它为研究、教育、欣赏之目的征集、保护、研究、传播并展示人类及人类环境的见证物。

博物馆之上述定义应不受任何主管机构、地方特征、职能机构或有关机构收藏方针等因素的限制而予以适用。除被指定为"博物馆"的机构外，为本定义之目的，以下具有博物馆资格：从事征集、保护并传播人类及人类环境物证、具有博物馆性质的自然、考古及人类学的历史古迹与遗址；收藏并陈列动物、植物活体标本的机构，如植物园、动物园、水族馆和人工生态园；科学中心及天文馆；图书馆及档案中心常设的保护机构和展览厅；自然保护区；执行委员会经征求咨询委员会意见后认为其具有博物馆的部分或全部特征，或通过博物馆学的研究、教育或培训，能够支持博物馆及博物馆专业工作人员的此类其他机构。

与以往的博物馆定义相比，上述定义不仅更重视博物馆与社会的关系，强调博物馆要为社会及其发展服务，反映出了博物馆的社会参与性，而且更加关注社会公众与博物馆的关系，强调要向大众开放，反映出了博物馆与观众的互动性。同时，随着博物馆事业在全球的发展，它也体现了博物馆外延的变化，将具有博物馆性质的设施和机构都接纳为自己的伙伴。虽然在此之后国际博协还在继续努力对博物馆的定义进行调整和修订，如 1995 年和 2001 年分别对 1989 年定义的词序进行了调整，并且根据博物馆在全球发展的实际情况，对博物馆所包含机构的范畴有所扩充，而 2007 年修订的定义则只是将人类及人类环境的见证物细化为有形和无形的而已。2022 年新修订的博物馆定义为：博物馆是为社会服务的非营利性常设机构，它研究、收藏、保护、阐释和展示物质与非物质遗产。它向公众开放，具有可及性和包容性，促进多样性和可持续性。博物馆以符合道德且专业的方式进行运营和交流，并在社会各界的参与下，为教育、欣赏、深思和知识共享提供多种体验。但是，总体而言，它们都是在 1989 年定义基础上的微调。因此，可以说，经过多年博物馆实践的验证，国际博协 1989 年形成的博物馆定义依然是迄今国际范围内通行且相对稳定的博物馆定义。不但许多博物馆学论著引用这个定义，而且不少国家制定本国博物馆定义时也多以此为依据。

总之，博物馆的定义是随着社会的前进与博物馆事业的不断发展以及人们对博物馆认识的逐渐深化而不断发展的，由文物保护机构转变为具有特定功能的文化设施，它既是收藏保管中心、研究机构，也是传播知识的学校或提供娱乐的场所。博物馆定义的变化反映出当前更关注服务公众及与社会的关系，博物馆承担着为社会和社会发展服务的责任，具有特定的工作对象和专业化的业务领域。

二、构成博物馆的要素

一般意义上的博物馆通常由以下四个要素构成：

（一）一定数量的藏品

藏品指博物馆收藏的有关历史、民俗、艺术、技术及自然科学等领域的各种资料，既包括物质资料也包括非物质资料。博物馆藏品是博物馆业务活动的基础，藏品质量的高低和数量的多少是博物馆定级的重要标准以及衡量其社会作用的一个主要条件，也是博物馆声誉之所在。

（二）馆舍及其他硬件设施、设备

作为社会文化机构的博物馆必须拥有馆舍及其他硬件设备、设施以保障博物馆的正常运行。博物馆馆舍必须能满足和适应博物馆的运作，安全是博物馆馆舍最根本的要求之一，展览厅、会议室、餐厅、卫生间等空间的设计与装修布置也应该有服务博物馆运作的意识，在形式必须服从功能的基础上，建筑风格应与博物馆的位置与主题相协调。

（三）有基本陈列及持续向社会公众开放

陈列展览是博物馆主要的业务活动形式，也是参观者评价博物馆的重要依据，有基本陈列并持续向公众开放是博物馆实现其基本功能的重要途径。只有根据社会需求和观众特点，利用藏品、信息、视觉形象、空间环境等因素，设计陈列，并吸引观众去参观陈列，博物馆才能真正地实现为社会公众服务。有基本陈列及持续向社会公众开放是博物馆的重要构成因素之一。

（四）掌握专业知识与技能的人才

博物馆的一切活动都是由具备博物馆专业知识的人才主持和管理的。人才是博物馆事业发展的关键，博物馆事业的发展最终决定于博物馆人才。博物馆的各种人才既包括博物馆的管理者也包括经营、管理、研究藏品、开展社会教育的专业人员。

首先，现代博物馆的发展需要具有现代经营管理理念的人才，管理者的行政能力、对外交往能力、专业素质直接决定了博物馆事业发展的成败。

其次，博物馆社会功能的实现需要掌握博物馆学理论知识、具有创新精神和较强实践能力的各种专业人才。

第二节　博物馆的功能与特征

一、博物馆的主要功能

当前博物馆的功能可表述为收藏、保管，科学研究，教育，娱乐。

（一）收藏、保管

博物馆现象起源于收藏珍品，中国古代收藏书画、彝器、古玉、玺印的现象起源很早，在商周时期即已出现。古希腊、罗马等文明古国贵族对奇珍异宝的收藏是现代博物馆产生的基础。藏品是人类文明的重要见证，是博物馆工作的核心与基础，收藏、保管也是博物馆首要功能与最基本的功能。

随着社会的发展，目前博物馆收藏、保管的对象已不限于珍贵文物与艺术品，而是涉及人类与人类生存环境的各种见证物，既包括物质遗产，又包括非物质文化遗产。最广泛、最全面地保藏着人类活动和自然发展的真实物证，并把它永久地传给后人，这是博物馆特有的功能。

博物馆获得收藏的途径主要有文物征集、获得馈赠和遗赠、从私人收藏家或拍卖会上购买藏品、田野考古发掘和调查等。

（二）科学研究

博物馆最初的研究主要是对藏品本身的基础研究以及应用性研究，大量藏品只有进行深入的研究，所具有的历史价值、艺术价值与科学价值才能被揭示，明确主题、挑选藏品、设计展览与撰写解说词等过程都需要进行科学研究，可以说研究工作贯穿博物馆工作的全过程。随着时代的前进与社会的发展，博物馆作为全民共享的文化机构，其研究对象已不再局限于藏品本身，而是扩展到博物馆实践以及博物馆公众研究等方面。

博物馆研究是为了社会利用、展览和教育普及服务，只有达到较高的研究水准，才能保证博物馆各项工作的水平与服务的质量，许多著名的博物馆不只藏品丰富，同时也是学术研究重镇，如美国史密森博物学院、大英博物馆、芝加哥艺术博物馆等。一些博物馆为了加强研究，还专门设有研究部门并主办学术刊物，如中国国家博物馆设有学术研究中心、故宫博物院设有故宫研究院、河南博物院设有研究部等。

（三）教育

教育作为博物馆的基本功能之一，是收藏与研究功能的延伸与扩展。博物馆对外开放后，观众走进博物馆，通过观看展览受到教育与启发。博物馆教育的对象为整个社会的全部成员，从儿童到老人，从一般群众到残疾人，从国内观众到外国旅游者，从个人到团体，博物馆都对他们开放。因此，博物馆不只是学校的第二课堂，也是家庭教育与社会教育的第二课堂，人们可以自由地出入各个陈列室，通过参观展览、参与博物馆的各项活动，汲取科学文化知识。

博物馆的教育方式生动形象，通过大量运用文物标本、模型等实物资料，作用于观众的感官。这无论从人的生理机制或者认知过程来说，都会使观众感到亲切，易于接受和理解。此外，博物馆还通过讲解服务、公众讲座、出版物以及举办丰富多彩的文化活动等方式来加深观众对博物馆陈列的理解。

2007 年国际博协对博物馆的定义将"教育"调整至功能首位。2015 年，我国《博物馆条例》正式颁布，借鉴了国际博协对博物馆的定义，亦将教育功能提升，虽然只是顺序的调整，但表明了博物馆学界对博物馆认知的提升与社会责任的强调。国家文物局近年在对博物馆的评审工作中，也已经将教育以及相关的比重提升，博物馆观众研究越来越得到重视，从以藏品为中心到以观众为中心，是博物馆发展的趋势和潮流。

（四）娱乐

随着博物馆的免费开放，博物馆已成为公众休闲娱乐的必选，博物馆与文化创意、旅游等产业相结合，参观博物馆也已成为旅游的重要日程，许多博物馆成为旅游热点。这是博物馆面临的机遇与挑战，一方面博物馆的陈列设计要融入休闲娱乐的文化元素，使专业知识通俗化，向观众提供趣味性强的展览；另一方面要增加扩大这方面的项目设施，积极开办具有吸引力的各种欣赏娱乐活动。

而且，博物馆教育功能的实现，在很大程度上取决于观众自觉自愿的自发行为（自觉地走进博物馆）。据众多调查和研究结果表明，出于娱乐性动机和目的参观博物馆的观众在数量上远远多于以接受教育为动机和目的的观众，因此现代博物馆既要重视教育，也应关注观众的娱乐性需求，吸引观众，"寓教于乐"，使观众在接受教育的同时又能获得愉悦、新奇、惬意等娱乐性的享受。值得注意的是，博物馆娱乐功能的发挥必须以博物馆的藏品为基础，以教育为最终目的，博物馆并不是纯粹的娱乐机构。

二、博物馆的特征表现

所谓特征是指一个事物区别于其他事物的特别显著的标志，博物馆是以文物或标本为基础，组成形象化的科学的陈列体系，对群众进行直观宣传教育的公共文化机构，其特征可表述为实物性、直观性、广博性、开放性与公共性（图1-1）。

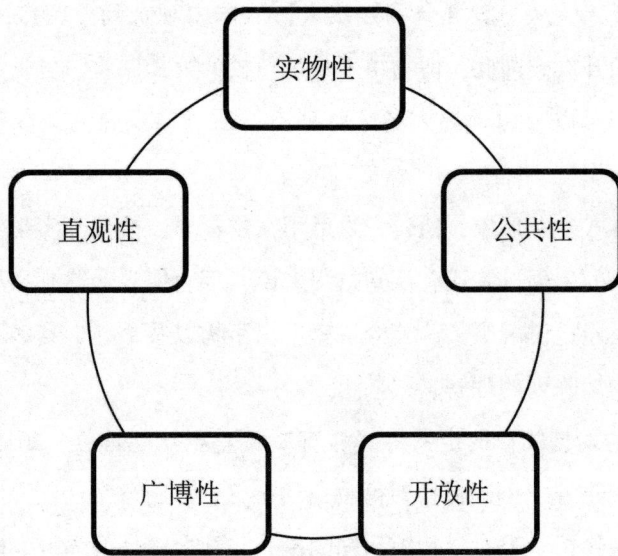

图 1-1　博物馆的特征表现

（一）实物性

虽然博物馆也收藏非物质文化遗产，但实物仍然是博物馆一切活动的基础和出发点，"实物"既包含"自然物"，也包含各种"人工制品"，收藏和利用实物是博物馆的最基本特征。

随着科技的进步、信息化的发展，博物馆物质属性的特征并不会发生动摇，数字博物馆、虚拟博物馆与智慧博物馆等博物馆的出现也不能改变博物馆的物质特征，博物馆的物质仍然是区别于一切其他文化形式的根本界限，未来的博物馆非但不可能离开物质，相反有必要更好地发掘物质的意义和价值。

（二）直观性

博物馆中的实物并不能直接发挥作用，必须在科学而完整的陈列体系中，才能与观众进行交流，通过内容表现与视觉表达手段，向观众的各种感官输送知识、艺术、历史、情感等多元化信息。以文物、标本为主，辅以模型、图表等实物性辅助展品的陈列，比其他文字资料和图片资料更直观生动和有吸引力，更有助于加强观众的记忆。所以直观性是博物馆的又一特征。随着现代科技在展陈中的应用，观众不仅能多角度观察藏品，而且可以通过亲自操作实验，获得身临其境的情感体验，使博物馆的直观性特征更为明显。

（三）广博性

随着社会的发展，博物馆呈现多元化的局面，博物馆的收藏内涵不断丰富，涉及文物、艺术、科技、自然等多个方面，从文物到日常用品，从物质文化到非物质文化，从标本到活物等资料都是博物馆收藏和研究的对象，博物馆类型不断增多，专门性博物馆大量涌现，并且出现了许多新形态的博物馆。可见广博性是博物馆区别于其他文化机构的显著特征，而且随着社会的前进与博物馆的发展，这个特征日益显著。

（四）开放性

博物馆的开放性不仅体现在对公众开放，更体现在对社会的广泛关注以及与观众的交流互动。陈列在设计之前要进行观众调研，明确目标观众群，确立陈列定位；设计过程中，要接受观众代表的优化建议，考虑观众的特点，选择适宜的知识背景和语言表达方式；展陈阶段，欢迎观众进入陈列场所，允许观众基于自身的知识解读陈列内容，鼓励观众将参观成果转化为有利于个人发展的资源和动力，并收集整理观众反馈意见，对陈列效果做出科学评价。

（五）公共性

公共性，即博物馆是一个公共服务机构，为公众而设立，其服务对象是社会公众，而不是一部分特殊人群。公共性是博物馆的本质属性之一。这种公共性植根于其赖以产生的公共文化需求。博物馆的公共性主要包括公正性、公平性、公益性、公开性四个方面。

公正性就是要求博物馆制度的构建必须合理、合法，即遵循博物馆发展的基本规律，符合相关的法律法规，这是博物馆公共性的前提。

博物馆的公平性既包括使用博物馆的机会和接受相同服务质量等方面的公平，还包括在保证当代人满足或实现自己的需要的同时，要保证后代人也能够有机会满足他们的利益需要，这是博物馆公共性的核心。

博物馆公益性是指国家、社会和个人为博物馆所提供的设施、条件、产品和服务具有公共性的主要特征，受益者是社会公众。公众受益是博物馆公益性的集中体现。公益性是博物馆事业客观存在的一种社会属性，它不以办馆者的主观意志为转移，无论是由政府办馆还是由非政府组织或个人办馆，博物馆都具有公益性，这是博物馆公共性的目标。

公开性一般是指透明度、民主性。公开性要求博物馆制度能够保障博物馆决策、资源分配、资金来源和使用等的开放性和透明度。博物馆所提供的服务必须具备公开性，公开、透明是博物馆履行公共服务职能的本质要求，这是博物馆公共性的保证。

第三节　博物馆类型及新样态

一、博物馆分类概说

（一）博物馆分类的意义

随着博物馆事业的蓬勃发展，博物馆面貌日益多元，呈现出不同的特质。博物馆分类的意义也由此显现。

从宏观层面来看，博物馆分类有利于掌握各类博物馆特点，便于国家博物馆行政管理部门进行分类统筹与管理，也有助于更科学地制订发展规划，指导博物馆事业建设。

从实践层面来看，同类型博物馆在业务活动、工作方式等方面具有较高的一致性，博物馆的分类有利于有针对性地指导不同类型博物馆的工作，从而有效提升某类博物馆的业务水平，创造更大的社会价值。

从理论层面来看，对博物馆进行分类，便于更深刻地认识各类博物馆不同的发展规律，对博物馆学研究具有重要意义。

然而，划分博物馆类型的标准与角度随着博物馆实践发展逐渐调整。不同国家与地区的博物馆事业发展也呈现出差异性。因此，世界各国的博物馆也很难形成公认的统一的分类标准。

（二）中国博物馆的分类方法

国家文物局在对全国博物馆的年度统计中，粗略地按"博物馆性质"将中国博物馆分为文物、行业、非国有三类。这主要是出于国家文物局工作的需要，这种分类方法中混入了隶属关系、所有制性质等不同标准，但有效地区分了国家文物局与三类博物馆间不同的行政关系。

国家文物局为加强博物馆行业管理，充分发挥博物馆的社会服务功能，促进博物馆事业发展，对中华人民共和国境内所有正式登记、注册并接受年检，具有文物、标本收藏保管、科学研究、陈列展览功能的，对外开放的各类博物馆，进行定级。国家文物局组织设立的全国博物馆评估委员会在综合管理与基础设施、藏品管理与科学研究、陈列展览与社会服务等各方面进行综合评议，以打分方式产生博物馆等级。中国博物馆等级从高到低依次为一级、二级和三级。此外，博物馆定级评估为博物馆自主申报，由于未参评或参评而未获得等级的情况存在，因此还有一批"无级别"的博物馆。博物馆的定级评估，可以规范对博物馆行业的管理，同时也对博物馆的发展以及竞争起到促进作用。博物馆的等级证书、标牌由国家文物局统一制作和颁发。博物馆等级一经评定，即向社会公布，接受公众监督，每三年进行一次运行评估，如果出现问题，博物馆存在被取消原有等级资格的可能。

2015年颁布并实施的《博物馆条例》，按所有制性质将博物馆分为国有博物馆和非国有博物馆两类。利用或者主要利用国有资产设立的博物馆为国有博物馆；利用或者主要利用非国有资产设立的博物馆为非国有博物馆。并规定，国家在博物馆的设立条件、提供社会服务、规范管理、专业技术职称评定、财税扶持政策等方面，公平对待国有和非国有博物馆。

《中国大百科全书（第二版）》认为，划分博物馆类型的主要依据是博物馆藏品、展出、教育活动的性质和特点，其次是它的经费来源和服务对象。书中又将博物馆划分为五种类型：①艺术博物馆，包括绘画、雕刻、装饰艺术、实用艺术和工业艺术博物馆，也有把古物、民俗和原始艺术的博物馆包括进去的，有些艺术馆，还专门展示现代艺术；②历史博物馆，包括国家历史、文化历史的博物馆，在考古遗址、历史名胜或古战场修建起来的博物馆也属于这一类；③科学博物馆，包括自然历史博物馆，内容涉及天体、植物、动物、矿物、自然科学，实用科学和技术科学博物馆也属于这一类；④综合博物馆，主要是地志博物馆；⑤特殊博物馆，包括露天博物馆、生态博物馆、儿童博物馆、乡土博物馆，还有利用计算机和网络技术模拟产生三维空间的虚拟博物馆等[①]。

中国还存在着其他的博物馆分类方式。较为常见如按博物馆的隶属关系进行分类。据

---

① 《中国大百科全书》总编委会. 中国大百科全书［M］. 北京：中国大百科全书出版社，2009：275.

博物馆隶属的行政区级别，可分为国家级博物馆、省级博物馆、市级博物馆和县级博物馆等。还有按隶属行政系统进行分类的，如文化系统博物馆、教育系统博物馆、园林系统博物馆等。

二、博物馆发展的新样态

下文将根据近年来我国博物馆的发展状况与特点，重点介绍遗址博物馆、高校博物馆、非国有博物馆以及生态博物馆等几种越来越引起关注的博物馆。

（一）遗址博物馆

遗址博物馆是指依托考古遗址，以发掘、保护、研究、展示为主要功能的专题博物馆。由于考古遗址的空间是发生历史的地点，因此遗址博物馆具有其他博物馆所不具备的天然情境。

1. 遗址博物馆的建设理念

遗址博物馆建设，首先应当保护遗址本体及其周围环境。伴随考古遗址保护项目的推进，越来越多的遗址博物馆设计者更加关注考古遗址本体与环境的维护，而对博物馆建筑形式的表现保持克制。这种思路以保护考古遗址的真实性和完整性为前提，以对历史信息和背景环境的最小干扰为原则，重新理解遗址博物馆在选址建设、功能组织和表现形式等方面应该遵守的理念和规则。

坚持可移动文物与遗址本体在原生地进行就地保护的原则不是将文化遗产搬移到博物馆建筑里，而是将其保留在原生地和原生环境中。遗址和一般的可移动文物不一样，它是和人的生活相结合，和相应的地理、自然环境风貌的结合体。遗址出土的文物应该作为遗址的一部分就地建设博物馆，进行原址保护。遗址出土的文物一旦脱离了文物原生地，就形成不了独具特色的地域文化，保护也就失去了意义。联合国教科文组织曾在 1965 年，将遗址保护工作从国际博协分裂出来，另组成国际古遗址理事会，将考古遗址的展示以露天遗址公园为主，而将考古遗址出土文物以易地建设博物馆展示为主。

2. 遗址博物馆的选址

博物馆作为公共性建筑，选址是建筑策划中极为重要的一环，馆址选择是否恰当，不仅关系着博物馆社会效益的发挥、藏品的安全保障以及未来的扩建发展，而且也关系着博物馆对城市环境的影响。一般博物馆的选址，通常具有多种可选择的空间，而遗址博物馆的选址截然不同。遗址博物馆具有选址的相对确定性，遗址博物馆选址不能脱离遗址而存在。一般而言，遗址博物馆的位置应该在遗址之上或遗址附近，远离遗址的遗址博物馆也就失去了建设的意义。遗址博物馆的最大、最明显的展示品就是遗址本身，而遗址的位置是固定不变的，同时遗址保护区范围内，可能还有未发掘或未发现的遗址痕迹。因此，遗址博物馆的选址，必须首先确定遗址保护区的范围，搞清楚保护区内遗址的功能与布局情况，再参考遗址的位置选取合适的位置作为博物馆所在地。

遗址博物馆应该与其他旅游文化娱乐设施邻近或联合，形成规模效应。当今博物馆的功能已向多元化方面发展，参观博物馆不仅仅是单纯的学习和欣赏，也是一种休闲和娱乐。在遗址博物馆规划建设时，应该充分考虑与其他旅游文化娱乐设施相组合形成规模效应，这样可以为博物馆提供更多的观众来源。如西安市临潼区的秦始皇帝陵博物院、华清池、唐华清宫御汤遗址博物馆相互邻近，处于同一条旅游线上，它们的联合形成一定规模，成为西安一日游的最佳选择。

（二）高校博物馆

高校博物馆作为博物馆行业的重要组成部分，是培育大学校园人文精神的特殊教育载体，在传承中华优秀传统文化、塑造大学精神方面扮演着至关重要的角色。

高校博物馆的最大特点就是其隶属于高校，其与主要隶属文化、文物部门的博物院（馆），美术馆，纪念馆，文物保护单位，及部分自然保护单位、森林公园、动物园、植物园等既有广泛的共性，也存在着个性。作为博物馆系统中的一员，高校博物馆具备一般博物馆的全部功能，收藏大量珍贵文物藏品、具有比一般博物馆更强的研究能力、面向观众开放，在社会教育活动方面独树一帜。

（三）非国有博物馆

从诞生到现在，非国有博物馆没有统一的身份界定。管理部门先后冠之以"私立""私人""民办""非政府办""民间""民营"等名称。2015 年 1 月发布的《博物馆条例》则从法律的角度称之为"非国有博物馆"。《博物馆条例》第二条指出："博物馆包括国有博物馆和非国有博物馆……利用或者主要利用非国有资产设立的博物馆为非国有博物馆。"

2017 年，国家文物局发布《关于进一步推动非国有博物馆发展的意见》，对非国有博物馆的定义进行阐释："非国有博物馆是指以教育、研究和欣赏为目的，收藏、保护并向公众展示人类活动和自然环境的见证物，由社会力量利用或主要利用非国有文物、标本、资料等资产设立，经登记管理机关依法登记的非营利组织。"①

可见，非国有博物馆是与国有博物馆并列的博物馆形式，其主要特点是利用或主要利用非国有文物、标本、资料等资产设立。这类博物馆从投资主体看，不是由国家直接出资；从隶属关系上看，不属于文物系统。

非国有博物馆作为博物馆体系的重要成员，是对国有博物馆的补充，甚至填补了一些国有博物馆未进行深入研究的领域的空白。非国有博物馆是民间收藏的高级阶段，是城市文化底蕴的体现，无论是对于博物馆事业的发展，还是对于国家文化软实力、民族文化形象的提高都具有重要意义。

（四）生态博物馆

20 世纪 60 年代末，法国著名博物馆学家乔治·亨利·里维埃引入瑞典斯堪森露天博物馆的理念，把环境保护和生态保护结合起来，在法国创立了第一代生态博物馆——法国地区自然公园。1974 年，著名博物馆学家雨果·戴瓦兰在法国东部的克勒索-蒙特索煤矿区建立了一座人与工业博物馆，并正式使用"生态博物馆"名称。克勒索曾是钢铁制造工业区，蒙特索是煤矿开采工业区，两者的结合使人与工业博物馆融合了工业文明与自然环境，进入自然与人文社会综合生态中，成为第二代生态博物馆的代表。在此后的 20 年中，全世界曾出现 300 多座生态博物馆，其中以法国和加拿大数量最多。各国生态博物馆的实践形式五花八门，其内涵与特性始终在不断地变化和发展。

生态博物馆作为一种新型博物馆，代表着一种新思维、新观念，与传统博物馆有很大的不同。国际博物馆协会编的《博物馆学关键概念》对生态博物馆的表述为：生态博物馆，是一个致力于社区发展的博物馆化的机构。它融合了对该社区所拥有的文化和自然遗产的保存、展现和诠释功能，并反映某特定区域内一种活态的和运转之中的（人文和自然）环境，同时从事与之相关的研究。

生态博物馆的出现在国际博物馆界掀起了一场博物馆革新运动。20 世纪 90 年代后期，生态博物馆理念被引进中国。1998 年 10 月，中国首座生态博物馆在贵州六枝梭戛苗族村寨诞生。该生态博物馆与分布在大山深处的少数民族聚居区和风景名胜区相结合，将自然遗产、物质文化遗产与非物质文化遗产完整地保护起来，赋予了生态博物馆实践新的内涵。进入 21 世纪以来，中国又在广西南丹、云南西双版纳、内蒙古达茂旗、浙江安吉、陕西汉中等地陆续建立一批新的生态博物馆，开辟了中国特色生态博物馆的新模式。

---

① 国家文物局《关于进一步推动非国有博物馆发展的意见》（文物博发〔2017〕16 号）。

第四节 博物馆与文物保护事业

所谓文物，是指在历史发展过程中，由人类活动产生的，具有历史、艺术、科学价值的物质文化遗存的总称。中国虽有着悠久的古物收藏、鉴赏和研究的历史传统，但文物秘藏的习俗限制了文物的价值体现和作用发挥。近代博物馆的出现，使这种状况逐渐地发生改变，它不但承担起保护文物的职责，还肩负了开启民智的使命。在20世纪30年代的博物馆大发展时期，博物馆的教育功能被学界广泛接受并推广，从而促进了民众的文物保护意识增强，为中国的文物保护事业做出了较大贡献。

博物馆属于文化教育机构，它是征集、典藏、陈列、研究代表自然和人类文化遗产实物的场所，为公众提供知识、欣赏、教育等服务。文物是博物馆的核心，博物馆在文物陈列过程中，必须树立文物保护意识，避免出现丢失、破损等情况，提高文物保存效果。

一、文物保护的重要性

文物藏品是我们祖先遗留下来的，也是我们今天生活的背景，文化遗产逐渐积累和增长，同时也是人类文化延续的象征。每一个文物藏品都经历过沧桑。

博物馆藏品并不是任何一个物品就能担当得起的，其必须有历史价值、科学价值或者艺术价值才可以称作藏品，这也说明了藏品有的特殊含义，这也是博物馆中收藏藏品的基本条件。藏品是原始物质资料，能从不同方面反映出事物的本来面目；馆藏文物能对于一个国家的人类社会发展历史、政治、经济、军事、科技、文化艺术以及一个民族的生产、生活条件和风俗习惯进行有效的反映。这也是历史遗迹存在的价值。除了历史价值以外，艺术珍品藏品还有着很高的艺术价值。能对于古代艺术的不同流派以及风格进行反映，并使人了解到当时的艺术、科技等成就，能提供艺术演变过程以及艺术技巧，并且提供了实物范例。馆藏的自然标本不仅可以反映宇宙结构、自然资源分布、动植物进化、生物繁殖，还可以帮助人们对于过去、现在、未来进行了解、把握、探索，了解大自然的发展规律。

物品转化为博物馆馆藏，除了要符合必要的条件外，还应当符合博物馆馆藏标准，而后按照规定进行藏品的登记、编目等手续。当物品变成藏品后，它们就有了不同的意义，能在博物馆中发挥出应有的光彩，因此，其也是国家非常重要的科学文化财产，博物馆需要对其进行科学的保护以及研究和管理。而不当的管理和保护会对于藏品产生无法挽回的损失。博物馆的藏品与其他对象不同，不可再生。即使可以按照原始状态进行收藏，或者可以找到相同的对象进行替换，原始对象的固有意义和价值也已经丢失。

博物馆藏品种类繁多，不仅仅是局限于考古当中发掘的文物，还有收藏的标本、科技成果以及工农业当中的产品。由于藏品是人们社会以及大自然的实物见证，是非常重要的文化载体，因此，在如今专业细分的当下，博物馆需要进行收藏的范围也应当不断扩大。藏品必须具有范围广、种类多、内容广、形式多样、数量巨大的特点。

以上可以看出，博物馆藏品有着不可再生、广博性的特点，并且具有特殊含义，因此，博物馆做好文物保护工作，才能发挥出文物的文化、社会和经济价值。

二、博物馆的文物保护措施

（一）引进先进的文物保护设备

博物馆是新时代国家收藏、保护各种文物的主要场地。文物虽然需要进行各种保存操作，但也离不开有效运行的保存设施。博物馆通过系统化地分析文物所面临的各种情况，并根据文物保护的性质、保存条件、干扰因子等，引入先进的保存设施，包括恒温恒湿控制装置、状态监控装置，以及时刻掌握馆内的气温、湿度动态变化和各种文物情况变化等，并在动态调整过程中逐步形成完善的保存条件，有效保护收藏的各种文物。

另外，还要强化对保护设施的维护工作，要把保养、检查、检修等工作落到实处，及时发现、科学解决保护设施中存在的新问题、隐患问题，并定期对维护设施进行多层次更新，在改善各方面功能的同时使功能更为完备，在安全、稳固、有效运行的同时最大化实现各种功能效果，从根本上提升保护效果。

（二）打造数字化文物保护体系

当前，文物保护相关部门应该在充分调研各级博物馆的文物保护现状的基础上，根据现实条件，运用各种先进的科学技术，花大力气打造现代化的文物保护体系。通过合理运用科学手段，建立信息系统、文物保护共享系统等，促进深度衔接和配合体系建设，运用可视化平台，随时监测文物保护设备的运转情况，有效排除设备隐患，完善文物保护体系。工作人员在使用文物信息系统时，应该精准录入文物信息，整合数据信息并进行分析，掌握文物的真正面貌。

一般来说，随着考古发掘工作量增加，馆内文物也越来越多，如此背景之下，数字化信息系统所能发挥出来的作用也越来越大。所以，有关部门要及时发布数据，进行平台信息内容共享，促使观众能够完整了解文物，加深认识。如果是不能对外开放的珍贵文物，馆内的工作人员应该学会利用可视化平台，借助三维立体技术，将它们以可视化手段呈现出来，满足观众欣赏了解文物的需要，从而把珍贵文物可能受到的损害降到最低，实现保护珍贵文物的目的。

（三）构建数字化文物保护平台

如今，多种领先的数字化技术应用到各行业领域，同时，这些技术还将根据各行业不同的应用和开发需求而做出针对性调整。博物馆也要与时俱进，积极建设先进的文保系统。因此，通过虚拟的仿真和建模等技术手段，便可以完成对器物原貌的立体记录，从而进行保管。利用新兴传媒、网络等先进信息技术可以科学汇总博物馆中的文物保护资料，使得参观者可以优先通过网络平台全面了解馆藏文物。针对部分不能公开展示的文物，博物馆可以通过三维立体技术等展现在平台上，这除了可以使更多的人观赏到文物，也能够将近距离观看带来的损失减少。

（四）积极升级保护设施

器物发掘以后，技术人员便会将其运送至有关的博物馆中进行保护。而博物馆在保存器物时，如果保护的装置、设备等太过陈旧，便会对保存工作带来直接负面影响。所以，博物馆若想让文物工作得以有效强化，就应该主动提升保存设备水平。比如，在馆内进行文物保护工作时，通常会采用恒湿、恒温以及中央空调等系统，这样就可以总体控制文物所在空间的湿度和温度。但一些博物馆缺乏这些设备，部分博物馆的设备稳定性低、较过时，无法精确控制湿度和温度，从而导致文物保护条件恶化。对博物馆来说，如何提升文物保护运行效率和运行水平，是博物馆必须着重研究的内容。

综上所述，文物保护具有重要的意义，因此需要在剖析影响原因、实际问题、保护工作重点等过程中探寻新的方式、策略，在理论研究、实际探索二者衔接的基础上有效采取各种保护性措施，在防止重要文物损毁的同时更好地彰显其独特魅力，顺利实现新时期考古发掘、博物馆保管两大环节的文物保护目标。

第二章　博物馆馆藏文物保护理论

第一节　文物运动与变化规律

一、文物实体质点运动

文物实体质点运动本质上是由组成原子的原子核和核外电子的运动，以及质点受力不均衡所致。当文物实体从环境获得能量时，质点运动速度必然加快，容易造成文物实体损坏。所以，任何使文物实体能量增加的过程都不利于文物实体的稳定，易导致文物实体发生病害；反之，如果降低文物实体的能量，则有利于文物实体的稳定，文物实体出现病害的可能性下降。自然界中一切物质均处于不断运动之中，物质的运动遵循能量守恒、物质不灭定律。有的运动可以用经典的牛顿力学解释，有的运动则符合量子力学规律。文物实体是由具体物质组成的，不论其组成质点是原子还是分子，抑或是细胞，都时时刻刻处于运动状态。文物实体质点的运动是绝对的，静止是相对的。理论上文物实体质点运动只有在绝对零度时才会停止，而实际上绝对零度几乎是无法实现的。文物实体中质点的运动有三种形式：

（一）质点的原位振动

文物实体中的质点在一定范围内发生前后左右的振动。通常情况下，这种振动受周围质点作用力的束缚，不会使质点脱离文物本体。但当能量足够大时，振动的质点能够挣脱周围质点的束缚，脱离文物本体进入环境。固体升华，例如樟脑的挥发，就是由于樟脑分子质点具有较大能量，质点振动导致樟脑分子由固态转变为气态，升华并脱离实物本体。

（二）质点的改变

文物实体中的每一个质点都具有化学性质，有的活泼，有的表现为惰性。当条件具备时，这些质点会发生化学反应，生成新的物质质点。文物实体质点的改变有两种：一种是与外来物质发生化学反应的质点改变，如青铜器文物与氧气、硫氧化物等反应，生成铜氧化物和含硫酸盐等新物质；另一种是没有与外来物质发生化学反应，只因自身质点变化，转变为其他物质质点，如古代的朱砂，出土时颜色鲜艳，但过一段时间后会颜色发暗，没有出土时鲜艳，这是因为出土后受光照作用，朱砂的晶体结构发生改变，由三方晶系转化为无定形结构所致。

（三）质点的位移

文物实体质点受周围质点束缚的力不平衡时，质点会向受力大的方向移动，产生位移。束缚力不平衡往往是文物实体材料受外界温度、湿度变化的影响，产生热胀冷缩和湿胀干缩效应造成的。质点位移达到极大值时，质点会脱离文物实体，导致文物实体出现开裂、破损等现象。

质点运动的概念十分重要，文物实体的质点运动是文物发生各种变化的根本原因，能量和物质变化则是产生质点运动的动力。文物实体是一个开放体系，与外界存在物质和能量的交换。文物实体与外界的能量交换，无论是吸收还是放出能量，都影响着文物实体的质点运动。吸收能量，体系内能量增加，质点运动加快；放出能量，体系内能量减少，质点运动减缓。文物实体与外界即环境的物质交换表现为两个方面：一方面文物实体质点脱离文物本体进入环境，另一方面环境中的物质进入文物本体。质点脱离文物本体进入环境后，会留下空位，当空位数量足够多时，文物实体就会出现裂隙、孔隙和破损现象。环境中的物质质点进入文物本体，意味着文物实体上吸附了新的物质，或文物实体质点与环境中物质质点发生化学反应，从而生成新物质。

质点运动越快越有利于质点改变或产生较大位移，这意味着文物实体易发生材料变质反应，外观也易出现开裂、破损等现象。而质点运动慢则利于文物实体的稳定，不易发生材料变质反应，外观不易出现开裂、破损情况。环境温度高，文物实体从环境中吸收能量，质点运动加快，文物易受损；环境温度低，质点运动减缓，文物实体稳定，不易受损。文物实体与环境的水分子交换是双向的（文物实体与其他物质交换亦是如此），环境中的部分水分子质点进入文物实体的同时，文物实体中的部分水分子质点也脱离文物实体进入环境。环境湿度大，进入文物实体的水分子质点数量大于脱离文物实体进入环境中的水分子质点数量，这就是文物实体的吸湿过程。文物实体吸收了大量水分子质点后，体积变大，出现湿胀现象，环境干燥时，此种情况不会发生。若环境过于干燥，此时进入文物实体的水分子质点数量小于脱离文物实体进入环境中的水分子质点数量，属于文物实体的干燥过程。大多数文物实体材料中都含有结构水，这些水分子质点已成为支撑文物实体结构的一部分，当环境过于干燥时，结构水分子质点就会因挥发而脱离文物实体，造成文物实体收缩变形。例如，木材细胞壁中的水是不能失去的，一旦失去，木材将产生收缩变形，表明木材细胞壁中水是构成木材结构的一部分。文物实体保存的最佳状态是物质交换处于一种动态平衡，即进入文物实体的水分子质点数量与脱离文物实体进入环境的水分子质点数量相同，文物实体形态不会发生变化，这就是文物的"湿度平衡点"。不论是干燥环境还是潮湿环境，当一个文物在该环境中存放时间足够长时，会处于一个"湿度平衡点"状态，一般不会发生太大变化，但当"湿度平衡点"状态被破坏时，文物实体质点发生运动，趋于建立新的"湿度平衡点"，此时文物实体易出现各种病害。

质点位移的另一种情况是不同质点位置互换，如青铜文物的偏析现象。

二、文物的变化规律

文物的变化规律应包括两方面：一是文物作为物质实体的变化规律；二是指文物所承载的历史人文信息的变化规律。任何物质实体都是存在于特定时间和空间内的，其存在状态随着时空的改变而发生变化。文物具有质量和体积，是实实在在的物质实体，是客观存在。物质是由原子（金属）或分子组成的，在一定的条件下，分子或原子会发生化学反应。例如，文物和氧气结合发生氧化反应，如金属器物的锈蚀，文物和污染物结合形成污染，文物和水接触发生溶蚀（溶解）等。这是文物产生腐蚀、污染的根本原因。因此，文物保护研究的是文物作为物质形态在三维空间中随时间推移的变化规律，即在四维空间的变化规律。人类将自然界中的各种材料制成特定的器物，经过历史的沉淀，成为今天的文物，后期由于人为干预和环境因素的作用，文物还会经历腐蚀、糟朽到消亡的过程。总之，文物实体质点的改变会造成文物实体颜色、材料性能等变化，文物实体质点的位移，使文物实体从有形最终变为无形，即文物实体完全损毁，成为材料回到自然界中最稳定的状态。

文物信息与文物实体中质点的分布有关，文物实体的表面颜色、花纹，是由文物实体表面质点的性质、排布方式决定的。文物实体的形状是全部文物实体质点在三维空间分布的结果。文物实体质点的改变，位移对文物实体表面形状、花纹、颜色信息，文物埋藏环境信息，文物制作的工艺和使用痕迹信息，以及文物器形这些重要文物信息都会造成影响。

作为物质实体，当文物损毁之后，物质实体并没有也不会消亡，只是由一种物质形态转变为其他物质形态，这就是物质不灭定律。但文物实体不存在了，因为其承载的文物信息的功能消失了。

第二节 文物与环境分析

一、文物实体经历的环境类型

众所周知，由人类创造或与人类活动有关是文物的基本特征。自古代人类收集原料，制作器物开始，文物便开始了其漫长的一生，文物从诞生到消亡会经过如下几个阶段：①创造期：由原料变为器物或工具的阶段。②使用期：器物或工具发挥自身功能的阶段。③传世期：文物被保存或埋藏的阶段。④典藏期：文物逐渐劣化直至消亡变回到原料的阶段。

在创造期，将原料制作成器物（也就是我们今天所说的文物），制作完成的器物所处的环境是当时人们生活的自然社会环境。使用期的文物所处的环境与创造期大致相同，文物传世有可能通过个人或官方收藏的方式，也有可能通过埋藏的方式。因此，传世期的环境对以不同方式收藏的文物而言是不相同的，有的是当时的自然社会环境，有的是埋藏环境。而埋藏环境一般比较复杂，地域不同，埋藏环境亦不相同。处于典藏期的文物，经历的环境可能涉及多种类型，如保管环境、展陈环境、运输环境（如空运、海运和陆上运输）等。

从我们目前所处的时间段来看，能够被称为文物的，大多已经处于典藏期，文物保护的任务与目标即利用各种技术方法将该阶段的时间延长至最长，尽可能减缓文物劣化为原始材料的速度。但很多文物的实际情况是，对于创造期、使用期与传世期文物所处的环境，我们已不得而知，也无法左右。上述环境因素对文物实体产生的不良影响已发生，文物实体的现状已经形成。现阶段所能做的工作是如何针对文物现存状态，控制环境条件，使文物腐蚀损失速率降到最低，以期尽可能延长文物寿命。

二、文物环境系统与博物馆环境

环境通过与文物实体进行物质和能量的交换，影响文物实体质点运动的类型和强度。无论是文物实体质点的振动、改变，还是位移，受环境因素影响时都有可能使文物实体处于不稳定状态，甚至出现病害。文物保护的目标是尽可能使文物实体处于稳定状态，减少病害的发生。

（一）文物环境系统

文物环境主要是指文物保存、展出、运输等与文物直接或间接相关的大气环境。文物环境又有室外环境、室内环境、保管陈列环境或运输柜内的微环境之分，以博物馆为例，博物馆所处地区的大气环境条件即为文物的室外环境，博物馆建筑内部则为室内环境，保管柜、陈列柜内部则为微环境。微环境近似于封闭体系，应具有净化功能。对文物而言，所涉及的环境条件有温度、湿度、光的照度、微生物含量、有害气体含量、飘尘等。不可移动文物的环境条件还应包括大气、水文、地质环境的条件，如土壤的成分、酸碱性、可溶盐含量，土壤中微生物种类及含量等。

文物环境是一个系统，它由文物所处的温度环境、湿度环境、光照环境、微生物环境和大气环境五个子系统组成。这些子系统之间存在协同效应，对文物实体产生影响或作用。

稳定和平衡是研究文物环境系统的重要概念，文物实体质点的稳定包括两个方面：第一，质点运动的稳定，不发生引起质点改变的化学反应，即不会产生一种质点变成另一种质点的变化；第二，质点受力平衡，每个质点所受合力为零，处于受力平衡状态。通常情况下，造成文物实体质点受力不平衡的因素是能量的传递，以及光、热（温度）的形式对文物实体的作用。文物实体中存在多个与环境因素变化相关的平衡关系，这些平衡关系对于文物实体的稳定至关重要。

例如，对文物实体具有重要影响的干湿平衡。平衡时，进出文物实体的水分子数相等，不平衡时，进出文物实体的水分子数不等。如果进入的水分子多于溢出的水分子数，文物实体的水分含量升高，文物实体吸湿。反之，逸出的水分子数多于进入的，则文物实体水分含量减少，文物实体脱水干燥，文物实体吸入水分子后，水分子起溶胀作用，文物实体发生湿胀。有机质文物易吸水产生溶胀作用，这是由于有机质文物实体材料质点间束缚力相对较弱，且各向异性，因此，有机质文物吸水后容易造成文物实体质点受力不平衡，质点发生位移，产生溶胀。对于无机质文物来说，粉状物较多时，质点间束缚力弱，其比表面积大、易吸水，则也容易吸水后发生体积膨胀即溶胀。但结构完整的无机质文物，质点排列紧密，水分子很难进入文物实体，且质点间束缚力大，质点较难发生位移，不易出现溶胀现象。这时水的作用只是促进氧和微生物对文物实体的腐蚀。由此可见，干湿平衡对有机质文物实体的稳定十分重要。

在稳定的湿度条件下，经过一段时间后，文物实体都会达到吸湿和放湿之间的平衡。吸湿和放湿都与水分子到达文物实体表面的分子数有关，也就是和它们所在"相"的水的扩散通量有关。扩散通量，即在单位时间内通过垂直于扩散方向的单位截面积的水分流量与该截面处的水分子浓度梯度成正比，也就是说，水分子的浓度梯度越大，扩散通量也就越大，即空气中的湿度越大，到达文物实体表面的水分子数就越多。当湿度发生变化后，就要建立新的干湿平衡。新平衡建立是有代价的，以文物实体的变形、开裂的形式，将由湿胀干缩产生的残余应力释放后达到平衡。干裂在某种程度上是为了增加文物实体的表面积，也就是增加吸收水分子的面积，同时释放应力，然后达到平衡。吸湿和放湿都与水分子到达文物实体表面的分子数有关，也就是和它们所在"相"的水的浓度有关。空气中的湿度越大，到达文物实体表面的水分子数就越多，文物实体吸湿的可能性就越大。当文物实体含水量大时，从内部到达文物实体表面的水分子数也越多，水分子溢出文物实体的可能性大，文物实体出现干燥现象。

环境温度升高时，文物实体会从环境中吸收热量，表面质点最先吸收热能，然后向内部传导。在环境温度稳定的情况下，文物实体热传导速率是恒定的，当时间足够长时，通过热传导最终使文物实体达到各部位温度均一，处于热平衡状态。环境温度降低时，文物实体向环境释放出热量，首先是表面质点放热，然后是内部质点将热量向表面质点传递。同样，在环境温度稳定的情况下，文物实体向环境释放热量的速率也是恒定的，一段时间后，文物实体最终达到热平衡。但当环境温度波动较大、波动频率较高时，文物实体表面质点将会处于吸热和放热交替变化过程中，而内部质点响应滞后，造成文物实体处于热失衡状态，出现受力不均匀现象，损伤文物实体。所以，环境温度波动不利于文物的保存。

（二）博物馆的室内环境

馆藏文物保存环境，也称为博物馆环境，主要是指博物馆、纪念馆、考古所、美术馆、图书馆等文物收藏单位的库房、陈列室、储藏柜、展柜等处的环境。与文物本身直接接触的环境因素主要有温度、湿度、氧含量、污染气体种类和浓度、光辐射强度、虫和霉菌等，这些环境因素对文物能否长久保存有着至关重要的影响。1930 年，在意大利罗马召开的关于艺术品保护国际研讨会上第一次提出了预防性保护的概念，现已经成为国际文化遗产科学保护的共识和发展方向。预防性保护的核心技术是对馆藏文物保存环境实施有效的监测和控制，抑制各种环境因素对文物的危害作用，努力使文物拥有一个稳定、洁净、安全的生存环境，尽可能阻止或延缓文物的物理和化学性质的改变乃至最终劣化，达到长久保护和保存馆藏文物的目的。其中，博物馆环境的稳定性，主要是指控制温度、湿度的平稳性，防止出现较大幅度的波动。对于博物馆环境洁净与否的评价，除了涉及有关污染气体极限浓度控制指标外，尚未见有系统的标准。博物馆环境洁净程度依赖于现代的环境和污染控制技术所达到的水平。

博物馆环境中污染物的来源包括大气中污染气体、飘尘、建筑和装饰材料释放的有害物、装置设备的化学挥发物、生物及生物体的排泄物、工作人员和观众带入的食物，以及室内放置的植物等。因此，博物馆室内应尽可能阻断能带入污染气体、化学挥发物、有害微生物等的污染源。

1. 博物馆环境温度

一般认为博物馆室内空气的标准温度应为 15~25℃，这对文物保存比较适宜。这个温度范围是对大部分文物而言的，有些质地的文物对温度有更严格的要求。

博物馆内温度不允许出现骤变，不仅要求一年之内的变化不能超过规定的标准，就一日而言，气温的变化也不能过于剧烈，根据一般规定，博物馆室内温度的分布具有类似于重力场、磁场、电场等场分布的性质，要求日常气温不得超过该室内温度。物理学中将存在着温度的场称为温度场，它是各时刻室内空间中各点温度分布的总称。室内各点的温度与空气流动情况有关，通常人们会感觉到博物馆内有空调的展厅，门口的温度比展厅里面的温度高，这是因为展厅门口空气流动快，把外部热空气带入的缘故。

2. 博物馆环境湿度

水是各种因素破坏文物的媒介，博物馆内湿度条件的优劣是评价博物馆环境的关键。

博物馆内的相对湿度一般应控制在 45%~65%，在此数值范围内缓慢波动，对保存一般文物基本是合适的。相对湿度对文物的影响与文物的材质有一定的关系，不同材质的文物，有其各自的湿度控制范围，即最佳保存环境湿度，如漆木器类库房的相对湿度为 60%~70%；纺织品、纸质文物库房或陈列室的相对湿度为 50%~55%；金属类库房或展室的相对湿度为 45%~50%。对文物分类收藏或展出而言，有区别地控制湿度是最理想的办法，如果实在达不到这一要求，也应将湿度控制在一般文物的标准数值范围。

调节博物馆内湿度时，必须考虑馆内相对湿度与温度的密切关系。博物馆内湿度分布是不均衡的，具有场分布特征，即"湿度场"。不同区域湿度的大小与附近是否存在"湿度源"，以及通风情况有关。一般情况下，博物馆内"湿度源"主要与地下水和外界大气水分含量有关，在各类博物馆中，地下水问题在大遗址博物馆中最为常见，地下水湿度源对博物馆的影响主要表现为室内湿度高于室外湿度。博物馆内的通风情况也是导致湿度分布不均衡的一个重要因素，当室外湿度高于室内或当遇到大气降水时，展厅门口即上风口湿度高于展厅内部，这是由于展厅门口与室外空气最为接近，气流较快，从而带动水分向内部迁移的缘故。

3. 博物馆大气环境

博物馆的大气环境包含多种物质成分，除了上述的氧气、氮气、水分外，还包括硫和氮的氧化物（酸性气体）、小分子有机挥发物、飘尘、微生物等。上述各种成分都会使文物实体材料发生氧化、水解等腐蚀降解反应，从而损害文物。

4. 博物馆光照环境

由于光辐射特别是紫外光的辐射，能够给文物实体质点提供能量，使质点活泼程度提升，更容易发生质点改变和质点位移运动。例如，光照可引起有机高分子材质文物发生一系列光化学反应，加速有机高分子材料的老化变质，因而合理地选择光源，控制光源强度和科学选用光稳定剂、紫外线吸收剂等抑制光引起的光化学反应的措施是十分重要的。

5. 博物馆微生物环境

微生物会使有机质文物霉烂、糟朽，因此消毒灭菌、防止微生物对馆藏文物的侵蚀和破坏是非常必要的。文物实体出现的霉烂只是微生物腐蚀的宏观特征，微观层面上，在微生物的作用下，文物实体质点发生了改变或被腐蚀，产生位移，脱离了文物实体，使文物实体产生破损等现象。因此，微生物控制工作对博物馆工作来说十分重要。

博物馆防治微生物的重点是预防霉菌的滋生繁殖，预防霉菌的基本方法是在库房创造抑制霉菌繁殖发育的环境。适宜的温度、湿度对霉菌的繁殖生长极其重要，没有适宜的温度、湿度条件，即使有足够的营养，霉菌也不会发育，把博物馆温度控制在 15~25℃，相对湿度控制在 65% 以下，有助于抑制霉菌。保持博物馆清洁无灰尘，可清除霉菌孢子发育的场所，对预防微生物的滋生繁殖也很重要。

6. 大气中的射线环境

地球上存在来自宇宙的高能辐射——宇宙射线，其速度接近光速，具有很高的穿透性。关于它的来源尚无定论，研究推测，它可能来自宇宙某些星体的猛烈爆炸，或者来自某些星系的核心。宇宙射线碰到地球大气层时，与大气碰撞形成次生宇宙射线，其能量大幅度减少，但穿透力仍很强。自然界中钙铀云母、独居石等矿物也会产生高能辐射，其主要化学成分含具有天然放射性的铀或钍。因此，地球上存在高能辐射，只是强度较弱，短期内难以产生明显的破坏作用。文物实体处于这样的"射线环境"中，经过几百上千年的辐射，可能产生积累性损伤，对文物实体造成破坏。目前关于这方面的研究基本处于空白状态。

7. 环境因素的耦合（协同作用）

环境因素对文物实体的影响往往具有协同作用的特点。例如，在没有水分存在的情况下，室温对文物实体的影响并不明显，一旦环境中的湿度增大，文物实体出现生霉长虫，降解、腐蚀等老化反应的速度便会大大加快。这体现出了温度、湿度和微生物协同作用的效果。

（三）博物馆环境洁净技术

环境洁净技术主要包括环境质量的监测、净化和控制技术，目标是针对环境中一些低浓度的气态分子污染物（简称 AMCS）进行监测和净化控制。AMCS 涵盖的范围非常广泛，它包括酸性气体、挥发性有机物（VOCS）、悬浮颗粒物和胺类化合物等与博物馆环境相关联的污染物，浓度大多在十亿分之一或更低的范围内。

对于馆藏文物保存环境而言，AMCS 来源包括未经充分过滤的再循环空气中化学物质、补充新风、室内装修材料、储藏展览设施、馆内花卉植物，以及公众人群等。虽然前人在文物与环境领域做了大量的基础研究工作，但是针对影响文物长期保存的污染物种类和作用的机理研究仍十分缺乏。

三、文物实体表面环境的平衡

文物实体表面是阻止环境有害因素损害文物实体的重要屏障。文物实体的表面环境是由多个因素组成的一个复杂环境系统，它由文物本体材料、水、伴生物、污染物、腐蚀降解物、保护修复材料与多种环境因素组成。每一个组成因素都不是孤立存在的，而是与外界环境相互联系的综合体。表面环境平衡是指在文物实体材料表面与外界环境之间，通过能量流动、物质循环和物化反应，使它们相互之间达到高度适应、协调和统一的状态，也就是说当文物的表面环境处于平衡状态时，文物实体的能量和物质的输入与输出在较长时间内趋于相等，文物实体材料的结构和功能才能处于相对稳定状态。当外界环境有所改变时，能通过人为干预恢复到初始的稳定状态。文物表面环境平衡是文物得以长久保存的根本条件，是其延续自身价值的重要保障。

（一）稳定状态

文物环境是一种动态系统，始终处于不断变化发展之中。就像化学中熵的概念一样，只要给予文物足够长的时间，且外部环境保持相对稳定的情况下，文物环境系统总是按照一定规律向着组成、结构和功能更加复杂化的方向演进，也就是说，在文物实体形成的早期阶段，文物环境系统的组成因素种类少（如组成材料种类较少），结构（组成因素之间的关系）相对简单。当文物环境系统逐渐演替进入成熟时期，组成因素种类增多，结构趋于复杂。

当文物环境系统处于相对稳定状态时，组成因素之间、组成因素与外界环境之间会出现高度的相互适应，即能量和物质的输入与输出之间接近平衡，以及结构与功能之间相互适应并获得最优化的协调关系，这种状态达到文物环境的平衡。当然，这种平衡是动态平衡。

文物刚制作成型时，表面环境各组成因素是较为单一且纯净的，随着时间的流逝与外界环境的交互作用，表面环境系统由简单缓慢演变到复杂，最后与外界环境之间形成相对稳定状态。发展至此，文物表面环境各组成因素在种类和数量上保持相对稳定；能量和物质的输入、输出接近相等，即系统中的能量流动和物质转换可在较长时间内保持平衡状态。如果环境因素过于剧烈地发生改变，都可能引发一系列的连锁反应，使文物环境平衡遭到破坏。

文物实体材料的稳定是最重要的，环境调控、稳定只是手段，而文物实体材料的稳定则是我们追求的最终目标。不同质地的文物，不同材料的稳定性有很大差异，一般情况下，有机质文物受环境因素的影响比较大，其材料的稳定性比无机质文物材料差。反之，无机质文物材料相对比较稳定。

环境稳定不一定文物实体就稳定。文物实体稳定包括以下几方面内容：①物质交换平衡。文物实体与环境之间始终存在着物质交换，最常见的是水分子交换，即吸湿和放湿。如果水分子交换不平衡，文物实体就会出现与潮湿或干燥相关的病害。因此，文物实体的含水率应保持稳定状态，也就是说，文物实体无论是和哪一种物质产生交换，一定要处于交换平衡状态，文物实体才能稳定。②力学平衡。文物实体的受力情况比较复杂，外界振动、自身重力、热胀冷缩和湿胀干缩等都有可能使文物实体出现受力不平衡的现象。文物实体各部位受力均衡，以及文物实体所受合力为零时，达到力学平衡，文物实体才能能量交换平衡。影响文物实体与环境能量交换平衡的因素有温度、光，以及物质交换过程中带来的能量变化。外界振动、搬运也可能改变文物实体与环境能量交换平衡，使文物实体结构处于不稳定状态。文物实体内部能量发生变化，会改变质点运动，特别是能量增高时，文物实体质点运动加快，易发生质点改变和位移。所以，文物实体与环境的能量交换达到平衡，对文物实体的稳定至关重要。

（二）平衡特点

1. 相对平衡

文物环境平衡是一种相对平衡，而非绝对平衡，因为任何环境系统都不是孤立的，都会与外部发生直接或间接的联系，易受外界的干扰。文物环境系统对外界干扰和压力的自我调节能力很弱，而且外界环境干扰对文物的影响会造成累积效应，如果不对外界环境干扰或压力进行及时的人工干预和调控，一旦相对平衡被打破，就会使文物实体材料加速劣化，甚至毁灭。

2. 动态平衡

文物环境平衡是一种动态平衡，而非静态平衡。变化是宇宙间一切事物的根本属性，文物环境系统是个复杂的实体，也处在不断变化之中。例如，文物的组成物质与外界环境之间，不停地在进行着能量的流动与物质交换；组成因素（如腐蚀产物和污染的增加）由少变多，环境系统由简单变复杂，组成因素种类由一种类型演替为另一种类型等；外界环境不断变化等。因此，文物环境平衡不是静止的，系统中总会有某一部分先发生改变，环境平衡被打破，然后依靠人为干预使其再次进入新的平衡状态。正是这种从平衡到不平衡到再次平衡的过程，推动了文物保护对环境研究的深化与发展。

文物环境平衡与生态平衡是有所区别的，生态环境中各组成因素是有活性的、动态的，生物进化和群落演替的过程就是不断打破旧的平衡，建立新的平衡的过程。但对于文物环境来说，大多数文物环境的组成因素是没有活性的，有时平衡被打破对文物来说是毁灭性的。因此，在文物保护工作中，人类应发挥主观能动性，去保持和维护适合文物保存的环境平衡。研究文物环境平衡变化，即为寻求相应的人为干预方法，用可长久保存的材料来代替缺失的组成部分，从而使文物环境恢复先前的平衡，使文物环境系统的结构更合理、更稳定。

例如，木质文物在埋藏环境中，因湿度达到平衡，木材分子间隙被游离水所填满，同时水隔绝空气，这样就避免了空气中氧气的氧化作用及有害气体的劣化作用对文物造成损害。但木质文物被发掘出土后，随着水分蒸发，木材分子间缺少了相应的支撑物，文物的环境平衡被打破，很快便会强度降低、糟朽变形。因此，需要在饱水状态下对刚出土的木质文物进行脱水处理，其原理为利用填充材料将木材分子间的游离水置换出来，使木质文物的分子结构得以继续支撑，文物实体可继续保持稳定。

举一个青铜器保护的例子。文物科技工作者经常提到有害锈的概念，其中有不少是对表面现象的误解。在青铜器中有时存在原电池效应，通过阴极区和阳极区之间的电子流动，发生电化学腐蚀。电化学反应中的阴阳极是一对矛盾，不少人认为，青铜器中腐蚀活泼区、腐蚀现象严重的区域，就是有害锈存在的区域。其实阳极区的存在是牺牲了自己，保护了阴极区安全稳定，导致阳极区腐蚀严重。针对这种情况，不能简单地通过清除所谓的"有害锈"来解决问题，应从电化学原理出发，采取相应的人为干预措施，阻止电化学反应的进行，防止对金属的进一步腐蚀，建立一个新的平衡体系，以保持现状。

四、空气污染物的监测方法

空气污染物具有低浓度、易扩散、波动大、不同污染物在空气中存在的状态不同等特征。由于文物是一类特殊的物质，在对大气污染的监测中，采用的方法、要求的条件都和文物的材质有关。空气中污染物检测的方法主要有金属挂片法、玻璃试片法、压电石英晶体法、高分子薄膜法、现代仪器分析技术及精密仪器实时现场检测等技术。

（一）金属挂片法

金属挂片法即利用银片、铜片和铅片对某些气体的敏感反应，将金属片挂于博物馆某位置，观察其表面被腐蚀情况，以此确定博物馆不同位置空气质量的好坏。

金属挂片法是直接腐蚀检测技术，简单地说，此技术有四个优点：简单经济，有效实用，数据可靠，结果直观；缺点是检测时间长，所得数据结果为挂片在某一点一段时间内的平均腐蚀速度，无法实时分析。金属挂片的数据除受腐蚀介质影响外，还与挂片表面处理、放置部位、暴露时间长短以及样片冶金方式等因素有关。

（二）玻璃试片法

此方法是利用特种玻璃对有害气体的敏感性，对博物馆室内空气质量进行检测。普通玻璃由三种主要成分（SiO_2、Na_2O、CaO）组成，而特制的环境质量检测玻璃含有七种成分（SiO_2、Na_2O、CaO、KO、MgO、Al_2O、P_2O_3）。玻璃试片法采用的是被动式检测空气质量的方法，将玻璃放于检测地点三至十二个月时间，通过观察玻璃表面的腐蚀情况和颜色变化，来确定其所处地点的空气质量好坏。为了取得更准确的数据，应用光谱分析仪器检测玻璃的变化情况。经过多年的实践研究，认为这种玻璃对甲醛、乙酸、二氧化硫、有机挥发气体等都较为敏感。

（三）压电石英晶体法

此技术也称为压电石英晶体传感器技术，或者称为压电石英晶体微天平技术。其基本原理是利用了石英晶体的压电效应，当石英晶体电极表面附着物质的质量发生变化时，晶体的振荡频率也随之发生变化，利用这一变化即可测定被检测物质的质量。由于此仪器测量的是质量变化，所以人们更愿意称它为石英晶体微天平法。石英晶体微天平是利用了石英晶体谐振器的压电特性，将石英晶体振电极表面质量变化转化为石英晶体振荡电路输出电信号的频率变化，进而通过计算机等其他辅助设备获得高精度的数据。从理论上说，石英晶体微天平测量精度可达纳克级，它是一种非常灵敏的质量检测仪器，比灵敏度在微克级的电子微天平高100倍，理论上可以测到的质量变化相当于单分子层或原子层的几分之一。

石英晶体微天平仪器由石英晶体振荡器、频率计数器、数字信号发生器、数据采集系统等软硬件组成，除了石英晶体及表面两级材料，其他都是电子电路。石英晶体表面两级材料可根据用户所检测的对象和目的来选择，银、铜、锡、铬、镍、铅等及其合金都可以用于两级材料，制备金属电极可采用电镀、气相沉积或者溅射等技术。借助石英晶体微天平的超高灵敏度，可以对金属在大气腐蚀过程中的质量变化进行原位检测，因而可以对金属大气腐蚀初期或短期内的动力学规律进行研究。

（四）高分子薄膜法

此法为欧洲博物馆室内环境检测预报课题组开发的应用技术，他们将对二氧化硫、臭氧、氮氧化物、光线和温湿度敏感的高分子材料喷涂于玻璃片基上，然后将试片安装于检测电路板上，用仪器记录原始数据。当暴露于检测环境中一定时间以后，通过仪器记录环境试片数据的变化监测大气环境污染的程度。

（五）现代仪器分析技术

利用主动式或被动式采样器现场采集空气样品后，再送到实验室用作相应的化学仪器分析。分光光谱技术往往用于检测室内甲醛、臭氧、二氧化硫等，气相色谱法能有效地检测甲醛、总挥发有机物、苯及其同系物等。现在最常用的仪器分析方法是气相色谱-质谱联用仪（GC-MS）或者气相色谱仪（GC）分析气体成分。

五、博物馆环境控制措施

（一）博物馆大环境设计

1. 博物馆选址

博物馆周边大环境对博物馆保持内部环境稳定很重要。如果是新建博物馆，首先应从博物馆选址开始，远离商业、工业和交通的中心区域，选择环境稳定、空气质量优良、无污染、少噪声、最小振动及辐射的地段。一些博物馆建立在环境幽雅的公园或文化区域内会大大降低环境污染影响的程度，茂密的树林具有很好地降低粉尘、风速，调节环境的作用。一般南方地区的博物馆应尽量避免靠近水系，如城市内的河流或人造湖泊等；而北方地区的博物馆建在有水系的公园内会降低空气中污染物的影响，并在干燥季节大环境保持一定的湿度。

2. 博物馆预防性保护设计

博物馆设计应考虑当地常年主导风向、干湿季节长短、当地的工业布局与类型、博物馆周围交通环境等。在环境控制方面博物馆内预防性保护设计包括两个方面：一方面是控制室内空气的温湿度少受室外气候的干扰。如掌握室外气候规律，在气候不适宜的季节，应减少开放的门窗，必须开放的门也要有回廊，减缓空气对流和日光辐射。在室外气候适宜的季节，可开窗通风降温散湿。这种利用自然通风控制室内温湿环境的方法，已是国际博物馆文物保管工作者节能减排的常规手段。另外，在建筑设计和施工时，可以适当考虑采用隔热材料加厚墙体，这是一种事半功倍的方法，很多博物馆在库房区设计时，将库房设置在环境相对稳定、无采光的地下，为了保障库房受地下潮湿的最小影响，可在库房周边建环形走廊，并做好通风处理。另外，为了尽量减少外来因素对库房区的影响，新建的博物馆在库前区都建立了风淋间，凡是进入库房的人和物都经过风淋，达到与库房区一样的温湿度，并尽可能去除看不见的各种粉尘、霉孢等有害物质。

（二）博物馆温湿度调节

监测博物馆环境温湿度的目的是保证文物保存或展出时处于适宜的环境，因此对于藏有大量珍贵文物并时常举办各种临时性展览的博物馆，展厅、库房温湿度监控和调节的设备是必不可少的。设定一定的温湿度，通过冷热风和恒湿机（或除湿机、加湿机）控制展厅或库房的温湿度。恒湿机能够在加湿和除湿两种功能之间自动切换。另外通过调整送新风的比例等措施，也可适当控制库房或展厅的温湿度。大型博物馆通过中央空调系统能够全天候保持所需条件，并且在一定的封闭隔离条件下，能够依据库房、展厅的要求分区域分开控制。

在设备配置上一般地方博物馆要考虑到地域气候特点和价格等诸多因素，并不是所有的博物馆都必须配备中央空调系统。对于北方干热性区域和内陆区域的博物馆，冬季相对干燥，在尽量保持环境稳定、减少内外空气交换的条件下，应该考虑配备加湿机；对于南方湿热性区域和沿海区域的博物馆，全年的相对湿度比较高，应该考虑配备除湿机。另外，在选择除湿机时，也应考虑博物馆所在地的气候特点。对于全年平均气温较低的博物馆，应该选择干燥型除湿机；对于全年平均气温较高的博物馆，应该选择制冷型除湿机。

大型博物馆除了中央空调系统的末端在展厅、库房等配套安装有传感器外，应有一套独立的温湿度监测系统，并定期进行校验，确保文物保存、展出在设定的温湿度范围内。

从宏观来看，尽管应用中央空调系统或恒温湿设备可基本保障环境的稳定，但是往往由于展览目的的需要，不同材质的文物出现在同一空间，在这种条件下，可通过对微环境的控制来达到保护文物的目的。通常微环境的控制可采用在密闭的微环境中加入调湿材料、干燥剂或小型除湿机等方法。

总结博物馆内温湿度控制大致分为如下几种情况：一是对于库房、展厅等大的空间采用中央空调、冷热风机和恒湿机相结合控制温湿度，必要时依据库房、展厅的要求分开控制；二是结合地域特征，利用自然条件调节温湿度；三是对于珍贵文物、脆弱文物及展陈文物，采用控制展柜微环境的方法来控制温湿度。

（三）博物馆使用光源的设置

博物馆的照明应严格按照《博物馆照明设计规范》（GB/T 23863— 2009）标准设计，并根据博物馆文物的展出特征进行特殊设计。根据《博物馆藏品保存环境试行规范》，青铜器等金属文物属于光照不敏感藏品，其保存环境照度低于300Lux即可。对于有特殊附着物或者是含氯的青铜器则应综合考虑多种文物材质的性质，尽量选取低照度的照明。

在展厅中，如果在白天是由日光照明，光线暗时才由钨丝灯照明，一般来说，在相同时间内，通过玻璃日光中紫外辐射是钨丝灯泡紫外辐射的六倍左右；而几乎所有荧光灯释放的紫外辐射都比钨丝灯泡释放得多。因此，对预防紫外辐射来说，首先需要处理的是日光，之后才是荧光灯。在光线到达展品之前，先让它通过一种可透过可见光而不透过紫外光的材料来除去紫外辐射或者通过中空或夹胶的双层玻璃去除紫外线。

库房相对展厅来说，所需的光照时间较短。对于有窗户的库房，可选择厚重窗帘等隔离日光照射与紫外线辐射，人工光源照明时，可选择紫外辐射较小的钨丝灯泡或 LED 灯，光照强度在50~100 Lux 即可，库房办公桌需要书写或使用电脑可使用台灯。

现在博物馆最常用的人工光源，如：

LED（Light Emitting Diode）灯：其基本发光原理是电致发光。发光二极管是一种固态的半导体器件，它可以直接把电转化为光。半导体晶片由两部分组成：一部分是 P 型半导体，在它里面空穴占主导地位；另一部分是 N 型半导体。当电流通过导线作用于这个晶片的时候，电子就会被推向 P 区，在 P 区里电子跟空穴复合，然后就会以光子的形式发出能量，这就是 LED 发光的原理。但是，发光二极管发出的是单色光，只有多个不同单色光的发光二极管组合才能制造成白色光灯。现在市场销售的显色系数较低的 LED 灯，不适合博物馆展品照明。

光纤灯：光纤照明系统是由光源、反光镜、滤色片及光纤组成。当光源发出的光通过反光镜后，形成一束近似平行光，光通过光导纤维传输，可将光线传导到任何所需要的照明区域。发光点的光是经由光纤传导而来，光源发出的波长是经过过滤的，只包含某段光谱，因此发射出来的光无紫外线与红外线光，这种特性可以减少对文物的伤害，使得展柜内光线的照度和均匀性都可以很好地控制。光纤分为端发光和体发光两种，博物馆所采用的照明系统主要是通过光源灯的端发光进行照明。

（四）博物馆空气污染物的控制

对博物馆大气污染物监测的目的是去除或控制这些污染物在一定范围内，保障文物保存和展出在安全洁净的环境中。空气污染物的控制应采取防治结合的方式，基本的防护措施有：

第一，文物入库前必须经过清洁处理；已入库或展出的文物，必须保持清洁，随时观察并定期检查。

第二，文物库房、各展室墙壁建筑材料要选用质地坚硬、耐磨、光滑、易清洗的材料做维护结构的面层，以防建筑内表面起尘，也可采用高分子有机涂料，如聚氨酯、聚氯乙烯等喷刷库房、展室地面和墙壁。

第三，绿化库房、展室周围。植物是天然过滤器，一方面可以降低风速，阻挡、吸附和粘着灰尘；另一方面，某些树种还具有吸收空气中有害气体的作用，如刺槐、银桦可以吸收空气中的氯气，柳杉、柑橘树可以吸收空气中的二氧化硫。所以，文物库房和展室周围要搞好绿化，充分发挥各种植物净化空气的作用。

与库房空气污染物相比，由于参观等原因，展厅可能比库房污染更为严重，更需要控制和净化。

（五）展柜、文物柜污染物微环境控制

博物馆开放后，内外空气的对流是难免的，展厅也要受到室外环境变化的影响。此时，将文物橱柜、展柜尽可能做到封闭，使柜内空气流动缓慢乃至静止，即使博物馆外环境发生变化，如遇雷雨、大风天气，展柜内也能避免温湿度的剧烈变化，减少空气污染的影响。针对珍贵脆弱文物，必要时可采用充氮保护的方法。对于封闭的展柜要注意的是柜内所有装饰材料，展座、展布、密封胶等，甚至一些有机质地的文物都要检测，确定不释放任何有害气体，必要时可采用在展柜内放置活性炭、分子筛等净化方法确保文物长期保存的安全，并进行长期监测。

被动式展柜内净化技术：在展柜内放置吸附材料来降低有害气体对文物的影响的

技术。

主动式展柜内净化技术：主动式净化技术就是把经过过滤的空气通过管道连续缓慢输入展柜内。由于展柜内空气为正压，未经过滤的外界空气不会进入展柜。一般过滤材料可选用活性炭、硅胶和 Purafil 材料（高锰酸钾和氧化铝的复合材料）。美国大都会艺术博物馆应用的是活性炭，同时也试用过 Purafil 材料。

六、环境控制动态管理

文物只有使用才能充分体现其价值，因此文物的保存和使用始终是处于动态管理之中，这是一对永恒的矛盾。但是当我们很好地处理好文物使用的各个环节，并对展厅、库房环境进行科学的监控和调节，就会最大限度地保证文物在使用中的安全。

通常一个博物馆环境控制人员的工作包括日常工作、临时处理工作、应急处理工作几部分。

日常工作主要包括：①环境的日常监测工作，包括记录、整理、总结、工作报告以及对出现的问题提出相应的对策和建议；②环境监测设备的日常维护、保养、校对和更新；③定期和不定期与文物保管、展览策划人员共同查看文物库房、展厅，现场考察文物保存状况与环境控制达标情况，出现问题及时做出调整。

临时处理工作主要包括各种馆内临时展览、外出展览等在筹备、包装、运输、上展过程中对文物所处宏观和微观环境的监控。如来展文物到达后一定要在预设可控环境中放置24 小时才能开包验收，要保证临时展厅各种指标，如温湿度、光照度、空气洁净度达标，文物才能上展。展出文物的包装要在可控的环境下进行，运输过程中的包装要尽可能做到绝热处理，对借展方展览环境提出相应的指标要求。

应急处理工作包括：①突发的天气异常，如暴雨、沙尘暴、雾霾等；②节假日及特殊展览观众流量异常；③环境控制仪器异常，如超出设备控制范围、设备检修、电力故障等。针对这些应急性的工作，环境控制人员要做好各种应急预案，重要文物的展出要设置与展厅分开控制的恒温恒湿紧急存放工作间。

环境监控管理就是要针对各种情况做出不同的预案，制订出周密的计划，将环境监测与控制有机结合起来，统一规划，有条不紊地应对日常和各种应急情况，以保证文物在各种展出和长期储存中的安全。

第三节　文物病害的类型划分

一、文物病害及其价值

（一）文物病害的理解

文物实体病害的产生可类比于动植物的疾病，病害这一概念是相对于文物实体的原始状态而言，从这一角度看，只要与文物实体产生后的最初状态不一致，就说明文物实体产生了病害，既包括文物实体材料本身的自然老化，也包括文物实体在使用、废弃、埋藏到发掘出土，进入博物馆等保存收藏或者保护修复过程中产生的一系列变化。

文物实体病害就是那些由于文物实体材质、结构和性能的改变，或环境的影响、外力参与导致的与文物实体原始状态不一致的现象，既包括物理的变形、开裂，也包括化学上的腐蚀、降解等，还包括因生物参与所产生的变化，如虫蛀、微生物腐蚀等现象。

另外，文物实体在制作之初也可能存在病害，是文物实体的原生性缺陷。文物实体在其加工成形之后，由于原材料的选择、提炼、加工制作工艺等过程技术水平的限制，文物实体本身存在一些缺陷，包括原材料缺陷、加工缺陷、设计缺陷等。这些缺陷是原生性的，在使用或者埋藏过程中，这种缺陷会表现出来，使得文物实体作为实用器时出现损坏现象，或者引发其他病害，例如，结构不稳造成的断裂、内部缺陷造成的热应力集中等，这些也可能成为文物实体后续病害产生的原因。再如，青铜器加工铸造过程中产生的气泡，在气泡位置会有应力集中的现象。在使用的过程中，由于反复地加载、释放载荷或者反复地进行加热，应力集中的位置会产生微裂纹，微裂纹会逐步发育、扩展，进而形成裂纹，裂纹汇聚最终导致破裂，使得文物实体作为实用器，不能继续使用，被废弃，进入漫长的埋藏过程。加工铸造中的内部缺陷属于文物实体的原生性缺陷，同时也是文物实体产生后续病害的重要原因，因此文物实体病害中，原生性缺陷也是文物病害研究关键点之一。

某些文物实体的使用功能丧失是文物实体作为实用器寿命终结的标志，也是文物实体被废弃从而进入埋藏的主要原因。当然也有一部分文物实体，本身不作为实用器，加工和设计的初衷就是作为祭祀用品直接埋藏，或者加工设计失误而直接废弃，如明器的制作，陶瓷器作坊埋藏的废旧瓷器等。对于文物实体的原生性缺陷，要区分这一部分病害的原因：是由于设计缺陷，还是故意为之。只有对这一部分缺陷明确原因，才能明确文物实体本身的设计初衷，并对这些文物实体进行相应的修复和保护。例如，青铜器在浇铸的过程中需要放入垫片和支钉，垫片和支钉相对容易被腐蚀。因此，在出土的青铜器上常会出现腐蚀孔，这就是垫片被腐蚀后形成的，如果不了解这一点，在补配时不能够保持垫片和支钉的形状，失去了重要工艺信息，这显然是一种不当修复。所以需要对文物实体的原生性缺陷进行研究，加深对文物实体制作工艺的认识，以确定是设计制作中存在的问题还是故意为之产生的缺陷，并在文物修复档案中明确标明，避免产生误解。

（二）文物病害信息的价值

文物病害的产生与文物实体质点的运动有关，文物实体质点的运动状态离不开具体的环境条件，环境条件恶劣，文物病害就严重，环境条件良好，文物实体的保存状态就好，文物病害就会较轻。因此，文物病害也是文物实体的一种状态，病害背后隐含了大量与文物实体制作工艺、保存环境、文物实体材料相关的信息。这些重要信息对研究文物病因、保护修复技术研发，以及考古学研究的方方面面都具有一定的学术价值，所以，文物病害也是文物信息的重要组成部分。

一是考古学价值。文物实体的制作技术总是由早期的不成熟逐渐发展到成熟阶段，不成熟的技术制作出来的文物实体往往病害情况较多，且主要是原生性病害。根据这些文物的病害可以了解当时的技术发展水平，以及不同区域的传播情况，为考古学研究提供证据。

二是文物保护学价值。对文物实体病害展开研究，可以找出病害产生的原因、发展趋势以及影响因素。在明晰病因和影响因素的基础上，有针对性地制订保护修复技术方案。同时，在文物实体保管过程中，尽可能去除有害影响因素，或采取必要措施，尽量减少有害因素对文物实体的损伤。

三是文物学价值。某些文物实体病害形成的时间长，成为古代文物特有的特征之一，现代造假技术很难实现，因此文物病害也可以作为文物鉴定的依据。

二、文物实体病害的分类方法

文物实体的病害种类多种多样，引起病害的原因也相当复杂。从文物实体的物质属性来看，其老化、降解是不可逆的、必然的。文物实体病害产生、发展还会受到环境的影响，包括埋藏环境、保存环境、使用环境等。文物病害有多种分类方法，常用的有两种：一是以文物实体病害的病源属性为依据的分类法；另一种是以文物实体材料子结构为依据的分类法。

（一）文物实体病害的属性分类

从病原的属性来看，文物实体病害主要分为生物性病害、化学性病害、物理性病害等。

1. 物理性病害

物理性病害包括那些由于受到外力影响发生的变形、扭曲、开裂，受温度、湿度变化影响引发的文物实体收缩、膨胀、变形、开裂，这些病害主要是受环境影响产生的，包括埋藏环境、馆藏环境、保存环境等。主要的影响因素包括温度、湿度、光照、振动、荷载等。一般情况下，物理性的病害是指不直接改变或者影响文物实体材料的化学性质，而是通过物理性效应影响文物实体材料的形状或者物理性质，对文物实体造成了一定程度损伤的病害现象，如热胀冷缩、湿胀干缩、机械性损伤（包括摩擦、挤压）等对文物实体的破坏作用。本质原因是在力的作用下，文物实体质点受力平衡被打破所致。

2. 化学性病害

化学性病害是指由于环境或者其他共存物的影响，引入了污染物，使得文物实体材料发生了化学反应，包括腐蚀、降解、氧化、酸性水解和碱性水解等。工业革命后，由于矿物燃料的大量使用，大气和降雨中的酸性物质增多，进而影响了各种地面文物实体的保存环境，加速了文物实体的酸老化，如石质文物实体受酸雨的影响引起的溶蚀、粉化等病害。文物实体本身由于长期埋藏于地下，受到地下水、土壤等埋藏环境的影响，发生的一系列降解和老化，从本质上说，这都属于化学性病害。一般情况下，化学性病害是文物实体组成材料中的一种或多种发生了化学反应，生成了新的物质，从而使文物实体的结构和性能发生改变，对文物实体造成一定程度损伤的病害现象，本质原因是文物实体质点发生了改变。

3. 生物性病害

生物性病害主要是指由生物体包括动物、植物和微生物，侵害、侵蚀引起的文物实体损伤。这些病害的主要影响因素是生物，如白蚁和蛀虫的蛀蚀、动物啃咬等产生的孔洞，昆虫的粪便污染，微生物霉菌和细菌的腐蚀作用引起的文物实体材料的形貌和结构改变。其主要特征是有生物体的参与，侵害源是生物体，侵害对象为文物实体。微生物霉菌和细菌的腐蚀作用机理是生物性病害中最为复杂的，是有生物活性物质参与的生物化学过程，如生物酶对有机质文物的分解作用、硫细菌对金属文物的腐蚀作用等。

实际上，由于文物实体材质具有复杂性和差异性，加上所处环境，特别是埋藏环境、保存环境的复杂多样性，文物实体材料发生老化，产生病害的原因极其复杂。通常文物实体的病害往往不是单一因素影响的结果，或者说，同一种病害产生的原因不是单一和简单的，往往是两种甚至几种因素共同作用导致的结果。因此，在研究文物实体病害的类型时，需要仔细辨别，将文物实体的病害分门别类，才能在此基础上对文物实体的病害进行分析和检测，制订出相应的保护和修复的方案。

（二）文物实体病害的材料结构分类

从材料学角度来看，文物实体材料种类繁多，具有多样性，因此文物病害种类也是复杂多样的。从文物材料学和文物信息学视角来看，文物具有信息属性，文物实体病害也蕴藏了一定的制作工艺、环境、污染等信息。根据文物实体材料分类，文物实体材料有五个组成部分，即文物实体材料子结构，子结构存在变化和转化的关系，也就是说文物实体材料具有"可变性"的特征。这五个子结构为本体结构材料、污染物、腐蚀降解产物、水和伴生物。因此，从这个角度来看，对文物实体材料的病害进行分类，可以从其子结构入手，包括本体结构材料病害、污染物病害、腐蚀降解产物病害、水病害和伴生物病害等。

文物实体组成的每一种材料的质点都在不停地运动，质点运动的结果使材料状态发生改变，最终出现材料老化、性质和性能的变化，产生病害。文物材料主要面临五大病害：本体结构材料病害、污染物病害、腐蚀或降解产物病害、伴生物病害和水病害。

1. 本体结构材料病害

本体结构材料病害是指由于环境因素的作用和文物结构本体材料性质变化，所导致的文物实体物理和化学性能改变，使文物实体出现脆弱、断裂、形变等病害现象。本体结构病害包括由生物和化学的反应引起的文物本体结构材料的腐蚀或者降解；在物理因素，如热胀冷缩、湿胀干缩、挤压等内外力作用下，所导致的文物实体变形、开裂，以及文物实体材料力学性能的下降等；某些情况下，构成文物实体形状的结构材料会发生变化，如完全锈蚀青铜器形状支撑材料，由原来的金属铜转变成铜的矿化产物，这些矿化产物构成了青铜器结构主体，成为文物实体材料的结构材料。例如，铜镜在埋藏时往往被用丝绸包裹后放入墓葬中，出土时会发现包裹铜镜的丝绸已完全矿化，虽然丝绸文物实体组织结构还能看见，但此时蚕丝纤维已被腐蚀殆尽，其形状之所以得以保留是因为蚕丝纤维蛋白已全部被青铜的腐蚀产物替代了。古代车马坑出土的古代车辆，已完全腐蚀的木质部分被黏土取代，黏土成为车辆木构件的结构主体，保留了木构件的形状。

2. 污染物病害

污染物病害是指由非文物本体组成材料及非文物本体材料转化产物附着或渗透进文物实体后，引起的对文物实体具有破坏作用的病害现象，如纸质文物上霉斑、锈迹等。重力沉降的固体物颗粒、吸附、黏附作用下的污染物、腐蚀降解作用中产生的对文物实体材料有危害的各种产物等，如石质文物的表面沉积物，古籍书画文物的水渍、油渍、蛀虫排泄物等。

3. 腐蚀降解产物病害

腐蚀降解产物病害是指由于环境因素的作用，文物本体材料腐蚀降解产物进一步发生的腐蚀降解病害现象，即文物本体材料腐蚀降解产物的深度腐蚀或降解。文物实体在埋藏、保存环境中的腐蚀、降解产物，由于自身物理性质变化或者参与到后续的生物、化学反应中，产生对文物实体材料或者结构有一定程度影响的各种病害等，如纸质文物和纺织品文物纤维的深度降解、青铜器的无害锈转化为有害锈等。

4. 伴生物病害

伴生物病害是指由环境因素作用引起的、文物本体材料中伴生物所发生的腐蚀降解病害现象，包括由文物实体材料中的伴生物存在引发的腐蚀、降解作用，或者由于伴生物的存在导致的其物理性质发生变化。例如，热效应下的体积膨胀等引发的应力集中或者变形等病害现象，以及青铜器中冶炼时铜矿石伴生矿中的砷元素等对青铜器文物造成的破坏，就属于伴生物病害。

5. 水病害

水病害是指由于水的溶解、溶胀、运移、水解、水合等作用，所引发的文物实体材料腐蚀降解、开裂、形变等的病害现象，如壁画和砖石质文物的酥碱、书画类文物的水渍、土遗址吸水崩塌等。在文物实体材料中存在各种形式水，如游离水、吸附水和结合水等。由于水的存在使文物实体出现病害。例如，山水的相变引起的体积膨胀，从而产生的体积变化和应力变形；水的溶解和运移作用引发文物实体材料溶蚀、酥碱；水作为介质参与的各种化学或者生物的腐蚀、降解反应，发生的水解、微生物腐蚀、锈蚀等病害现象。

由于文物实体结构的复杂性，以及它的各种子结构材料的相互转化和相互作用，其病害的产生和材料种类是相互联系的甚至是重复作用。例如，腐蚀降解产物病害与本体材料病害关系密切，水可以引发多种病害，也可成为污染物。因此，文物病害的定义是一个变化的和相对的概念，有"病"未必有"害"，有"害"则一定要除害。这就要求我们在对文物实体病害进行分析研究时，首先应该对文物实体的材料学有清晰的认识，从文物实体材料的子结构入手，厘清病害的类型和机理。同时，由于文物实体在其产生、埋藏、保存的过程中，始终处于一个变化的状态，因此，对其五个子结构进行研究时，要从变化和转化的角度去分析，只有对文物实体结构变化和转化有深刻的认识，才能对文物实体的病害有明确的认知，才能明晰"病"与"害"的关系。从其变化和转化的角度入手，对文物实体的病害进行分类和研究，并从转化和变化的方面思考病害防治的技术路线，将文物实体的病害消除，或使有害转化为无害，使病害失去活性，使之不会对文物实体造成损害。

不管是文物的本体材料还是污染物、腐蚀降解产物等都是材料，其本质还是物质的。在一定的条件下，其物理性质、化学性质都会发生变化，都有可能出现相应的病害。因此，无论是文物实体材料的哪一个子结构，"生病"是必然的，如物理性能的变化而产生的病害，如应力集中引起的变形，或者化学变化产生的病害，如污染类病害的产生和变化等。而文物保护就是针对这些病害，开出药方给文物治病。

三、累积损伤

（一）累积损伤效应概念

累积损伤与文物实体质点运动有密切的关系。在外界环境因素的作用下，质点运动状态会发生轻微改变，而每一次的轻微改变并不会造成文物实体材料性能或文物信息的明显变化，但长时间、多频次的重复，则会使文物实体材料性能或文物信息发生质的变化，对文物实体造成明显损伤，这种损伤叫作累积损伤。累积损伤的本质是质点运动，累积损伤具有三个特点：一是高频次，二是单次损伤轻微，三是长时间积累。质点的改变和质点位移，从量的角度看，单次造成的文物实体质点的改变或位移是极其微小的，即使把时间长度扩大到几十上百年，也看不出有明显变化，如铜质材料在不同环境中的腐蚀速率。但对文物而言，其所经历的时间跨度可能是几百上千年，尽管单个变化极其微小，但最终的状态就是一个从量变到质变的累积结果。

若将质量为 10.68 g、尺寸为 2 cm×3 cm×0.2 cm 的铜片置于大气中，可知该铜片所含的铜原子质点数为 $1.01×10^{23}$ 个。根据铜片在城市大气中的腐蚀速率，要把这样的铜片所含的铜原子质点全部改变，则需要 5260 年。数据表明，铜在大气环境中的腐蚀速率是比较慢的，但即使是这样比较慢的腐蚀速率，由于累积损伤的影响，铜器的寿命也只有 5260 年。

文物实体累积损伤效应是一种因素与另一种或多种因素对文物实体连续作用、叠加后，导致的文物实体变化所产生的效应。这种效应力度较弱，但时间上具有长期性、持续性。分析累积效应应从它的概念、因果关系模型入手，模型由三部分构成，即累积影响源、累积影响途径（过程）和累积影响类型。

文物实体通常经历了非常长的时间段，短至百年，长达数千年，甚至上万年，长时间的积累形成文物实体的累积损伤效应。经过如此长时间的累积之后，任何一种微小因素作用造成的危害都无法被忽视。一般情况下，环境条件不稳定极易造成文物实体的损伤或损毁。我国西北半干旱地区，由于地下水位波动较大，埋藏环境湿度、微生物生长、盐分含量情况也在不断变化，累积损伤比较严重，此种环境对有机质文物的保存非常不利。所以，西北半干旱地区鲜有保存状态较好的有机质文物出土。而我国南方地区的地下埋藏文物大多数处于饱水环境，环境比较稳定，累积损伤相对较小，出土的有机质文物的保存状态通常比西北半干旱地区好。

当环境温度高低交替变化时，此时文物实体处在热循环过程中，受到材料热传导特性等因素的影响，结构各部分之间、相同材料的不同表层与心部之间必然存在温差，致使文物实体的膨胀、收缩量有所差异，加之刚性构架中各部分之间的互相制约，于是在不同的温度区间内文物实体中便会形成热应力。

损伤识别一直是研究人员广泛关注的问题，受疲劳、腐蚀、老化等因素的影响，损伤累积必然存在，从而使这些文物实体的保存面临重大隐患。因此，能对损伤累积进行监测和识别，及时地发现损伤，对可能出现的灾害进行提前预警，这是评估文物实体安全性的必然要求。

材料学领域的累积损伤研究方法主要包含应力分析中的有限元建模、失效判定准则及损伤过程中材料性能退化三大部分。文物作为物质实体，累积损伤效应研究可以借鉴材料学领域相关研究成果，从累积损伤的角度对文物进行健康评估。

（二）累积损伤模型

文物材料在复杂环境因素的协同作用下（如挤压、温度、湿度等）必然受到多种不同程度的损伤，影响文物材料损伤的因素具有随机性。这些影响因素相当于在对文物实体施加荷载，当荷载是循环往复应力时（如温度忽高忽低、湿度忽大忽小），引起的文物实体材料力学性能劣化过程称为疲劳损伤。文物实体材料在埋藏和保存的环境中受到挤压属于外加荷载，通常是持续性力的作用。环境中温度的变化，对材料本体产生的变温应力，即热应力会产生一定程度的影响，尤其是不可移动的文物实体处于室外环境，温度差异较大时，其受热应力的影响也较大，当温度的变动循环往复时，其累积的损伤就会显现出来。在金属材料学或者建筑材料学中，疲劳累积损伤理论已经是材料失效、损伤等研究领域的重要基础理论。

现有的疲劳累积损伤理论主要分为以下几种：①线性疲劳累积损伤理论；②双线性疲劳累积损伤理论；③非线性疲劳累积损伤理论；④基于热力学势的疲劳累积损伤理论；⑤概率疲劳累积损伤理论。与文物实体材料疲劳累积损伤研究相同，这些理论也可以拿来作为文物保护工作的参考，只是须将外部反复施加的载荷作为次要影响因素，主要的影响因素可能是温度、湿度等的变化所引起的疲劳累积损伤。

（三）累积损伤特征

文物实体由于累积损伤的作用，产生多种损伤特征，大多数文物实体出现的损伤均与力学行为有关，具有力学特征。例如，文物实体材料的脆弱、粉化、缺失和大量的微裂隙等。部分文物实体的腐蚀、溶蚀也是一种累积损伤，如石刻文物表面花纹或文字漫漶不清，甚至消失，可以看成是许多次腐蚀或溶蚀累积的结果。古建筑的坍塌，也可以被视为变形累积的结果。

多数情况下，研究的重点会放在由力的作用产生的累积损伤方面，这是因为由力的作用产生的累积损伤现象十分普遍，需要解决的问题多，难度也大。

四、污染类病害的形成

（一）污染类病害的定义

前已述及，文物实体发生的病害从其产生的原因或者机理来看，一般可分为物理性病害、化学性病害和生物性病害等。而从病害的外观表现形式则可以分为应力型病害，如结构失稳、变形、断裂、破损等；污染类病害，既可能是化学性病害，也可能为物理性病害或生物性病害，如降尘、污渍、水渍类污染类病害是常见的物理性病害，由污染物作用导致文物实体发生的腐蚀、锈蚀、降解等化学反应的病害，则属于化学性病害。而由微生物代谢产生的霉斑属于生物性病害。文物的污染类病害就指那些由于引入了外界的污染物，使得文物实体材质发生了形貌、结构和性能上改变的病害现象，文物实体上污染物的来源既包括相应环境中水、可溶盐、灰尘、气体污染物（如 $SO-NO$ 等），也包括某些生物（如鸟类、昆虫粪便）和微生物种群（微生物的降解作用）等。病害产生的原因既有可能是简单的灰尘沉降，即没有发生化学反应的病害，也有可能是由于污染物的引入，引发文物实体与污染物的化学反应，使得文物实体材质发生氧化、降解、酶解等反应而产生的病害。从污染物的存在形态对污染类病害进行分类，可将污染类病害分为固体污染物病害、气体污染物病害和液体污染物病害三类。

（二）污染类病害的产生机理

由于污染物的种类或者物态的不同，污染物与文物实体作用机制也不相同。对于不同材质的文物实体而言，其作用机理各异。也就是说，尽管污染物的存在可能会对文物实体产生一定程度的损害，但是不同种类的文物实体材质的理化性质不同，其抗污染和抗腐蚀的能力是有区别的，因此污染物的作用机理和危害程度也不一样。从污染物在不同状态（固态、气态、液态）时的作用机理的角度看，污染物病害的产生机理主要有以下几种：

一是重力沉降。主要指空气中颗粒物的沉降，空气中灰尘等颗粒物通过扩散作用运动到文物实体材料表面，在重力作用下进行沉积。

二是表面黏附和静电作用。灰尘颗粒和微生物孢子受固体表面力的影响，包括诱导力、色散力、范德华力等分子间作用力，污染物分子受文物实体表面吸引，发生物质颗粒的黏附和沉积。灰尘颗粒在空气中容易带电荷，因此也可以通过静电作用沉积到物体的表面，被文物实体黏附。

三是吸附作用。是指各种气体、蒸气以及溶液里的溶质被吸着在固体或液体物质表面上的作用。当文物实体材质是多孔性物质时，空气或者液体中的物质就易被吸附到文物实体的孔隙中。

四是毛细作用。毛细作用主要是由水的表面张力和文物实体材料性质决定的。污染物溶于水后，通过毛细作用，水携带大量的可溶性盐类、污染物和微生物等，进入文物实体之后对文物实体会产生相应的病害。

五是化学和微生物腐蚀等。污染物通过水的溶解、运移等或者上述的吸附、毛细作用等方式进入文物实体的孔隙或者表面时，一旦环境条件适宜，如湿度、温度适当等，会使得文物实体材料与污染物，或者在污染物的参与下，文物实体材料与水发生腐蚀降解化学反应，损害文物实体。当微生物在文物实体的表面生长时，由于生物酶的存在，文物实体材料会发生酶解作用，使文物实体材质结构和性能发生变化，出现病害现象。

五、腐蚀和降解类病害

文物实体材料多种多样，既有有机质，也有无机质。因此，文物实体材料的劣变老化一般称为腐蚀和降解，分别对应于无机质文物的腐蚀和有机质文物的降解。

文物实体材料性质是影响文物实体腐蚀降解速率和程度的首要因素。文物的材质包括金属，如金银器、青铜器、铁器、锡器等；石质，如摩崖石刻、石碑、石质雕塑、石器等；陶瓷，如陶器、青瓷、白瓷、青花瓷等；纺织品，如丝织品服饰、棉麻质地服饰等；

纸质，如古籍、书画等；木器漆，如竹木器、漆器等。研究结果表明，由于文物实体材质的不同，其腐蚀降解的机制也具有极大的差异。

环境因素与文物实体腐蚀降解机制密切相关。大多数的文物实体都是考古发掘出土的，文物实体在埋藏环境中，历经了千百年，与埋藏环境中的一些物质，包括水、土壤、微生物等相互作用，导致文物实体材料发生腐蚀或降解，这些因素都是影响文物实体腐蚀降解机理、程度的重要因素。潮湿地区的考古发掘过程中，经常出现同一地区、同一时期的古代墓葬中丝织品保存状况截然不同的情况，有的仍精美，有的却消失得无影无踪。这说明墓葬环境对丝织品的保存状况影响极大，而目前针对两者之间关联的实验研究较少，难以明确使丝织品文物能够较完整保存下来的墓葬环境条件究竟是什么。

时间因素对文物实体的降解程度也有一定影响。文物实体在历经千年的过程中，发生了一定程度的老化降解等劣化，时间因素是影响文物实体的腐蚀降解程度、机理的一个重要因素。但文物实体的腐蚀降解程度与时间长度并不一定成正比关系，因为文物实体的腐蚀降解与环境的关系更大，受到各种环境因素的影响远远大于时间的影响，这些环境因素通常包括酸碱性、水分、微生物种群分布等。

文物实体的腐蚀降解机制研究是文化遗产保护领域中的热点问题，文物实体材料性质、环境因素及文物实体已存续时间，决定了文物实体腐蚀降解的机理和程度。对文物实体的保护和修复来说，只有了解了文物实体的腐蚀降解机理，才能对文物实体的病害有明确的认识，进而为文物实体的保护和修复提供相应的基础研究支撑。

第四节　文物保护的理论依据

一、有害物的稳定化理论

（一）有害物的性质

文物实体有害物是指文物实体表面及内部因自身病害或外部环境污染而形成的物质，这些物质对文物实体的寿命及价值具有破坏作用。有害物可分为惰性与活性两种，惰性有害物的破坏性是有限而稳定的；而活性有害物对文物实体有着主动破坏性，这种破坏是自发的且有蔓延扩张趋势。例如，青铜文物的硫化物与氯化物，硫化物破坏器物的艺术欣赏价值，是惰性有害物；而氯化物会像癌症一样使有害锈蚀扩张蔓延，属于活性有害物。此外，石质文物中的微生物菌群在石刻表面和内部繁衍生长，导致石刻出现风化；纸质文物微生物病害中的红霉霉斑，除会污染画面外，还会破坏书画纸、绢质地，加速其老化酸化过程，这些都是活性有害物。

有害物的不稳定性通常是与某种环境条件相联系的，如分子结构不稳定，环境温度、湿度波动，热力学不稳定性等。青铜器有害锈（又称粉状锈）与环境中的温度、湿度均有很大关系，有害锈质地疏松，呈粉状浅白绿色。青铜器有害锈的化学成分主要是氯化亚铜（CuCl）和碱式氯化铜 $[CuCl_2 \cdot 3Cu(OH)_2]$，氯化亚铜和碱式氯化铜在热力学上性能是不稳定的，易发生如下反应：

$$4CuCl + O_2 + 4H_2O = CuCl_2 \cdot 3Cu(OH)_2 + 2HCl$$

$$CuCl_2 \cdot 3Cu(OH)_2 + Cl + 6H^+ = 2CuCI + 3Cu^{2+} + 6H_2O$$

这是个循环反应，$CuCl \rightarrow CuCl_2 \rightarrow 3Cu(OH)_2 \rightarrow Cu \rightarrow CuCl$ 氯化亚铜在氧气和水作用下生成碱式氯化铜，碱式氯化铜通过对铜的腐蚀，又生成氯化亚铜。如此循环，不断对青铜器进行腐蚀，直至青铜器文物实体全部毁坏。因此，青铜器有害锈常含有两种成分：碱式氯化铜和氯化亚铜。

（二）有害物的处理

在传统的文物保护工作中，对于有害物进行处理时往往选择直接去除。但基于对文物最小干预的保护原则，现代文物保护理论旨在追求将活性有害物转化为惰性有害物，即有害物的稳定化。有害物稳定化有以下两种方式：

一是利用化学反应将活性有害物转变为另一种化学反应活性较低的物质，使其不能对文物实体造成损害，或损害速度非常缓慢，这种有害物稳定化方式是通过文物实体质点改变实现的。

二是通过改变环境条件，降低有害物的化学反应活性，减缓对文物实体损坏的速度，这种有害物稳定化方式是通过降低文物实体质点运动的能量实现的。对于影响文物艺术价值的惰性有害物可适当去除，对文物艺术价值无太大影响的有害物可选择保留。

二、文物实体材料的稳定化理论

（一）文物寿命

文物寿命包含两层含义：一是大多数文物作为物质实体，其组成材料的材料性能已十分脆弱，以现代材料学的观点来看，这时的文物材料早已失去了材料功能，寿命已经终结。但从文物材料学角度看，其组成材料蕴含了文物实体在复杂因素超长期作用下演变的信息，结构上仍能支撑文物实体的基本造型，具有文物价值，因而寿命依然在延续，这是文物保护工作的基本依据。二是文物具有多种寿命，即"文物多命论"，如材料寿命、价值寿命等，而价值寿命亦有多种，如历史价值、科学价值、艺术价值寿命等，这些寿命均通过文物信息表征。文物信息的采集过程随着科技进步而不断获得发展，文物信息不断增加、积累，只要文物实体存在，这个过程就不会中断。即使出土时文物蕴含的全部信息都已被采集了，该文物是否还有保存的必要？答案是，作为直接的实物证据，作为不断增长的信息源，文物仍有保存的必要。从物质运动的角度来看，只要文物实体存在，文物的信息始终处于不断积累和转化的动态变化之中，所以当旧的信息被采集之后，新的信息又产生了。

文物寿命是由两部分组成的：一是文物实体的材料寿命；二是文物的价值寿命。通常情况下，文物实体材料寿命远短于文物的价值寿命。将一件文物实体置于一个三维空间坐标系内来看，文物实体是由一个个质点按一定规律排列组合而成的，这些质点的有序排列代表了文物实体的实时状态。文物实体的质点排列既体现了文物实体材料的性能，又蕴含了文物的价值信息。材料学意义上的寿命往往是指材料的性能不能满足某一使用功能时的状态，而此时文物实体发生改变和位移的质点数量，并不足以使文物实体的形态完全被破坏。因而仍保留着许多文物信息，如形状、花纹、铭文，以及文物实体材料等，所以文物寿命并未终结。

总之，文物实体材料寿命属于现代材料学范畴，文物价值寿命属于文物材料学范畴。尽管两者的研究对象都是文物实体材料，但对文物实体材料的使用功能的定义不同，所以对文物的寿命看法亦不相同。

（二）文物实体材质失稳

文物实体状态始终处于稳定与不稳定变化之中，这里的稳定是一种动态平衡。前已述及，文物实体属于开放体系，始终在与环境不断地进行物质和能量的交换，这是开放体系的特征。当环境因素发生变化，温度、湿度、微生物、光、氧含量等方面产生变动，不足以引起文物实体材料发生明显变化时，文物实体可以在较长时间内保持这种状态。因此，可以认为文物实体处于稳定状态。但是，文物实体处于稳定状态并不意味文物实体没有发生变化，只是这种变化比较轻微、不明显而已。但文物实体的轻微变化经过长时间的积累，有可能发生从量变到质变的转化，这就是损伤累积效应。例如，博物馆展厅内的纺织品文物，刚展出时的颜色与展出一段时间后的颜色相比，往往会出现较大变化，这使展出时受光照影响，产生了光致褪色。尽管纺织品文物每天的颜色变化很小，但经过一段时间积累后，褪变色情况则十分明显。

由文物实体的质点模型可知，质点始终处于运动之中，当质点运动程度较大时，如质点改变数量较多、质点出现较大位移，文物实体就会从稳定状态变为不稳定状态。打破稳定平衡的因素是外界环境条件的改变，当环境因素变化时，文物实体状态会发生改变。

文物实体总是从不稳定状态转变为稳定状态，再从稳定状态转变为新的不稳定状态，然后新的不稳定状态再次转变为另一种新的稳定状态，这种转变过程持续进行，直至文物实体消亡。文物实体的不稳定是绝对的，而稳定则是相对的。引发转变的外部原因是环境因素的变化，文物实体稳定状态转变为不稳定状态有两种方式：一种是通过缓慢变化，从量的积累到质的转变，如展出过程中纺织品文物的颜色变化；另一种是爆发式变化，迅速转变，这通常是由环境条件剧烈变化造成的，如密封性较好的埋藏环境中出土的纺织品文物的颜色变化，刚出土时文物的颜色非常鲜艳，但很快就会变褐色、黑色。这两种变化都与外部因素影响密切相关，所以要尽量降低文物保存环境因素波动幅度，避免因文物环境的大幅波动破坏了文物实体稳定平衡的状态。文物保护专业人员经常通过对环境的人工干预，使文物实体的状态稳定。

对不同种类材料的文物来说，影响文物实体稳定性的内在因素有很大区别。一般情况下，材料不稳定的类型可分为以下几种：晶体结构不稳定、分子构象不稳定、分子结构不稳定，金相结构不稳定、自重较大文物实体力学行为不稳定、构成材料的热力学不稳定。多种材料复合制作的文物实体，由于材料性能匹配不佳（装裱书、铁质与铜质复合的文物），也会产生不稳定等。综上所述，文物实体稳定平衡被破坏是两方面因素造成的，即内因和外因。文物实体材料的不稳定性是内因，外界环境条件的变化是外因。

三、文物清洗理论

（一）污染病害对文物实体的影响

前已述及，文物实体污染物是指文物实体在使用、传世过程中，附着于文物实体表面的非文物本体组成材料或非文物本体组成材料转化产物的物质，即文物实体表面附着物（包括孔隙表面的附着物）。文物的污染类病害就是那些由于引入了外界的污染物，使得文物实体材质发生了形貌、结构和性能上改变的病害现象。文物实体表面污染物及其结合的状态是错综复杂的，首先，是一部分来自大气环境及地下埋藏环境的污染物，使文物实体产生了有机质材料糟朽及其析出物、砖石质文物风化产物、金属材料的腐蚀产物等，这部分污染物通过上述文物实体的腐蚀降解产物与文物实体表面结合，即多层物质叠加在文物实体上。其次，是另一部分污染物附着在文物实体表面，并未引起文物实体材料的腐蚀降解。污染物通过物理吸附的方式附着在文物实体的表面，此类污染物有时还能隔绝空气和水分，使有害气体和水分无法与文物实体接触，对文物实体起到保护作用。上述分析表明，文物实体上的污染物对文物造成危害的方式和程度是不一样的，有时还具有有益的一面。总之，文物实体材料种类复杂多样，保存环境也不尽相同，文物实体的表面污染物具有多样性的特点。因此，从现代科学保护的角度，对这些污染物的利与弊进行判断，不能一概而论。

对文物实体表面的污染类病害都应进行分析检测与价值评估，以测定它们可能蕴含的价值信息，以及在文物保护、保存中的作用和产生的影响，以所含价值、危害严重程度作为污染类病害的评价标准，用于指导文物保护实践。一般情况下，文物实体的污染类病害具有有益和有害两种属性，即"利"与"害"两个方面。

有益是指污染类病害对文物实体造成的"益"远远大于"害"。某些污染类病害可以反映文物的使用功能、埋葬规格、埋藏条件、埋藏物之间的相互关系、埋藏的地质地理环境等信息；有些能反映地球环境变化、气候变化、地震造成器物材质变化的信息，这些都是自然条件变迁研究的重要依据。有些也可能是社会变革的因素导致的，是各种材料及金属材料使用的证据，反映出古代生产、生活、科学技术、工艺技术发展的水平和历程；有些针对由污染导致的金属文物腐蚀产物及其结构的研究是冶金、金属腐蚀与防护科学以及冶金史研究的重要内容。特别是某些金属文物实体表面形成的氧化层，本身既蕴含着历史信息、科学信息，也对器物本身起到一定的保护作用，有利于隔绝外界的空气和水分，避免文物实体与环境中有害物质接触，具有防腐蚀功能。尽管这种腐蚀产物也是一种病害，但不能随意地去除。

有害是指污染类病害对文物实体造成的"害"远远大于"益"。某些污染类病害会对文物实体和价值信息的安全造成威胁，有些使文物实体表面发生霉变，如室外文物实体表面地衣、苔藓以及微生物生长等。这些生物体均以文物实体材料作为生长的营养成分来源，对文物实体进行吞噬，有些生物体在生长过程中会释放出酸性物质，碱性物质，氧化、还原性物质和其他腐蚀性物质，对文物实体造成侵蚀。某些文物实体材料的污染类病害产生的腐蚀分解产物，会加快自身的老化、损毁速度，如青铜器腐蚀产物有害锈，一旦有了有害锈，青铜器腐蚀速率会显著加快。对于金属文物而言，其腐蚀过程中产生的腐蚀产物依附在金属表面形成锈迹、锈斑、锈块，使金属表面呈现出不均匀性。具有不均匀性的金属表面暴露于潮湿环境中时，表面易形成一层带电的电解质液膜。根据电化学原理，带电的电解质液膜产生电化学反应会显著加速金属的腐蚀。在金属表面存在电化学反应的条件下，金属表面会分为阴极区和阳极区。

阴极区表面状态良好，金属能得到有效保护，但这是通过牺牲阳极区来实现的，阳极表面被不断氧化腐蚀。有些金属表面的局部会有性质特别稳定的锈块存在，实际上它也是促进腐蚀活泼区加速腐蚀的因素之一。在文物保护实际操作中，对这些文物保存产生严重破坏作用的污染类病害，有必要清除。

当污染类病害对文物实体造成的"益"与"害"均等时，需要对"利"与"害"做综合考量，解决病害的"留"与"去"问题。很多情况下，这样的综合评估涉及考古学和材料学等专业领域，需要多学科的参与，但其基本目标还是应从延长文物寿命的角度出发，考虑如何保护文物实体的问题。任何情况下，有效地保护文物实体都是第一位的，如果文物实体不复存在，那么文物价值也会随之消失。

文物保护的核心是有效、全面保留它的价值内涵，修复的目的是完整展现文物价值。保护文物实体从根本上来讲是保护文物所蕴含的价值信息，所以判断文物实体污染类病害是否需要清除时，首先应衡量它对文物的实体是否有害以及危害程度如何。对于威胁文物实体安全和严重影响文物价值整体展现的病害可适当予以清除。只要文物的价值并没有遭受损害，价值信息没有丢失，保护处理就是正确的。

文物实体上的污染类病害被去除之后，文物的原状可能会发生改变，这时需要采用一些修复的方法，恢复或部分恢复文物实体的原状。文物原状是指器物最原始状态、出土时状态，还是收藏时的状态，应根据具体情况讨论。因此，将文物实体恢复到哪一种状态，应视具体情况而定。

综上所述，对于文物实体上的污染物进行处理，所应遵循的基本原则就是实现文物价值信息的全面保护和文物价值的完整展现。污染类病害常蕴含文物实体在地下埋藏、长期流传过程中的各种历史信息，以及文物实体所附着的周围环境物质带来的相关地域、地层的信息，这些也是全面揭示文物价值所需要的信息。例如，我们常能碰到散落在社会上的"出土"文物，它们往往带有污泥、锈蚀之类的污染物，就可能蕴含了出土地点、出土的原始条件等信息，甚至有助于文物真伪的判定。前些年，曾有一些简牍面世，业界对其真伪有很大的争议。有些研究人员往往随意地把文物实体表面的污染物如污泥、杂质之类的东西，不经检测分析就完全清除干净。这就丢失了探索其原始出土地点、出土环境的一些重要原始信息，给鉴定工作带来困难。

（二）文物实体表面污染类病害的清除原理

文物实体存在大量表面，包括孔表面等。由文物实体质点模型可知，表面质点周围原子对它的作用力是不对称的，所受力不饱和，存在剩余力场，具有吸附其他物质质点的能力，易吸附气体、液体分子，也能够与某些金属离子结合，产生结晶类物质。

文物实体的污染类病害主要来自两个方面，一是文物实体表面吸附外来物质质点，产生污染；二是文物实体由于吸附外来物质质点使自身质点发生了改变，由一种质点转变为另一种质点，这两种情况都可被视作污染类病害。文物实体污染类病害的去除，通常指的是对文物实体表面污染物质的清除。对于文物实体表面污染物质的选择性清除或者处理工作十分重要，污染物是否被清除须考虑下面几种情况：第一，文物实体无害降解产物。有的降解产物是稳定的，包含着历史沧桑感以及美学价值，降解产物对文物实体的埋藏环境、使用功能等具有研究价值，此类污染物不应去除。第二，具有保护作用的污染物。此类污染物可能对文物实体起到一定保护作用，如铁质文物表面生成的致密氧化膜，能够阻挡氧、水、污染气体等对文物实体的腐蚀，对文物实体寿命无影响，一旦清除，文物实体会出现新的腐蚀，加快损毁速度，因此应当予以保留。第三，已成为文物实体结构部分的污染物。有的文物实体在腐蚀过程中原始质点逐步转变为腐蚀降解产物，或被外来其他质点取代，污染物已成为支撑文物实体结构的一部分，如果清除，文物实体会出现残破，或导致文物实体形状消失。此类实例很多，如高度矿化的青铜文物，原始的铜质点几乎全部转变为铜的矿物质点，如果将铜的矿物质点清除，则青铜文物也将随之消失。再如，出土的丝绸印痕文物，文物实体中的蚕丝质点已完全腐蚀、降解殆尽，留下的质点空位被土壤或其他矿物质质点取代。从材料角度而言，这时的文物已完全"异质化"，属于"异质文物"，即与原始状态的文物本体材料完全不同，但仍保持文物实体的全部或部分原始形态。第四，有害污染物。有害包含了多重含义：①对文物实体材料有害，此类污染物会加快文物实体材料的腐蚀降解，直至使文物实体完全损毁，如青铜器的有害锈。②破坏文物实体的外观形貌，有的污染物虽不会腐蚀文物实体，但由于具有覆盖作用，会影响对文物文字或纹饰的识读和辨识。③保护处理过程中需要清除的污染物。文物保护工作中往往需要将加固材料渗透到文物实体内部，但由于文物实体表面特别是孔表面吸附了污染物，阻碍了加固材料的渗透。因此，上述此类有害污染物在文物保护处理过程中必须清除。

从文物实体质点模型分析可知，污染物的清除就是将污染物的质点从文物实体移除。一般而言，文物实体污染物的清除方法有三种：一是化学方法，即利用化学反应，将污染物质点溶解、分解，使之清除，过程中常有新物质生成。用氧化剂、还原剂、络合剂等化学试剂清洗的方法，属于化学方法。溶剂清洗也是化学清除过程，其生成的新物质往往是被溶解物质的溶剂化，在化学概念上是新物质。溶剂清洗文物过程中可依据"溶剂参数理论"和"弗洛里-林金斯参数"（Flory-Huggins interaction parameter）等相关理论筛选溶剂。二是物理方法，清除过程中污染物质点没有发生改变，不发生化学反应，没有新物质生成。常用的机械剔除、高温气化的技术措施就属于物理方法。三是生物方法，利用生物的代谢作用，将污染物质点"吃掉"，转化为易清除成分然后清除，此类过程一般会有生物活性物质参与，这是生物方法典型特征。例如，生物酶清洗污染物，通过生物活性物质"酶"的代谢作用，将污染物分解清除，属于生物方法。

在清除文物实体污染物时应注意避免对文物实体造成二次污染，将污染物的质点从文物实体上移除后，会出现新的质点空位，若这些空位被其他质点再次占据则会形成对文物实体的二次污染。产生二次污染的原因多数是清洗材料的残留或清除过程造成的质点转变。一般情况下，采用化学方法清除污染物，由于化学反应性较强，常会发生质点转变情况，造成对文物实体的二次污染，所以化学清除方法要慎用。

文物实体污染物的清除是一个庞杂的技术体系，清洗、清除时必须采用科学的方法并适当控制清除的范围，绝对不能伤及文物实体，更不能造成文物价值的丢失。

四、黏粘文物自分层原理

我国南方地区考古发掘出土的有机质文物，如纸张和纺织品（折叠的衣物、书籍等），由于在埋藏环境中长期受水的影响，纤维降解十分严重，质地脆弱不堪，且出土时常伴有严重的层间黏粘现象，因此需要对这些黏粘文物进行揭展（展开）。出土黏粘纸张和纺织品文物黏结力的产生和来源是多方面的，黏结过程是一个复杂的物理、化学过程。就丝织品出土状态而言，层间黏结是一种固-固界面的黏附，是通过两固相界面的相互作用而产生的。这种界面上的相互作用既可以是胶黏物质（如丝胶的降解、黏土矿物等）对蚕丝与蚕丝界面间的黏附，也可以是界面上微观层面的机械嵌合作用，还可以是分子间的相互作用力（范德华力、氢键）。宏观上看，层间黏粘可以用界面现象中的胶接理论进行解释。胶接界面上的作用力主要有三类：①静力，如机械作用力和摩擦作用所产生的力，这类静力对界面胶接强度的贡献率理论上较其他两类小；②界面分子间作用力，如由色散力、偶极力、诱导力与氢键等作用而产生的力，其对界面胶接强度的贡献率理论上要大于静力作用；③化学键，其对界面胶接强度的贡献率理论上最大，但出土丝织品层间黏结不大可能形成新的化学键。

机械作用力是造成纸张和纺织品文物黏结的原因之一。纸张和纺织品文物的埋藏环境情况复杂，降解了的产物，如丝胶或环境中的黏土矿物等物质通过挤压，进入纤维表面的空腔或凹凸部分，形成机械嵌合力，从而产生结合力。

从物理化学的观点看，机械作用并不是产生黏结力的因素，但可以增强黏结效果。机械黏结力的本质是摩擦力,类似钉子与木材的接合或树根植入泥土的原理。机械黏结力对某些坚实而光滑的表面作用不显著,但纤维素和蚕丝是多孔性的,因此纸张和纺织品文物在埋藏环境中受机械力的作用,促进了层间黏结。

分子间作用力是造成纸张和纺织品文物黏结的主要原因。大量证据表明,表面现象与原子、分子之间的作用力有关,分子间相互作用理论是研究界面现象的基础理论。分子(或原子)间的相互作用可以根据其所产生的结果、有效作用距离、作用的性质等不同研究目的进行分类。由于出土纸张和纺织品黏结的界面现象涉及多种物质,从界面理论的角度,分子间总的作用能应由以下各项组成:$\varepsilon = \varepsilon_d + \varepsilon_P + \varepsilon_T + \varepsilon_h$,其中,$\varepsilon_d$ 为色散力相互作用,ε_P 为偶极力相互作用,ε_T 为诱导力相互作用,ε_h 为氢键相互作用。按照分子间相互作用理论,范德华力(Van Der Waals Force)可广义地认为是由静电相互作用(包含偶极相互作用)、诱导相互作用和色散相互作用组成。在实际情况中,这三种相互作用各占一定比例。由于氢键的存在十分广泛,如水、蛋白质、碳水化合物、酸式盐、结晶水合物中等都存在氢键,且氢键的键能一般小于 $30\ kJ \cdot mol^{-1}$,比化学键的键能要小得多,但和范德华引力的数量级相同或稍大一些,所以可把氢键归于范德华引力一类。分子作用力是考古发掘出土黏粘纸张和纺织品文物层间黏结力的主要来源,即色散力、诱导力和静电力、氢键的作用,是造成出土纸张和纺织品文物层间黏结的主要原因。而上述诸力的形成原因、作用机制、影响范围和作用力本质彼此均相类似,分子作用力广泛地存在于所有的黏结体系中。

根据上述讨论可知,黏粘古代纸张和纺织品的揭展,以黏粘丝织品为例,应满足两大要求:一是需要将脆弱的丝织品加固,使其强度提高至分子间作用力以上,也就是要大于几十 $kJ \cdot mol^{-1}$,二是揭展剂在加固丝织品的同时,所产生的层间作用力要小于分子间作用力,即小于几十 $kJ \cdot mol^{-1}$,这两点是保证在揭展过程中丝织品不会被拉坏的前提条件。也就是说,揭展材料应符合"层内加固,层间分离"的要求,这就是黏粘文物自分层揭展原理。自分层揭展剂是由性能不同的多种成膜物质组成的溶液体系,将其涂覆在黏粘文物表面,在溶剂的挥发和加固剂固化过程中,能自发地产生组分迁移和相分离,形成各组成成分逐渐变化的梯度分层。其形成的机理为:不同聚合物的极性不同,分子间作用力不同,在介质中的溶解度也不同。因此,形成的是一个热力学上的不稳定体系。随着溶剂挥发和加固剂固化的进行,自分层揭展剂溶液体系组成不断变化,互不相容的组分在界面张力梯度的作用下,通过液相形成对黏粘文物的选择性润湿和对气相界面的趋向差异,进而使得两相相对流动,导致组分间的相分离,形成各组分的梯度分层结构,最终在达到降低层间黏结强度的同时,也满足了增加黏粘文物层内力学强度的要求。

五、文物加固理论

微观层面文物实体质点的振动、改变、位移都会造成文物实体质点间作用力减弱、质点间距离增大、结构松弛，宏观层面文物实体出现裂隙、粉化等现象，文物材料性质发生改变，造成文物脆弱。显然，文物实体质点运动是文物实体脆弱的根本原因，尤其是文物实体质点的改变和位移对文物实体材料性能影响最大。

文物加固的基本原理是，在文物保护理念和原则指导下，采用适宜的技术方法，使松散的文物实体结构稳定。也就是说，只要符合文物保护的理念和原则，任何能够抑制或减缓文物实体质点改变和位移对文物实体造成的损害，提高文物实体结构强度的技术方法，都可以用于加固文物，这就是文物加固原理。

（一）质点还原与转变加固原理

当文物实体质点由一种质点转变成另一种质点，即质点发生改变时，文物实体材料的性质亦会发生变化。通常情况下，质点的改变往往会引起文物实体材料性能下降，使文物实体变得脆弱。理论上只要将改变的质点还原为原来的质点，或将变得不稳定的质点转变为另一种稳定的质点，就可使文物实体材料性能有所提高，这就是质点还原加固法的原理。

质点还原与转变加固是一个化学过程，过程中有新物质生成。例如，铁质文物生锈是铁质点转变成铁锈质点的过程，铁质文物保护可以采用将铁质文物上铁锈用强碱溶液还原，将铁锈成分还原为铁，铁锈质点被还原成了原来的铁质点，提高了铁质文物的材料性能。古代青铜器上的铜质点变成有害锈质点，其成分为氯化亚铜和碱式氯化铜，使青铜器出现质地酥松、粉化等现象。修复此类文物通常采用缓蚀材料，使其与有害锈发生化学反应，脱除氯离子，将不稳定的有害锈成分转变为相对稳定的铜络合物。

上述两例一例是质点还原，另一例是质点转变。用质点还原与转变加固原理保护文物，由于还原或转化加固后的质点与文物实体的结合强度相对偏弱，往往还要配合其他方法做进一步加固处理。

（二）质点黏结加固原理

文物实体结构酥松、质地脆弱，除与文物实体质点改变有关外，还与文物实体质点的位移相关。质点位移的结果是质点间距离增大，质点间作用力减弱，质点存在产生更大位移的倾向。理论上只要在质点间加入黏结材料或在文物实体中形成网状结构，就能够起到阻止文物实体质点发生更大位移、加固文物的效果，这就是质点黏结加固原理。

例如，脆弱纸张加固材料研究。纸张是由悬浮在流体中的纤维互相交织，再经过压榨和干燥生成的薄片状物体。它是构成各种档案、文献和书籍的主要材料。作为一种天然的有机材料，纸张在环境因素的影响下很容易老化。纸张老化是指在环境因素的作用下，纸张的主要化学成分发生不可逆的化学变化，从而使纸张性能下降的过程，即纸张中的纤维素、半纤维素和木质素，在酸、光、氧、水分、温度、湿度、霉菌和空气中有害物等因素作用下发生化学变化的过程。

纸张老化后，微观上，纤维素、半纤维素和木质素的化学结构发生了变化；宏观上，纸张发黄和强度下降，甚至变成易碎粉末状物质。现在很多纸质文物就是因为严重老化而很难加以研究和利用。研究结果表明，羟丙基甲基纤维素（HPMC）在加固纸张时，会在纸张中形成网状物质，将脆弱纤维素分子用"网固"的方式进行加固，加固后的纸张表现出较好的抗拉性能，而且原状得以保存，符合可再处理原则。对不同保存状况的纸张，可根据其脆弱程度及对水的敏感程度选择适当稀释剂，配制合适的羟丙基甲基纤维素加固剂浓度，用于脆弱纸张的加固。

质点黏结加固法主要是使加固材料渗透到脆弱文物实体内部，在文物实体材料之间形成网状结构，或使脆弱部分黏结，以提高文物实体强度。

（三）质点补缺加固原理

从文物实体质点模型看，文物实体质点位移将导致模型中某些点位出现空缺，一旦空缺点位足够多，文物实体就出现孔隙、裂隙、残破等情况，造成文物实体失稳。理论上来说，如果能够把空缺的质点补回去，同时补回去的质点还能与周围质点很好地发生黏结，使文物实体结构完整、稳定，就能起到文物实体加固的效果，这就是质点补缺加固原理。

例如，出土饱水漆木器的脱水保护。由于长期浸泡在水中，漆木器中许多质点被水溶蚀，出现大量质点空缺，但这些空缺点位暂时被水分子填补，这种填补是不稳定的，水分容易挥发，会重新出现空缺，即失水现象。饱水漆木器失水会产生严重的收缩变形，乃至开裂、破碎。又如，文物保护中经常遇到文物实体出现裂隙的问题，常用的解决方法是对裂隙进行灌浆，灌浆材料既能填补裂隙中质点空位，又具有一定黏结力，可以同时起到填补质点空位和黏结裂隙两端，加固文物实体的效果。

综上所述，文物实体加固的第一步是利用加固剂对文物实体进行渗透，因此需要在文物实体上找到可以让加固剂渗透的通道，这些通道往往都是毛细管（通道具有毛细管的理化性质）。渗透之后，加固剂与文物实体质点产生微黏结，有的加固类型是反应型的，这时要考虑文物实体材料中某些特定基团的活化问题，活化后的基团能够很好地与加固剂反应，形成一定强度的黏结。但应注意的是，加固剂与文物实体发生反应后，会产生一定程度的收缩，需要将加固后文物实体收缩的程度控制在最小范围。

关于文物实体通道的研究，下面以木质文物为例说明。对于木材来说，物质运输主要是通过筛管与导管完成的。筛管指高等植物韧皮部中的管状结构，它由筛分子组成，负责光合产物和多种有机物在植物体内的长距离运输。筛管由一系列的长筒形的、端壁形成筛板的生活细胞连接而成，每一个组成细胞就是筛管分子。筛管分子的细胞壁为初生性质，端壁及部分侧壁上有许多小孔，称为筛孔。筛孔通常聚集于稍凹的区域，形成筛域，分布有筛域的端壁称为筛板。只有一个筛域的筛板称为单筛板，有多个分布筛域的称为复筛板。两个相连筛管分子的原生质形成联络索，通过筛孔彼此相连，使纵连接的筛管分子相互贯通，形成运输同化产物的通道。从系统演化和生理适应方面来看，具近于横向的单筛板和联络索少而粗的粗短筛管分子，较具倾斜的复筛板和联络索多而细的细长筛管分子更为进化，更有利于疏导养料，导管是由一种死亡了的、只有细胞壁的细胞构成的，而且上下两个细胞是贯通的。它位于维管束的木质部内，它的功能很简单，就是把从根部吸收的水和无机盐输送到植株身体各处，无须消耗能量。导管分子在发育初期是生活的细胞，成熟后，原生质体解体，细胞死亡。在成熟过程中，细胞壁木质化并具有环纹、螺纹、梯纹、网纹和孔纹等不同形式的次生加厚。两个相邻导管分子之间的端壁溶解后会形成穿孔板。

导管和筛管都属于植物的输导组织。较进化的树种，一般都是孔纹导管和网纹导管；较原始的树种一般都是环纹和螺纹导管。导管分子长度长的，则导管口径小，导管分子长度短的，则口径大；纤维分子长度普遍大于导管分子长度，而纤维分子的口径普遍小于导管分子的口径。木质文物保护工作中，应首先打通木材中筛管和导管，使脱水或加固材料能够通过筛管和导管渗透到木质文物内部；其次，保护材料分子大小的选择应小于筛管和导管孔径尺寸，保证保护材料分子不会因体积过大而无法进入筛管和导管，影响渗透效果。另外，木质文物产生的裂隙、孔隙均可作为保护材料渗透进入文物实体的通道。

六、回补修复理论

文物作为一种复合材料构成的实体，材质中的每一种成分都具有一定的材料学功能，随着时间的流逝和材料的劣化，某些成分会逐渐消失，一旦缺失必然引起材料性能的改变，甚至失去原材料的基本特性。

回补修复基本原理是，从材料成分缺失的角度入手，研究文物实体材料中各组成材料的劣化机理，分析缺失的成分及功能作用，然后将所缺失的成分以适当形式回补，达到加固脆弱文物实体的目的。回补分为两种情况：一是对文物实体残缺部位的回补，另一种是采用物理、化学或生物方法对文物实体组成材料中缺失成分的回补。

文物实体中各种材料的质点所起的作用是不相同的，如同一棵树一样，树叶、树枝、树干、树根共同构成了一棵完整的树，树叶掉落、树枝折损，树木仍能存活，而当树干受到破坏时，树木可能倒塌并死亡。由此可见，树干的作用远远超过树枝、树叶。文物实体中起重要作用的功能性质点，犹如树的树干，这类质点的变化能够引起文物实体基本性能的变化，对文物实体造成根本性损伤。其他的质点起辅助作用，这一类质点的变化也可能造成文物实体表面形貌、材料物理性能的改变，但不至于造成文物实体损毁。

回补修复理论实际上是对文物实体质点空位的补缺，所强调的是回补的材料应是在文物实体材料中起重要作用的功能性成分。对文物实体而言，最需要回补的是文物实体中功能性成分，其次是辅助功能的成分。回补方式的选择亦十分重要，如有机质文物的材料绝大多数都是自然界生物过程的产物，属于生命过程。如果回补方式能复制产生这些材料原生物过程，那么回补到文物实体中的成分就能够保持回补材料的生物学功能，这是最高层次的文物保护技术。

遗憾的是，实现这一过程非常困难。通常情况下只能采用物理渗透的方式，将回补材料渗入文物实体，实现回补的目的。这样的回补方式，回补材料只能发挥部分作用。尽管如此，也能在很大程度上提升文物实体材料的性能，实现保护的目的。

修补甲骨文物时回补缺失羟基磷灰石、修补土质文物时回补缺失的钙镁胶结物、修补丝绸文物时回补丝胶等保护技术措施，都是应用了回补修复原理。

例如，糟朽皮革保护加固材料的研究，张扬、龚德才研究发现，糟朽皮革中胶原蛋白流失非常严重，其胶原蛋白含量远低于新皮革，所以糟朽皮革质点十分脆弱。保护思路为选用与皮革具有同源性的动物皮浆作为糟朽皮革的加固材料，补充和改善糟朽皮革中流失和变性的胶原蛋白，回补皮革文物流失的胶原蛋白成分。由于选用的胶原蛋白材料与皮革文物本体孔隙具有良好的相容性，加固材料容易进入新生孔隙，且与文物本体结合良好。此方法用于山东沂源东里东村 M1 战国墓出土皮囊保护时获得了令人满意的效果，糟朽皮革加固前，纤维束断裂，纤维上有裂缝；加固后，纤维束圆实，基本无裂缝。

第三章 博物馆馆藏陶瓷器文物保护

第一节 我国古代陶瓷器的发展

一、我国古代陶器的发展

（一）陶器的起源和基本特征

陶器是以黏土成型，经火烧造而成的器物，它的发明是人类最早通过化学变化将一种物质改变成另一种物质的创造性活动，是人类社会发展史上划时代的标志。最新的资料显示，中国最早的陶器出现在南方地区。江西万年仙人洞及其附近的吊桶环遗址最新出土资料表明，陶器年代距今 15000 年[①]。另外，在广西桂林甑皮岩遗址、河北阳原于家沟、徐水南庄头等遗址也出土了距今 10000 年左右的陶片。最新的研究认为中国陶器产生于距今 15000 年之前[②]。

陶器产生之后，制作技术不断进步，使用范围不断扩大，包括日常生活用具、明器、建筑材料等。新石器时代的陶器常常是区分各考古学文化的标志之一。之后各时期也都生产出了一些很有特点的陶器。按胎质古代陶器可分为泥质陶和夹砂（碳、蚌）陶两类，从胎色又可分为红陶、灰陶、黑陶、白陶四种，从装饰看则又有彩陶、彩绘陶、印纹硬陶和釉陶等几类。另外，还有紫砂等特殊品种。

古代陶器的制作包括成型、装饰和烧造三个环节。陶器发展过程中，三个环节的技术不断进步，既体现出同时期不同地域不同文化制陶技术发展的不平衡性和地域性特征，也反映出不同时期制陶技术的延续性和不断进步。最初陶器成型为简单的捏制，后不断发展

---

① 严文明，安田喜宪. 稻作、陶器和都市的起源 [M]. 北京：文物出版社，2000.
② 朱乃诚. 中国陶器的起源 [J]. 考古，2004（06）：70-78.

出泥条盘筑、慢轮拉坯快轮修整、快轮拉坯。装饰上，从最初的素面，发展出拍印、压印、戳印绳纹、几何纹，堆塑、堆贴等，到彩绘、镂雕、模印和单色釉、多色釉装饰。早期陶器烧制采用平地堆烧，烧造温度不高，之后逐渐出现窑炉，并且从竖穴窑向横穴窑发展，最后发展为地面的馒头窑，烧造温度和控温技术不断提高。

（二）各时期陶器的种类和特征

1. 新石器时代陶器

新石器时代早期陶器缓慢发展，工艺原始。中期开始迅速发展普及，到新石器时代晚期，中国制陶技术已经很发达，生产出一些质量很高的精美陶器。

新石器时代早期，南方地区陶器发现较多。主要遗址有江西万年仙人洞遗址、广西桂林甑皮岩遗址、湖南道县玉蟾岩遗址等。北方地区有河北阳原于家沟遗址、徐水南庄头遗址等。这些遗址出土的陶片绝大多数为夹砂陶，胎质疏松，羼杂石英颗粒或贝壳。陶色有灰褐、红褐、黄褐多种，有的胎中间有夹心，胎色不一，火候不高。泥条盘筑法或手捏成型，胎壁厚薄不均，外壁多拍绳纹，内壁凹凸不平。器形有釜、罐、钵等。平地堆烧而成。

新石器时代中期制陶业迅速发展，各考古学文化中都普遍使用。夹砂和泥质陶皆有，胎质较好，胎色有红、灰、褐、黑等。基本为手制、泥条盘筑或手捏。器形较前一期规整。分炊器和盛储器两大类，器形有釜、鼎、罐、壶、钵、盆、杯、盘等，另外还有陶支座。陶器外壁常以拍印、压印、刻画、堆贴等方法在器表装饰几何纹、绳纹、弦纹和附加堆纹等，开始出现彩绘陶。这一时期出现了原始陶窑，属于直焰窑，窑室与火膛一体，烧成温度不高。

新石器时代晚期制陶技术飞速发展，陶质有了极大的提高。器类丰富，文化风格鲜明。胎土淘洗精细，胎色有红、灰、褐、黑、白等。出现慢轮修整技术和快轮拉坯技术。器形、功能划分更为明确，种类多样，很多器物设计科学，如仰韶文化的小口尖底瓶，其造型设计就很适合在很高的河岸从河中取水，是仰韶先民长期生活实践的结果。在中期常见的胎装饰技法和纹样基础上彩陶兴盛，以仰韶文化为代表，彩绘纹样丰富，色彩鲜明，常以黑彩、红彩绘植物纹、动物纹、几何纹、变形动植物纹等。半坡遗址出土的人面网纹盆就是典型代表。这一时期出现了升焰式窑炉，有横穴窑和竖穴窑之分，出现了窑箅，提高了烧成温度。

新石器时代末期即龙山时期，制陶技术到达一个新的高度。胎质坚硬。广泛采用轮制技术，器形规整，器壁变薄。器类丰富，可分为鼎、鬲、釜、甑等炊器，碗、盘、豆等食器、鬶、斝、壶、杯等酒器，罐、瓮、盆等水器。装饰以拍印、刻画、镂空为主，纹样有绳纹、篮纹、几何纹等。彩绘陶减少。山东龙山文化的黑陶杯，胎壁薄如蛋壳，器形规整，通体漆黑光亮，胎壁仅厚0.3~1毫米，还常在柄部施以精美的镂空装饰，显示了极高的工艺水平，是新石器时代陶器的最高成就。

2. 夏商周时期陶器

夏商周时期陶器继续发展，类型丰富，形制多样，承载的文化信息也更丰富，是文化内涵判定的重要依据。同时，随着制陶技术的进步，陶器质量也更高，器形规整，纹饰精美。在生产和使用传统灰陶、黑陶、红陶的基础上，东周彩绘陶繁荣，新石器时代就已出现的白陶流行，还生产出了精美的印纹硬陶。陶器的使用和功能也进一步拓展，夏代陶器开始被用作建筑材料，商代晚期出现作为随葬明器的仿铜陶礼器，并不断发展。西周开始，出现用作建筑材料的砖瓦。

（1）夏商周灰陶

夏商周灰陶器按用途主要可分为实用器皿、明器、建筑用陶和生产工具四大类。

其中，实用器皿又分为炊器、饮食器和盛储器三类。炊器包括鼎、鬲、甗、甑等。饮食器包括爵、豆、盘、簋。盛储器有罐、壶、卣、瓿、盂、盆、瓮、尊、鬶、缸等。炊器多作圆底、平底、袋状足、三圆锥形足。盛储器多小口高领、圆肩，或敛口折肩，或敞口收颈，腹部都比较深，胎体厚重结实，使用方便。

明器主要是仿青铜礼器的模型明器。商代晚期开始出现，器形有鼎、爵、罪、瓿、卣、尊、簋等。西周时期流行鼎、簋、豆、壶。东周中原三晋地区流行鼎、壶、杯、盘、匜，楚地流行鼎、敦、壶，秦国流行鼎、簋、方壶、甌、甗。

建筑用陶包括陶水管、板瓦、筒瓦、瓦当、砖等。夏代就开始使用陶水管，二里头遗址就出土有陶水管，而板瓦、筒瓦、砖和瓦当在西周开始出现。

陶质生产工具包括网坠、纺轮、陶拍、印模、陶范和陶模、坩埚等。

夏商周时期陶器的制法轮制、模制、手制皆有，复杂器形往往使用多种方法制成。装饰技法有刻画、拍印、戳印、模印、贴塑、镂空等。纹样内容丰富，以拍印的绳纹最为常见，还有拍印的篮纹、方格纹和篦划纹、三角纹和附加堆纹、镂空等。商代陶器尤其是仿铜陶礼器上出现模印的饕餮纹、云雷纹、蝉纹和夔纹等青铜器常见纹样，西周陶器上出现重环纹。

（2）东周彩绘陶

彩绘陶是在烧成的陶坯上进行彩绘装饰的陶器，色彩艳丽，但易脱落。新石器时代已经出现，东周普及。一般在泥质灰陶上加彩，也有少数在红陶和黑陶上施彩。先涂一层白灰或黄衣作为底色，然后再在上面墨勾线条，填色涂绘而成。往往朱、白、黑、黄诸色兼用，色彩艳丽，器形种类与同时期的普通灰陶、红陶没有差别，多用作明器。

东周彩绘陶主要是仿铜陶礼器。其工艺是先烧成陶胎，再施以红、白等色彩绘，纹样有云气、重环、云雷纹、几何纹等。

（3）夏商白陶

白陶是以瓷石为原料烧造的陶器，烧造温度在600～900℃，烧成后呈白色。起源于新石器时代，仰韶文化、大汶口文化、龙山文化都有发现，器形以陶鬶最为常见。夏代和商代早中期白陶器物流行，进入西周逐渐消失。

夏代白陶主要出土于三里头文化，商代早中期白陶主要出土于黄河中游地区，长江中下游地区也略有发现，数量不大。商代晚期白陶器则多见于北方的河南、河北、山东和山西，数量明显增多。器形以仿铜礼器为主。二里头文化白陶器形有鬶、盉、罪等，皆为酒器。商代早中期器形除此之外还有爵、豆、钵、罐等，晚期又增加了罍、壶、觯、卣、盂、簋等。造型规整，流、錾、足的做法讲究，胎壁厚薄均匀，质量上乘。常以刻画手法装饰兽面纹、几何纹等。商代白陶，尤其是殷墟出土的白陶，装饰精美，纹样繁缛。皆为坯体晾干未烧时刻出，图案与当时的青铜器一致，有饕餮纹、龙纹、夔纹、蝉纹、云雷纹、三角纹、方格纹、乳钉纹、涡纹等。

（4）夏商周印纹硬陶

印纹硬陶是用瓷石做胎，在器物表面印有纹饰的陶器，因其烧成温度在600～900℃左右，烧成后硬度远高于普通陶器而得名。最早出现于新石器时代晚期南方地区，福建昙石山文化、江西清江筑卫城遗址都有发现。

夏商周印纹硬陶主要出土在南方地区，以长江中下游为多，北方较少。夏代仅有二里头遗址出土。商代变多，主要出于南方。西周进一步发展，出土数量较大，流行于长江中下游地区。东周出土数量远不及西周，主要流行于吴越地区。

器形以日常实用器为主。夏代有瓮、罐等，胎色紫褐、坚致，表面拍印几何纹。商代有瓮、罐、罍、尊、瓿、釜等，一般圜底，胎色不一，有紫褐、灰色、灰白、白色等，常印云雷、涡纹、回纹、圆圈、方格纹、绳纹、席纹等，器物内壁多有垫窝痕。西周以盛储器为主，有瓮、罐、坛、瓿等，一般平底，有的坛、瓮高度接近1米，拍印纹饰较商代丰富，常见云雷、夔纹、回纹、方格纹、波浪纹等，有些器物上拍印两三种不同纹饰。春秋印纹硬陶基本承袭西周特征。战国印纹硬陶器形更为丰富，以瓮、坛、瓿、罐、钵、盂等盛贮器为主，春秋时流行的云雷纹、曲折纹很少见，而常见米字纹、方格纹、麻布纹、回纹等，有些器物肩部堆贴横"S"纹，两广地区的印纹硬陶还见篦点纹、栉齿纹。

一般认为，印纹硬陶和原始瓷器有着紧密的联系，是陶、瓷发展的联结点。

3. 秦汉魏晋南北朝时期陶器

秦汉时期，陶器制造水平又有了进一步的提高。秦俑和汉代画像砖都具有极高的艺术价值。汉代还开创了低温釉陶技术，为之后各色低温釉的出现奠定了基础。东汉末年，随着瓷器的正式烧成和普及，作为日常用具的陶器减少，陶质建筑材料和明器流行。釉陶在北朝得到了一定发展。

秦汉至南北朝陶器有一定的共性。从陶器使用功能上讲，都可大致分为日常实用器、建筑用陶和明器三大类，其中，明器又可细分为仿铜陶礼器、日用器皿类明器、模型明器和俑四种。明器一般质量较差，尤其是日用器皿类明器，往往陶质疏松，尺寸很小，仅具其形而无法使用。从陶质上看，都是以灰陶为主，同时少量使用红陶、黑陶、釉陶和印纹硬陶。灰陶主要用作实用器皿和建筑材料，红陶、黑陶和铅釉陶多用作明器。除刻画、拍印几何纹、绳纹等装饰外，彩绘是重要装饰手段，彩绘陶一般也用作随葬明器。

（1）秦汉魏晋南北朝时期的灰陶

典型秦代陶器主要出自关中地区的秦都咸阳和临潼秦始皇陵区。其他地区秦墓出土陶器往往还保留着当地战国晚期陶器的一些特点。

关中地区秦代灰陶日常实用器皿主要有釜、甑、鬲、钵、盆、茧形壶、罐、瓮等。其中的铲形袋足鬲、茧形壶和陶瓮等都保留战国秦文化陶器特征。仿铜陶礼器组合以鼎、豆、壶常见。陶俑以秦始皇兵马俑为代表。模型明器以陶仓和灶为主。中原地区器物组合由战国晚期的鼎、豆、壶逐渐变为壶、罐、盆。均继承本地区战国末期造型。

秦代建筑用陶主要有砖、瓦、水管等。砖分铺地砖、空心砖两种。前者一般长方形，也有曲尺形、五棱形、楔形和子母砖等特形砖。砖面多模印几何纹；后者多为长方形，多于砖面模印几何纹或刻画龙凤纹，常用来砌筑墙面或做台阶踏步。瓦当有半圆和圆形两种，前者在秦代早期多见，以素面为主。后者秦代中晚期流行，常模印几何纹、草叶纹、夔纹、龙凤纹、鹿纹等。秦始皇陵园一带发现的秦代砖瓦，陶土经过淘洗和捏练，陶质坚致细密。瓦的尺寸规格都很大，有的筒瓦长度超过半米，粗大厚重。

不少秦代陶器上发现有戳印的铭文，表明监造机构或器物所属单位，如"宫水""左司""咸亭""河市""丽山食官""丽山厨""大厩""宫厩"等。

汉代灰陶以泥质陶为主、砂质陶较少，烧制技术较前代大幅提高，一般呈青灰色，火候均匀，烧成温度在1000℃以上，器形规整，质地坚实细腻，大型器物增多。

西汉早期，中原汉墓中生活实用器有釜、甑、碗、耳杯、豆、钵、瓮、罐、壶、盆、缸等。仿铜陶礼器组合为鼎、敦、壶、钫或鼎、敦、壶。模型明器以仓、灶为主。陶俑体形较大，数量众多，以骑马俑、文吏俑、侍女俑、马俑等为主，多出于高等级贵族墓。这些陶俑多施有彩绘。关中地区灰陶仍保留一些秦代风格，茧形壶和陶豆仍有出现。西汉中期，茧形壶和豆消失，陶俑种类逐渐多样化，乐舞、杂技、宴饮等多见。东汉早期，鼎、敦等仿铜陶礼器数量减少，鼎、敦不同出。至东汉中期，鼎和敦基本消失。家畜、家禽俑增多。模型明器增加案、几等。东汉晚期，明器盛行，日用器皿类明器的灯、奁、案、耳杯、勺、碟、碗组合普遍，建筑模型明器中的楼阁、仓房、井、灶、猪圈等明显增多，乐舞俑、动物俑也更常见。长江中游地区汉代陶器的形制与器物组合和中原地区接近。两广和福建地区个别陶器具有明显地方特色。

建筑用灰陶以空心砖较有特色。多用于墓葬、宫室、陵园建筑，多模印精美花纹，题材有楼阁阙台、庭院建筑、乐舞、狩猎庖厨和神话故事等，内容丰富多彩。板瓦和筒瓦常拍印麻布或绳纹。瓦当有半圆和圆形之别，常模印青龙、白虎、朱雀、玄武四神、植物纹、云雷纹、几何纹等，另外还有大量文字瓦当，已见的有"上林""千秋万岁""长乐未央"等。

三国至南北朝灰陶较汉代明显衰落，器类少、质量差。日用器皿类灰陶的器形、种类和数量很少。建筑用陶有一定特色。仿铜陶礼器彻底消失，模型明器和陶俑流行。

孙吴和西晋墓中常见杵、臼、践碓等生产、生活器具模型陶明器，鸡、犬、猪等家禽家畜俑，人物俑很少见，新出现魂瓶。东晋以后，魂瓶消失，开始出现仪从车马等模型明器，工具类模型明器和家禽家畜俑继续流行。新出现明器"穷奇"。南朝墓葬中明器种类变化不大，但数量、质量皆不及前代。多素面，有些器物有黑色陶衣，也有的装饰弦纹和刻画莲瓣纹。

南朝建筑用陶特征鲜明，包括画像砖、条砖、壁龛砖、瓦和瓦当，其中以拼图画像条砖、壁龛砖和瓦当等较有特色。画像砖长方形，长30厘米左右，一面模印纹样，内容包括仆侍、武士、文吏、贵族出行、伎乐、竹林七贤、飞天等人物题材，还有莲花、忍冬、缠枝花等植物纹样和四神等神瑞。有单独成画也有拼图成画的。西晋之前，南方地区流行云纹、兽面纹和人面纹瓦当，后者极具地方特色。东晋开始，兽面瓦当最为常见，东晋晚期莲花纹瓦当逐渐成为主流。

北朝灰陶除建筑材料外皆为明器，包括日常用具类、建筑模型类和陶俑类。其中人物俑中的武士俑最具特色，动物俑中骆驼等最有特点，新出现了镇墓兽。

（2）秦汉魏晋南北朝时期的彩绘陶

秦汉是彩绘陶的兴盛时期，以河南、陕西发现最多。

秦代彩绘陶主要包括仿铜陶礼器和陶俑两大类。前者陶质以灰陶为主，后者陶质以红陶为主。仿铜陶礼器主要有鼎、壶等。彩绘陶俑以秦始皇兵马俑为代表。这些兵马俑的形体大小近似于真人真马，雕塑写实传神，一般饰有彩绘，可惜出土时基本脱落。

汉代彩绘陶包含明器和建筑材料两大类。其中，明器包括鼎、豆、壶、钫等仿铜陶礼器，碗、灯、香薰等日用生活类明器，院落、水榭、楼阁建筑模型明器和陶俑四大类。建筑材料主要是画像砖。

彩绘陶俑在高等级贵族墓中都大量出土。基本特征是，尺寸远不及秦兵马俑，彩绘以大面积涂抹为主，颜色浓艳，但不灵动。彩绘画像砖是汉代彩绘陶很有特点的一类。制作与一般画像砖相同，只是烧制好之后需要在图案中需要的部位施加相应的色彩，内容与普通画像砖相同，主要用于墓葬。

汉代彩绘陶在色彩的运用上，除继续沿用战国时期彩绘陶器的红、黄、黑、白四色外，又新增加了橙、赭、青、绿、灰、褐等色，从单纯的原色扩大为复杂的间色的配合，使陶器的色彩更加丰富和谐。

另外，汉代还有在灰陶表面涂漆以模仿漆器的现象。山东临沂银雀山汉墓中许多灰陶器涂有浓厚的黑色或褐色漆。湖北云梦大坟头汉墓的一件涂漆陶壶，在该墓的"帽方"中被称为"髹画瓦瓮"。

三国两晋南北朝时期，彩绘主要应用于陶俑之上，一些瓦当和碗、盘、杯类明器也会施彩。以北朝陶俑最具代表。北朝人物俑可分为文吏俑、武士俑、男侍俑、女侍俑、伎乐俑、仪仗俑等，武士俑最生动，有甲骑具装俑、按盾武士俑、佩刀武士俑、负盾武士俑、侍卫俑等多种造型。动物俑则以马俑最为常见，具有较高的写实技巧。河北景县封氏墓出土的陶马，四蹄矫健，肌肉丰隆，塑造生动，鞍饰豪华，彩绘鲜明，形神兼备，艺术水平很高。

（3）秦汉魏晋南北朝时期的低温釉陶

低温釉陶是一种铅釉陶器。一般以普通黏土为胎，成形后在器表施铅釉，入窑在700~900℃的温度下烧成，釉料中的铁、铜、钴、锰等为呈色剂，铅为助熔剂。烧成后胎一般为砖红色，陶器表面形成一层浓厚光亮的釉面。

目前已知最早的低温铅釉陶器出现于战国时期，汉武帝时期（前140—前87）集中见于关中地区，西汉后期开始流行，陕西、河南两省发现最多。东汉时期在北方地区普及，甚至在长江流域也有所见。

汉代釉陶形制、种类与普通灰陶、彩绘陶相同，但皆属于明器。也可分为仿铜陶礼器、日用器皿、陶俑和模型明器四大类。釉色则有棕黄、深绿、浅绿、黄、黄褐、酱褐等色，以绿釉居多。一般来说，棕黄色釉陶出现较早，绿色釉陶出现较晚，后者在东汉大量流行。汉代釉陶还有使用多色釉（亦称复色釉）的情况。另外，出土的汉代釉陶还存在"泛铅"现象。

三国两晋南北朝时期，釉陶主要在北方地区流行。北魏建立之前，铅釉陶器数量很少，质量也大不如前。北魏建立后，低温釉陶有了发展，北朝晚期还流行多色釉陶，仍作为明器使用。

北朝釉陶主要包括实用器皿和俑两大类。器形、种类与同时期的灰陶器相同。釉色有绿、黄褐、黑褐、黄等单色釉，也有黄绿、黄白绿等多色釉。河南安阳北齐武平六年（575）范粹墓出土的黄釉扁壶是单色釉陶的代表。山西太原武平元年（570）娄叡墓出土的多彩釉水盂则是多彩釉陶的代表。俑包括各类人物俑、动物俑和牛车等生活用具模型。大同北魏太和八年（484）司马金龙墓出土了343件釉陶俑，其中的绿釉骆驼俑为迄今所见最早的。

北朝釉陶有泥质红陶胎、灰陶胎，也有瓷土烧制的白陶胎。山西寿阳北齐清河四年（565）库狄回洛夫妻合葬墓就出土了白陶胎的黄釉莲花尊等。

4. 隋唐及其以后的陶器

隋唐陶器主要有灰陶、彩绘陶和三彩釉陶。灰陶建筑材料主要是砖瓦、鸱吻等；明器有罐、碗等日常用具类，牛车、仓、灶等模型明器与俑和专用明器塔式罐。唐三彩属于低温铅釉陶，也都作明器使用。

宋元明清陶器中，灰陶主要作为砖瓦等建筑材料，碗、盘等日常用具类模型明器和陶俑也还可见到。元代开始出现的珐华和明代出现的紫砂、宜钧等是几种特殊的陶器。

（1）"唐三彩"

唐三彩是一种低温铅釉陶，一般用白色黏土做胎，釉以铅为助熔剂，以铜、铁、钴、锰等为呈色剂。先在1100℃左右的高温下烧成素胎，然后施釉，再经过约 WOT 低温二次烧成。釉面呈深绿、浅绿、蓝、黄、白、赭、褐等多种颜色，因以黄、绿、白三色为主，俗称唐三彩。

三彩器在唐高宗时期开始出现，开元、天宝年间（713—756）是其高峰时期，天宝以后逐渐减少。两京地区唐墓出土最多，江苏扬州和山西、甘肃两省唐墓也有出土，其他地区出土较少。随葬唐三彩种类、数量、尺寸的多少是墓主地位高低的体现。

唐三彩可以分为生活用器、建筑模型和俑三大类。生活用器有瓶、壶、罐、钵、杯、盘、碗等。俑可分人俑和动物俑两类：人俑有仕女俑、伎乐俑、牵马俑、文官俑、武士俑、天王俑等，有的为胡人造型；动物俑有镇墓兽和家禽家畜等，以马俑最为精美。建筑模型常见的有亭台楼阁、仓、灶等。其中，生活用器的出现要早于俑，武则天以后的墓葬中俑才较多出现。

迄今为止，发现生产唐三彩的窑址有河南巩义窑、河北内丘邢窑和陕西铜川黄堡窑、西安唐长安醴泉坊三彩窑址。其中以巩义窑烧造规模最大。黄堡窑址则出土过大型三彩建筑构件，醴泉坊窑址出土过三彩俑残件。

唐三彩远销海外，印度尼西亚、伊拉克、埃及、朝鲜和日本都出土过唐三彩。受中国唐三彩的影响，新罗仿烧了一种称为"新罗三彩"的铅釉陶器，日本仿烧了被称为"奈良三彩"的陶器。

（2）珐华

珐华即珐华器，又称法华、法花，是明代山西地区生产的一种源于琉璃的低温釉陶。釉料以牙硝为助熔剂，施釉时，先采用沥粉技术在陶胎表面勾勒出纹样轮廓，然后按纹样需要以所需彩料填地子和花纹的彩釉，彩釉的呈色剂为各种金属矿物。然后入窑烧造。烧成后纹样的边廓凸起，有立体感。文献记载，珐华源于元代北方地区。明代景德镇宣德时开始仿烧瓷胎珐华器，明代中期兴盛。珐华器一般是日用器皿，主要是小件的花瓶、香炉、动物等。

（3）紫砂

紫砂是用江苏宜兴所产的一种含铁量高的特殊陶土紫砂泥制成的无釉细陶器，明代中期以后盛行，主要用作茶具。紫砂器胎质坚实细密，胎色呈红褐色、淡黄或紫黑色，一般不施釉，器形以茶壶为主。紫砂器的制作不用拉坯工艺，一般先制泥片，用模制或镶接法成形。在1100~1200℃下烧成。紫砂泥质地细腻、柔韧，可塑性强，烧成后气孔率和吸水率介于陶器和瓷器之间，适宜冲泡散茶。

明清涌现出一批紫砂制壶名家。最早见于文献的是正德年间的龚春，其作品称"龚春壶"，之后有万历年间的董翰、赵梁、元畅、时朋"四大家"。明代紫砂以时朋之子时大彬成就最高。

明代紫砂器壶式样繁多，造型简练、大方，制作精巧，存世极少。迄今出土所见最早的一件为南京中华门外明嘉靖十二年（1533）太监吴经墓出土的提梁壶。该壶圆腹、提梁、短流、带盖，形体稳重，古雅浑厚。扬州市博物馆藏有一件"大彬"款六方紫砂壶。壶通体六角形，泥条鎞，与其相对的一侧为六角形流，底刻楷书"大彬"二字，造型古朴端庄，是时大彬的代表作。

清代宜兴紫砂迅速发展，涌现出一大批著名的匠人。清初最著名的是陈鸣远，他技术精湛，善翻新样，善施雕镂，所制茶具和陈设品造型多样。另外，还有雍正、乾隆时期的王南林、杨友兰、邵玉亭等。晚清名家则有杨彭年、杨凤年和陈鸿寿、邵大享等。陈鸿寿号曼生，善书画，精篆刻。由他设计、杨彭年等人制作的紫砂器，将壶艺与诗、书、篆刻结合起来，成为世称"曼生壶"的名品。

清代紫砂器造型壶形丰富多样，还有紫砂茶杯、花盆和各种陈设品、玩具、仿各式瓜果象生器、仿古铜器等。清初紫砂壶上开始出现用竹刀刻画铭文和绘画，内容有诗文、仿青铜器铭文等，绘画内容有山水、人物、四君子等。乾隆时开始在烧成的紫砂器上施珐琅彩花卉。

历代紫砂工匠都有在壶底、壶把下方等处落款的习惯，明代多为印刻，清代多为钤印。所见有"大彬""时大彬""阿曼陀室""彭年""曼生"等。

（4）宜钧

明代晚期宜兴窑模仿宋钧窑产品特征创烧的一种低温釉陶，因釉面与宋代钧窑乳浊釉相似而得名。宜钧以宜兴当地所产紫砂和白泥为胎，生坯挂釉在1000℃的温度下一次烧成。釉中呈色剂为铁、铜、钴、锰等金属矿物，以含五氧化二磷的石灰汗做助熔剂，烧成后釉色有天青、天蓝、葡萄紫、月白、花釉、仿哥等，釉水光润有乳浊感，釉色变幻多姿。

明代生产宜钧的作坊很多，最著名的窑场为"欧窑"。清朱琰《陶说》载"明时江南常州府宜兴县有欧子明者所造瓷器曰欧窑"。清代宜钧继续发展，较为著名的匠人为乾隆嘉庆年间的葛明祥、葛源祥两兄弟。

宜钧器物主要有碗、盘、杯、盂、瓶、尊、罐、炉等实用器和陈设器，也有佛像、菩萨、仙道人物等。

（5）广钧

广钧是明清时期广东佛山石湾窑仿宋钧窑产品生产的一种釉陶。黏土为胎，多种金属矿物为釉的呈色剂，经常几种釉配用，铅做助熔剂，先烧素胎，然后上底釉，再上面釉，烧造过程中各种釉色相互浸流、混合，烧成后釉层肥厚、釉色斑斓。釉色有翠毛蓝、玫瑰紫、墨彩、葱点白、花釉、雨淋墙等，极具特色。

明代广钧器形主要有碗、盘、瓶、罐等生活用具，晚期的一些作品上常刻印工匠或坊主名款，有"杨升""可松""陈粤彩""祖堂居"等。清代出现了文房用具、仿古陈设器和渔樵耕读等内容的陶塑，器物名款更为常见，康熙时有"两来正记""文如璧"等，乾隆时有"大昌""宝玉""来禽轩"等，道光时有"黄炳""瑞号"等。晚清还有仿明代"祖堂居"款的作品。

二、我国古代瓷器的发展

瓷器也是经窑火烧制而成的器物，与陶器通常以"陶瓷"并称，但它们有着本质的不同。陶器在世界上许多地方的新石器时代遗存中都有发现，瓷器则是中国先民独有的发明。

（一）瓷器和陶器的区别与联系

瓷器和陶器至少在原料、烧成、质感等几个方面存在着本质的差异，在胎色、透光度等方面也有明显的差异：

第一，瓷器的基本制作原料是瓷石（主要成分是石英和绢云母）或高岭土；陶器的胎质一般都是普通黏土，只有白陶和印纹硬陶等少数品种才含有较多的瓷石或高岭土成分。这是二者胎质方面，也是最本质的不同。

第二，瓷器表面一般都有高温烧成的玻璃质釉；陶器通常不施釉，西汉以后有些陶器的表面有低温铅釉。这是二者在质地和外观上的重要差别。

第三，瓷器必须经过高温焙烧胎体才能烧结，各地瓷土的化学成分不同，瓷胎烧结的温度也不尽相同，但通常都要高于1200℃；陶器的烧成温度比较低，除一些特殊品种外，大部分陶器的烧成温度不超过1000℃。

第四，瓷胎烧结后不吸水或基本不吸水，叩击声音清脆；陶胎一般都吸水，叩击声音哑然。

第五，以早期越窑为代表的南方青瓷一般是青灰或灰白色胎，由于原料产地不同和后来胎土淘洗日益精细，瓷胎多为白色；陶胎因黏土本身成分不同和烧成过程中窑室气氛的差别，会呈现出红、红褐、灰、灰黄、黑、白等不同色调。

第六，部分窑场产品中普通碗盘厚薄的瓷胎可以透光即瓷胎具有透光或半透光性；陶胎不具有透光性，如有些龙山文化的黑陶薄如蛋壳，但仍然不透光。

上述区别以前四点最重要，从这几个方面把中国历代陶瓷器分成了陶器和瓷器两大种群。

关于瓷器与陶器的关系，中国研究者中曾经有过"陶瓷同源说"和"陶瓷异源说"两种截然不同的观点。

陶瓷同源说认为：瓷器从陶器发展而来，从陶到瓷，中间经历了一个"釉陶"（包括商周"高温釉陶"即现在通称的原始瓷器，和西汉出现的"低温釉陶"即铅釉陶）阶段，陶与瓷之间不存在本质的差别。这是一种传统的、初始的看法。陈万里早年即认为："说到瓷器，本来是沿着陶器改进的一条路线而产生发展。"[①] 冯先铭在20世纪70年代初也曾

---

① 陈万里. 越器图录 [M]. 北京：中华书局有限公司，1937：序言.

经主张："当陶器制作技术不断提高，经验不断积累，到了条件具备时，就出现了瓷器。因此，可以说瓷器是陶器发展的必然结果。"从印纹硬陶到早期瓷器烧成，其间一千几百年，"这一段比较长的历史时期在我国陶瓷发展史中处于由陶到瓷的过渡阶段"①。当中国瓷器起源的真相尚处于朦胧状态时，很多研究者本能地认可陶瓷同源。

持陶瓷异源论者认为：因为原料质地不同，陶器和瓷器存在着本质差别，"前者（陶器）绝不可能发展成为瓷器"；陶器、瓷器各自循着自身的轨迹发展，"尤其是灰陶，从新石器时代一直应用到现在；在这数千年中，从未有向瓷器发展的迹象，其变化只是在器形、花纹和泥质粗细上"②。这种观点自 20 世纪 50 年代末以来，经历了由被漠视到逐渐被理解和认同的过程。

从 20 世纪 20 年代以来各地商周遗址和墓葬中大量出土的原始瓷器及其与印纹硬陶的关系来看，上述对立的二种观点各有所长，也各有所不足，中国陶器与瓷器的关系似乎不能简单地以"同源"或"异源"来概括。从商周以后的发展历史来看，瓷器与陶器存在本质上的差异，分别属于两个不同的种群，瓷器肯定不是直接脱胎自普通的黏土陶器。但它们之间并非毫无关系，陶器的原料选择、制作和烧造工艺等经验积累等促成了瓷器的发明；同时，成熟以后的瓷器也对陶器的品种和装饰产生过一定的影响。中国古代陶器与瓷器的联结点是印纹硬陶，它们也从此分道扬镳。

（二）中国历代瓷器的主要品种及其特征

中国瓷器有着大约 4000 年的发展历史，按瓷器品种特点等可分为六期。

1. 瓷器的出现到正式烧成（夏—汉）

根据考古发现和物理化学测试结果，中国最早的瓷器在公元前 2000 年左右已经出现。1980 年，山西夏县东下冯龙山文化遗址的第三层即龙山文化晚期文化层的遗物中发现了原始瓷残片 20 余块，该期年代碳-14 测定为距今 4000 年左右。1993 年，上海闵行马桥遗址中也出土了原始瓷器，不仅有青釉，还有黑釉。经中国科学院上海硅酸盐研究所和上海博物馆测试分析，其烧成温度为 1150~1180℃，测年为距今 3900~3500 年。2002 年，在夏文化的核心区域——河南偃师二里头遗址 3 号基址属于二里头文化第二期的贵族墓葬中也发现了印纹陶器和原始瓷器。这些发现把中国原始瓷器出现的时间推进到了夏代纪年范围内。

---

① 冯先铭. 我国陶瓷发展中的几个问题——从中国出土文物展览陶瓷展品谈起 [J]. 文物，1973（07）：20-27+14+28-29+87-88.

② 郭仁. 关于青瓷与白瓷的起源 [J]. 文物，1959（06）：13-14.

中国古陶瓷研究界 1980 年以后基本一致的观点，认为在距今 3500 年左右的商代二里岗期郑州商城等地出土的高温青釉器物已经属于瓷器范畴，并由此确立了"原始瓷器"的概念。这些器物以瓷石或高岭土做胎、施青色石灰釉、烧成温度在 1100～1200℃、胎体已经基本烧结而不吸水；但质地还不够纯洁，有些器物还没有完全烧结，胎的白度和透光度也还比较低。

商周原始瓷器在南北方都有发现，在河南、陕西等北方地区多出土于墓主身份很高的大墓中，如燕侯、晋侯、应侯、井叔等贵族或其宗亲，和郑州商城遗址、安阳殷墟遗址等都城类大型遗址中；而南方地区则不尽然，并且若以遗址或墓葬为单位来衡量原始瓷器的出土数量，则南方明显多于北方。根据已知考古资料，商周原始瓷器的生产主要集中在浙江、江西等南方地区，其中江西吴城遗址 6 号龙窑判定为商代晚期原始瓷器烧造的遗存，鹰潭角山也发现有相当于商代晚期至西周早期的原始瓷窑遗址，浙江德清火烧山与防风山等地发现有西周晚期至春秋时期的原始瓷窑遗址。北方地区是否有原始瓷器生产，目前仍有不同看法。

春秋时期原始瓷器的制作技术有了很大的进步，质量大为改进，并且在江浙等东南地区形成了发达的地域性手工业。2007 年德清火烧山窑址考古发掘证实，该窑春秋早期前段产品的质量最高，器形种类丰富，胎釉的质量也比较稳定。战国早期，江浙地区瓷器的生产水平更高，从胎、釉、烧结温度等外观特征观察，有些产品的质量已经不逊于后来的六朝青瓷。具有代表性的窑址在浙江北部有不少发现，如萧山进化、绍兴富盛、德清亭子桥等。

受楚灭越等兼并战争影响，战国中晚期到秦末汉初，江浙地区的瓷器生产全面衰退。西汉初年的原始瓷器在徐州、邳州等苏北地区有比较集中的发现，但风格和工艺等都明显不同于早期产品，二者应该不是直接的继承发展关系。东汉时期浙江北部原始瓷器的生产和质量迅速恢复提高，大量的纪年墓葬、上虞和宁波等地的窑址考古资料，以及相应的科技测试结果证实：东汉晚期或再稍早一些，中国的瓷器在浙江正式烧成，中国陶瓷器的发展由此进入了一个全新的时代。

2. 南北方青瓷的发展和白瓷的烧成（三国—隋）

三国两晋南北朝是一个长时段的分裂时期，南北方制瓷业的发展也不平衡。南方地区，浙江上虞、绍兴等地的青瓷生产在东汉的基础上产品质量稳步提高，以青灰色胎、青绿色釉为基本特征的"早期越窑"瓷器形成了自己的特色，成为当时南方青瓷的代表。习惯上把这一时期以江浙地区为主的南方青瓷称为"六朝青瓷"。从造型和装饰艺术来看，西晋越窑瓷器堪称六朝青瓷之翘楚；除常见的碗、盘、罐、鸡头壶、多子盒等日用器皿外，还盛产堆塑瓶（谷仓罐）和各类模型明器。南朝后期开始，浙江北部的瓷器生产趋于低落，质量和产量都有所降低。

东晋南朝或更早到东汉晚期，浙江金华、温州、德清，江苏宜兴、江西丰城、湖南湘阴、四川邛崃等南方其他地区的制瓷业也先后发展起来。

由于东汉末年开始的长期社会动乱，北方地区陶瓷业的发展受到影响，北魏统一北方（439）以后的墓葬中开始有少量瓷器发现，孝文帝迁都洛阳（494）以后墓葬中随葬的青瓷逐渐增多，但大多是南方窑的产品。北方窑址和纪年墓葬的大量资料显示，北朝制瓷业开始出现的时间应该不会早于北魏晚期，绝大部分已发现的窑业遗存都属于东魏、北齐时期。南北朝时期南北方青瓷有明显的差异，越窑等窑场以南方地区盛产的瓷石为制瓷原料，其特征是高硅低铝，胎色灰白或青灰。北方的邢窑等窑场以当地较为多见的高岭土和长石为瓷胎原料，其特征是高铝低硅，胎色浅淡，釉的玻璃质强，呈淡青或水青色。北方青瓷出现以后发展迅速，北朝末年到隋代形成一个生产高峰。经过考古调查或发掘的窑址主要有山东淄博寨里窑、泰安中淳于窑、枣庄中陈郝窑、临沂朱陈窑，河北临城、内丘、邢台一带的邢窑，河南巩义铁匠炉村窑、白河窑，安阳灵芝窑、相州窑，安徽淮南窑，江苏徐州戏马台窑等。这些窑址都分布于东魏-北齐的统治区域内；年代大多为北朝至隋，邢窑和淮南窑等窑场的下限至唐代晚期。

北朝晚期，北方开始出现一种胎色白或灰白、釉色透明或接近于白色的瓷器，已经发现的窑址主要有临城等地的邢窑、巩义白河窑等。到公元600年前后的隋代中叶，在北方青瓷长足进步的同时，白瓷质量也大幅度提高，由此奠定了中国瓷器烧造历史上"南青北白"的生产格局。

3. 中国古代制瓷业的全面繁荣（唐五代）

唐代制瓷业出现了前所未有的繁荣局面，青瓷和白瓷是当时的两个主要瓷器品种。青瓷生产主要集中在南方，曾经一度衰竭的越窑大约从中唐开始走向鼎盛，产品以青灰色胎、青绿或青黄色釉为基本特征，再度成为青瓷之冠。吴越王国控制浙江地区的唐末至宋初，越窑制作和装饰工艺达到了顶峰，除以青翠的"千峰绿色"取胜外，还出现了精美的细线划花工艺。代表性的窑场有慈溪上林湖窑、上虞窑寺前窑等。唐代其他著名的青瓷窑场还有浙江金华的婺州窑、温州的瓯窑，湖南湘阴的岳州窑，安徽淮南的寿州窑，江西丰城的洪州窑，四川邛崃窑等，大都是在南朝至隋代制瓷业基础上的继续发展。此外，还有一个见诸陆羽《茶经》等文献记载但尚未发现窑址的鼎州窑（地望在陕西）。

唐代白瓷窑场集中在北方，以内丘邢窑为代表，白胎、质地精细是其基本特征。其他比较重要的白瓷窑场还有河北曲阳定窑，河南巩义窑、新密窑，陕西铜川黄堡窑等，胎质一般不如邢窑。邢窑在唐代晚期达到鼎盛，随即走向衰落，定窑则在唐末五代时质量迅速提高，后来居上。

　　除青瓷和白瓷外，唐代黑瓷在南北方许多青瓷或白瓷窑场中都有兼烧，产量和质量也很可观。高温黄瓷也兼烧于南北，以安徽淮南寿州窑和萧县白土窑最为著名。湖南长沙铜官窑胎釉特征接近岳州窑，但以贴花褐彩、釉下红绿彩绘等装饰见长，还有少量的红釉、绿釉瓷器。河南鲁山段店窑出产"花瓷"，以在深色底釉上加饰浅色釉斑点为特色，有壶、罐、拍鼓等品种。河南巩义窑的绞胎瓷（深浅两色胎泥制坯）、白釉钴蓝彩瓷（即"唐青花"）、彩釉陶器（即"唐三彩"）等，也都是各具特色的品种。

　　4. 中国古代制瓷业的高峰（宋辽西夏金）

　　从五代开始，"南青北白"的生产格局逐渐被打破，瓷器品种的分布开始呈现出犬牙交错的面貌。宋辽金时代是中国陶瓷发展史上的高峰，瓷器生产遍布各地；各窑场在互相学习、模仿、竞争中逐渐形成了以品种和装饰特色差别为标志的若干"窑系"，这些窑系大多从北宋延续到南宋和金代，有些还到了元代。按照品种和基本装饰特征，可以把这一时段众多的瓷器窑场分为八个窑系，其中代表性窑场的标志性产品及其简要特征概括如下：

　　越窑系以传统越窑青瓷为代表，延续到北宋的越窑窑场有慈溪上林湖窑、宁波鄞州窑、上虞窑寺前窑、绍兴官山窑、宁波郭童岙窑等。其胎釉特点均与五代时期无甚差别，只是细线划花、刻花等装饰更为流行，图案都很精细。细线划花纹样繁缛，流行双蝴蝶、对鹦鹉等，刻花莲花瓣纹也颇有时代特色。北宋中晚期，典型的越窑青瓷已不多见。慈溪彭东乡游园曾发现有南宋青瓷窑址，其中低岭头发现有与传统越窑风格迥别而与郊坛下官窑相似的"官窑型产品"，寺龙口窑既有南宋产品，也有北宋及以前的产品。从产品特征来看，上林湖地区的南宋青瓷有明显的北方青瓷影响，并不是北宋越窑的直接延续。

　　耀州窑系以陕西铜川黄堡镇耀州窑为代表，具有鲜明的北方青瓷特征。胎色青灰，釉色青中闪黄。北宋中期以后，独特的釉色和刻花、印花技术的相继兴起，推动耀州窑进入了鼎盛时期。常见纹样有菊花、牡丹、游鱼、戏鸭、犀牛望月以及少量的龙、凤等，另外还有一些婴戏纹。金代中后期黄堡窑的胎釉均变粗，釉色更多见姜黄色；金末元初耀州青瓷生产趋于衰落。

　　龙泉窑系以浙江龙泉的龙泉窑为代表。该窑始烧于五代，生产仿越窑系的青瓷。北宋时期开始逐渐形成自己的风格，南宋时期，龙泉窑的中心窑场大窑、溪口、金村等处烧出了粉青、梅子青等青釉的上品，成为标志性产品；此外，还有少量的黑胎仿官式青瓷。南宋晚期，龙泉青瓷逐渐影响到其他地区，形成窑系。

定窑系以河北曲阳定窑为代表，产品白胎白釉，装饰有刻花、划花、印花，以精细白瓷特别是刻画花、印花白瓷为标志性产品。北宋后期，定窑出现了碗盘类支圈覆烧法，大大提高了产量，却因此而口沿处无釉，称为"芒口"或"毛口"。金代定瓷以印花为主要装饰手法，图案纹样不如北宋精美，还常见以凸线界出若干个画面（一般是五个或六个）的做法。定窑在金末元初走向衰败，碗盘的外圈足底不施釉，内底相应位置刮去一圈釉以放置上一件碗坯，称为"涩圈"摞烧法；有些产品胎质粗糙，呈灰褐色，釉呈灰白色，微有杂质。

磁州窑系是宋金时期产量最大的北方瓷器种群，以河北磁县磁州窑为代表，产品品种比较多，有白瓷、黑瓷、绿瓷、白釉黑褐彩绘瓷、白釉红绿彩瓷、化妆土刻画装饰瓷、彩釉陶等若干种，早期还有少量的青黄釉瓷。磁州窑类型瓷器属于北方白瓷系统，但它们大都生产比较粗的、须以化妆土饰胎的白瓷，这也是定、磁二系白瓷最根本的区别。化妆土装饰白瓷、白釉黑褐彩绘瓷、化妆土刻画装饰瓷是磁州窑类型诸窑场的主要产品，其中后两种是标志性的装饰。

钧窑系以河南禹州钧窑为代表，主要窑址有禹州市区的钧台和神垕镇刘家门、下白峪、杨岭寨等。以各种红蓝色窑变釉为基本特征。窑变钧瓷不同于一般青瓷，其釉料中还含有一定量的铜、钛、锡、磷等元素，成品为绚丽多彩的窑变釉，依主要呈色剂的不同，分为以蓝为主色调和以红为主色调的两个品种。

景德镇窑系，以江西景德镇窑为代表，其标志性产品是北宋初出现的青白瓷（也叫"影青瓷"）。景德镇及周边的青白瓷窑址很多，其中湖田窑做过较为细致的调查和研究。产品白胎，胎质细腻，透光度极好，釉色白中透青。装饰技法，早期多素面，中期以后多见刻花，题材以花卉为主，有牡丹、菊花、莲荷、水波、飞凤等。南宋多见覆烧芒口碗、盘，早期多见刻花和划花，图案主要是牡丹、莲荷、婴戏花丛等，印花流行于南宋晚期，图案仍以花卉为主。南宋后期青白瓷的胎、釉都略显粗糙，特别是釉的光泽度和透明度都有所降低，釉色明显分为偏青和偏白两类，后者很可能就是文献记载中的"南定"。

建窑系，以适应"斗茶"需要的黑釉茶碗为标志性产品，最负盛名的窑场是福建的建窑和江西的吉州窑，经过特殊工艺处理，形成了许多品种，如兔毫、油滴、鹧鸪斑、玳瑁斑、剪纸贴花、木叶纹、彩（釉）绘、曜变、金彩等。建窑遗址在今福建建阳水吉乡芦花坪，黑瓷主要是碗，胎体厚重，釉色乌黑，釉质莹润。有少量碗底和一些窑具上有阴刻"供御""进璮"等字样，是专门为宫廷生产的贡瓷。

在民窑大发展的同时，宋代还正式出现了专门为宫廷生产御用瓷器的窑场，习惯上称为"官窑"。两宋官窑先后有汝窑、汴京官窑（北宋官窑）、修内司官窑、郊坛下官窑等，产品基本都是天青、粉青等釉色精美的青瓷，除常见的盘、碗、瓶类外，还有不少如贯耳壶、瓠等仿古造型的陈设瓷，以及各式香炉等祭祀用瓷。官窑有一些传世品收藏于海内外著名博物馆，经过考古发掘的宋代官窑窑址的有河南宝丰清凉寺汝窑、浙江杭州郊坛下官窑，另外，修内司官窑已经基本确认在杭州万松岭，北宋官窑也发现了疑似线索。

先后与两宋并立于北方的辽、西夏、金三个少数民族王朝区域内也各有制瓷业，它们在整体上受定窑系和磁州窑系的影响比较大。比较重要的辽代窑址有上京（在今内蒙古巴林左旗）地区的上京窑、南山窑和白音戈勒窑，赤峰缸瓦窑，辽宁辽阳江官屯窑，北京门头沟龙泉务窑等。西夏窑址考古资料长期缺乏，1983 年以后相继发现了宁夏灵武磁窑堡窑址、回民巷窑址。金先后灭辽和北宋，其制瓷业是辽和北宋北方诸窑系瓷器生产的继续，大定（1161—1189）以后，磁州窑、钧窑等窑场生产规模很大，形成了时代特色且不乏精品。北方三朝陶瓷的总体质量和生产规模不如两宋，但一些器物造型和装饰却显现出鲜明的地方和民族特色。

5. 承先启后的元代瓷器

从南宋覆亡（1279）到明朝建立（1368），元朝统一中国的短短 90 年间是中国陶瓷发展史上一个重要的承先启后时代。磁州窑、钧窑、景德镇窑、龙泉窑等著名窑场仍在继续烧造，品种虽不及宋金时期丰富，但产量却依然可观。同时，景德镇窑在元代中后期相继成功烧造出青花、釉里红两种彩瓷和高温蓝釉、红釉、白釉等新品种，框定了明清时期瓷器产品种类的基本格局。此外，从宋代开始的"二元配方法"和元代"石灰-碱釉"或"碱-石灰釉"的新配方等制瓷工艺的突破性进步，进一步奠定了景德镇后来执全国瓷器制造业之牛耳的地位。

6. 中国古代制瓷业的又一高峰（明清）

明清时期，诸多曾经兴盛一时的著名窑场相继衰败，唯有景德镇窑日益蓬勃发展，成为著名的"瓷都"。明清景德镇众多的窑场依其生产性质也分为官窑和民窑，官窑生产高峰迭起，特别是明代早期，产量和质量都令人叹为观止。明初官窑禁令极严，民窑的生存空间甚小，从正德、嘉靖（1506—1566）开始，官窑禁令放松，民窑有了突飞猛进的发展，官窑与民窑在产品质量、制作工艺等方面的差异日渐缩小，清代全盛时期的官窑已经不再直接生产供御瓷器，只是一种生产组织和管理机构，并且具备了一定的近代研究院所的性质；某些民窑产品已经等同甚至超越了官窑。

明清景德镇窑产品种类很多，可以分为青花瓷、彩瓷、颜色釉瓷三大类。青花瓷器是明初至清嘉庆（1396—1820）以前产品的主流，因不同时期所使用青料的成分不同，青花的呈色也有明显的不同；彩瓷有釉上彩、釉下彩（青花瓷器也是釉下彩的一种，但因其产量远远多于其他品种，故单列）、釉上釉下混合彩等几种不同工艺，具体品种名目繁多，有五彩、矾红彩、斗彩、素三彩、珐琅彩、粉彩等；颜色釉瓷器的种类也很多，从工艺上可以分为高温一次烧成和高、低温两次烧成两种，其颜色除蓝、红、白、黄、青等主色外，在清朝鼎盛时期还有许多副色。

明清时期浙江龙泉窑青瓷、福建德化窑白瓷、漳州窑外销青花和彩瓷等也都是很有特色的瓷器品种。

第二节 中国古代陶瓷器原料

陶瓷器文物的化学组成成分、结构以及性能与陶瓷器原料关系至为密切，原料的情况直接决定了器物的化学组成成分，也是决定器物的结构及性能的两大因素之一（另一因素是器物的烧制工艺）；同时，也还是造成陶与瓷分别的内在根本原因。一般陶器胎中的 Al_2O_3 含量低，因此不耐高温烧造，高温会使之发生变形、瘫软甚至发酵。而烧制瓷器的原料中 Al_2O_3 含量较高，因此可耐高温烧造而不变形，且在高温下，SiO_2 熔融流动生成玻璃体（这一过程叫"玻化"），将瓷器胎体内的空隙填塞致密。

中国古代陶瓷器原料情况十分复杂，一方面，由于中国幅员辽阔，地域上的差异非常明显，不同窑系所用原料自然有所不同；另一方面，随着漫长的历史发展，选料工艺的不断进步，就是同一窑系，不同时期所用原料也存在较大差异。但不论实际情况如何复杂，中国古代陶瓷器原料从总体上看主要有三大类，即黏土、石英和长石。

一、黏土

（一）黏土的形成

黏土是一般黏土质原料的总称，它是一种含水铝硅酸盐矿物，是由地壳中含长石类岩石经过长期风化与地质作用而生成的。

（二）黏土的主要化学成分

较纯的黏土原料中，各含有一种主要的、具有一定化学组成和结晶结构的矿物，称之为黏土矿物。如高岭土以高岭石为主要黏土矿物，瓷石、叙永土、膨润土、叶蜡石分别以伊利石、多水高岭石、蒙脱石、叶蜡石为主要黏土矿物。黏土矿物的主体化学成分是 SiO_2、Al_2O_3 和水。黏土除含有黏土矿物外，在自然界形成过程中还混有一定量的杂质。常见的杂质有铁的氧化物或含铁矿物，以及含钙、镁、钛的矿物和长石与石英等风化后的残留物。

（三）黏土的主要矿物类型

根据现有研究发现，已经肯定的黏土矿物类型主要有以下五种：

1. 高岭石类

属于这一类的有高岭石、珍珠陶土、迪开石和多水高岭石，主要由它们构成的黏土称为高岭土，如我国著名的苏州高岭土、湖南界牌高岭土以及四川叙永多水高岭土等。

高岭石晶体呈极细的六角形鳞片状，晶片往往互相重叠，晶片厚 $0.05\mu m$，平均直径 $0，7\mu m$，面间角 $106\sim140°$。

高岭土的矿物实验式为 $Al_2O_3 \cdot 2SiO_2 \cdot 2H_2O$，其化学成分的理论组成为 Al_2O_3 占 39.50%，SiO_2 占 46.54%，H_2O 占 13.96%；实际情况视所含杂质多少而有所不同。高岭土一般质地较纯，结晶结构比较完整，可塑性适中，是瓷器制造中最常用的原料。

属于这一类的有蒙脱石、拜来石等，主要由它们构成的黏土称为膨润土，如福建连城、东北黑山所产膨润土等。

蒙脱石的晶体呈细鳞片状，但结晶程度较差，轮廓不清楚。有的晶体局部清楚，有的则呈模糊的变长了的片状。

膨润土的矿物实验式为 $Al_2O_3 \cdot 4SiO_2 \cdot H_2O \cdot nH_2O$，由蒙脱石可交换不同的阳离子，膨润土的化学成分复杂，理论组成很难确定，一般组成为：

Al_2O_3 $1\sim22\%$ SiO_2 $48\sim56\%$ 以上 Fe_2O_3 5% 以下

H_2O 不定 CaO 较多 MgO 较多

膨润土的硬度接近于 1，性柔软，阳离子交换能力强，吸附能力大。尤为突出的是吸水性强，吸水后体积可膨大 $5\sim16$ 倍，乃至 30 倍。在陶瓷生产中，主要用作增塑剂。

3. 伊利石类

属于这一类的有水白云母、绢云母等。它们单独构成黏土的极少，多数是包含在其他黏土中。以伊利石为主的黏土主要是水云母质黏土或绢云母质黏土，如我国江西、安徽等省所产瓷石中包括此类黏土。

伊利石的矿物实验式为 $[K_2O \cdot 3Al_2O_3 \cdot 6SiO_2 \cdot 2H_2O] \cdot nH_2O$，这一类是黏土生

成过程中的中间产物，多数为云母矿物水解后生成的。其成分及结构介于云母与高岭石或云母与蒙脱石之间，成分、结构都很复杂。云母本身不是黏土矿物，但水解之后的水化云母具有黏土性质。其晶体呈厚度不等的鳞片状，有时带有劈裂与析断的痕迹。

4. 水铝英石类

这一类黏土矿物不常见，往往少量包含在其他黏土中，呈无定形态存在。水铝英石的矿物实验式为 $Al_2O_3 \cdot nSiO_2 \cdot H_2O$，$n = 1$ 或 $n > 1$，它的存在可以提高黏土的可塑性与结合性。

5. 叶蜡石类

叶蜡石不属于黏土矿物，因其某些性质近于黏土，而划归黏土之列。其矿物实验式为 $[Al_2O_3 \cdot 4SiO_2 \cdot H_2O]$，理论组成为：$Al_2O_3$ 占 28.30%，SiO_2 占 66.70%，H_2O 占 5.00%。

在陶瓷生产中，黏土原料是可塑性原料，因为尽管不同的黏土原料各有不同的化学组成和矿物类型，但它们都有一些共同的特征，如粉碎后与水掺和能产生可塑性，成型的生坯在干燥后有足够的强度即结合性，烧成后能转变成坚实的岩石般物质。这些重要特性成为陶瓷器成型和烧成的工艺基础。

二、石英

（一）石英的主要类型及化学成分

石英在自然界中分布很广，部分以硅酸盐化合物状态存在，构成各种矿物岩石，另一部分则以独立状态存在成为单独的矿物实体。在自然界中，石英的存在形式多种多样，主要类型有水晶、脉石英、石英岩、隐晶质石英以及蛋白石（$SiO_2 \cdot nH_2O$）和硅藻土（含水 SiO_2）等，陶瓷生产中使用的一般为脉石英或石英岩，其 SiO_2 的含量都在 97% 以上。

石英的主体化学成分是 SiO_2，此外，还常含少量杂质成分，如 Al_2O_3、Fe_2O_3、CaO、MgO、TiO_2 等。

（二）石英的结构和物性特征

随温度和压力不同，石英存在一系列（十余种）同质多象变体，其中主要有 β—石英、α—石英、α—鳞石英及 α—方石英等。此外还有 β—鳞石英、β—方石英等。

（三）石英的晶体构造

β—石英在自然界最常见，它属三方晶系，通常为由六方柱和菱面体等组成的聚形，有时出现三方双锥和三方偏方面体。其柱面常具有横纹，并随着形成时的温度和过程、程度的不同，晶体习性也发生变化。

SiO_2 的晶体构造为 Si 与 O 组成四面体 $[SiO_4]^{4-}$。石英是由 $[SiO_4]^{4-}$ 互相以顶点连接而成的三维空间架状结构，并在空间扩展。由于是以共价键连接，且连接又很紧密，空隙很少，其他离子不易侵入，致使晶体纯净、硬度与强度高，熔融温度也高（1713℃）。在四面体连接而成的三维空间架状结构的扩展中，每一个硅离子被位于四面体角顶的四个氧离子所包围，而每一个氧离子则与两个硅离子相连接。$[SiO_4]^{4-}$ 在空间上的连接形式存在不同，石英就表现出一系列同质多象变化。

石英是瘠性原料。石英原料在陶瓷生产中的作用表现在：由于石英岩粉碎后与水掺和时不具有可塑性，因此可作为常温下坯料可塑性的调整剂；又由于石英在高温中具有适当的膨胀性，可以补偿坯体的收缩，减少变形，提高坯体的机械强度。

三、长石

（一）长石的分类

长石是一族矿物的总称，约占地壳总重量的 50%，呈架状硅酸盐结构。按化学组成说，长石族矿物是一种碱金属（钾、钠）或碱土金属（钙、钡）的无水铝硅酸盐。

由于存在着钠长石与钾长石、钠长石与钙长石均可以互熔的情况，所以长石多以几种长石互熔物形式存在于地壳中，其最重要的矿物有以下两类：

1. 正长石

正长石是指解理面交角为 90° 的长石，属单斜晶系，成分上为钾长石或钾钠长石。若解理角稍小于 90° 的称为微斜长石，属三斜晶系。

2. 斜长石

斜长石是钠长石与钙长石的互熔物，钠（钙）长石若在 10% 以上，即为斜长石。

（二）长石的化学成分

长石的化学成分依其种类不同，主要成分为 SiO_2、Al_2O_3、K_2O、NaO、CaO、BaO，还含有少量其他杂质。

在实际生产中使用的长石原料的成分要稍复杂一些，但与黏土原料相比，其所含杂质成分要少一些。

（三）长石的晶体结构

正长石属单斜晶系，常呈短柱状、厚板状，主要为由斜方柱 {110}、平行双面 {010}、{001} 等单形组成的聚形。正长石的低温变种冰长石 {110} 柱面发育，双面 {010} 面很窄，具有菱形断面。正长石最为常见的有卡斯巴双晶，还有曼尼巴双晶及巴温诺双晶。

斜长石属三斜晶系，晶体常呈板状、厚板状。斜长石的双晶极为发育，有简单双晶和聚片双晶两种，其中以聚片双晶最为常见。

长石在陶瓷生产中主要是作为熔剂原料，这是因为长石在 1160℃ 高温条件下，能分解熔融成黏稠的液态物质，可填充在陶瓷坯体的空隙中以增进坯体的致密性，提高透光度。长石的熔融物还能熔解石英及黏土原料，促进莫来石的形成，使陶瓷产品获得较高的机械强度。用作瓷器生产的长石通常为钾长石，这种长石结晶明晰，易于坼裂，比重为 2.56~2.59，硬度 6~6.5，断口呈玻璃光泽。

生产陶瓷器，就是将上述这些原料进行配方和制备，作为陶瓷器成型的坯料和轴料。当然，如前所述，中国古代陶瓷器生产原料复杂，不同历史时期、不同窑系所用原料存在较大差异。根据现有研究，新石器时代早期的陶器所用原料具有随意性和原始性，人们只是用其居住区周围的泥土做制陶原料，它们都含有大小不等的砂粒，其中大者可达 8 毫米左右，如南庄头陶片、仙人洞陶片、甑皮岩陶片、青塘陶片的分析都显示了这种特征。到了新石器时代中、晚期，虽然还是就地取土，但在一定范围内是选择那些易于成型、干燥收缩和烧成收缩都较小的易熔黏土作为制陶原料，可谓就地选土；当所用黏土还不能满足上述要求时，就会在黏土中加入诸如炭化后的草木碎叶和谷类的碎壳、煅烧后的贝壳和各种砂粒，亦即考古界所谓的"羼和料"。自此以后，原料的选择、精制和配方工艺随经验的日益积累而不断取得进步，如逐渐认识到原料的粉碎和淘洗的作用，提高了原料的纯度和工艺性能；在北方从易熔黏土配方发展到高岭土和长石的配方，在南方则从易熔黏土配方经过瓷石质黏土配方到瓷石加高岭土的配方等。最终，陶瓷原料主要表面在地域的差异上：在南方，如浙江、江西、福建以及安徽南部都盛产瓷石，各地所产瓷石的化学成分相差不大，主要由石英和绢云母等矿物组成，是一种含 SiO_2 较高和 Al_2O_3 较低并有一定量的熔剂的制瓷原料，用此制成的瓷属高硅质瓷。在北方，如河南、河北、陕西和山西等地所产的制瓷原料，多为二次沉积黏土，其中纯者的化学组成接近纯高岭土；不纯者则含或多或少的石英、云母、碳酸盐矿物和铁、钛等杂质。但它们都是含 Al_2O_3 较高和 SiO_2 较低，并含有一定 CaO 的制瓷原料，用此黏土原料制成的瓷器都属高铝质瓷。

第三节　陶瓷器文物的保护与修复

一、陶瓷文物的损坏

（一）陶器文物的损坏

陶器文物的烧制温度较低，大多在 700~1000℃ 之间，在此温度下，石英、长石只是熔融，黏土中的有机质被氧化，生成二氧化碳气体逸出，因此，烧成后陶器的结构不致密，孔隙度较大，一般在 15%~35% 之间；吸水性强，疏松，易破碎。一般情况下陶器比较稳定，具有良好的耐候性能，以及一定的机械强度和耐水性。但长期埋葬于地下的陶器文物由于受到地下水的不断侵蚀和盐的结晶与溶解的交替变化影响，陶器文物自身的抵抗力减弱；出土后的陶器文物，由于暴露在空气中，原有温、湿度的平衡被打破，再加上日晒、雨淋、大气污染、霉菌及震动等多种因素的影响，都有可能遭到损坏。具体地说，常见的陶器文物损坏主要有以下几类：

1. 可溶性盐类损坏

陶器文物长期埋于地下，受环境湿气和可溶性盐类的影响，进入多孔陶器内部，积聚的硫酸盐、碳酸盐和卤化物等致使陶器文物内含盐量极高。对我国甘肃酒泉发现的黑色彩陶进行 X 射线衍射分析（X-Ray Diffraction，简称 XRD）时发现，NaCl 的光谱极强，掩盖了 Fe_2O_3 光谱的衍射峰。这种可溶盐在陶瓷中的作用主要表现为：①与陶瓷中的金属矿物发生替代反应，使陶瓷的成分和结构发生变化，从而导致陶瓷变质。②随着环境温度和湿度的变化，此种渗透并积累在陶瓷孔内的可溶性盐的溶解度也随之改变，随着环境温度和湿度的增加，陶瓷的含水量也增加，从而导致了可溶性盐的析出；由于周围环境温度升高，水分挥发，可溶性盐在陶器的内外表面或颜料层发生了晶体化，使陶器体积发生变化，致使孔隙周围的压强增大，当晶体析出的盐溶解时，陶器孔隙周围的压强逐渐减小。随着环境温度、湿度的变化，可溶性盐的溶解、析出、再溶解、再析出过程将循环往复发生，造成可溶性盐发生晶体化而引起陶器膨胀，使得原本就不够结实的陶器，在受到外力的冲击时，更易碎裂，特别是多孔的夹砂陶更是如此，这也是目前出土的陶器很难做到完好无损的原因。可溶性盐是陶瓷制品中最常见的危害因素。

2. 难溶性盐类损坏

陶胎中的金属离子如钙、镁、铁等从陶瓷中溶解出来后，会与水中的一些阴离子如碳酸、硫酸、氢氧根、硅酸根、磷酸根等发生作用，从而在陶瓷的表层上生成硬质的析出物。

这一类难溶物只在陶器表面形成一层硬质的包覆层，与陶器主体的附着力不强，对陶器主体的强度没有明显影响，但是容易形成块状硬垢，从而对陶器产生损害，特别是对彩陶，损害极大。由于彩陶的颜料主要由 Fe_2O_3、Fe_3O_4 及 MnO_2 等矿物质组成，耐强酸、强碱性能都比较弱，对难溶性盐有一定的附着力，待硬质的外壳脱落后，必然导致彩陶图案遭到破坏。

3. 温度、湿度变化造成的损坏

除前述温、湿度的改变致使可溶性盐类对陶器造成损坏外，出土后暴露在空气中的陶器文物由于原有的温、湿度平衡被破坏，温、湿度变化造成的损坏更大，若温度低于0℃，陶器中的水分就会结冰，水由液态变成固态时，其体积膨胀8%，由此而产生的膨胀力大约为 $6×10^3 kg/cm^2$；当温度高于0℃时，冰又融化成水，这个力随之消失，如此反复作用，陶器质地就会变得疏松，甚至出现裂隙。若是处于高温的夏季，气候干燥，空气湿度小，陶器中水分挥发速度加快，也易使陶器出现裂隙。若遇梅雨季节，温度高、湿度大，霉菌的繁殖速度和各种化学反应速度加快，同样会对陶器造成损害。

4. 空气污染造成的损坏

自20世纪六七十年代以来，主要由工业生产而导致的环境污染日趋严重，空气污染是其中的一个重要方面，主要表现在大气中二氧化硫、二氧化碳、硫化氢、氯化氢等有害气体的浓度逐渐增高，尘埃日益增多。对于那些出土后存放在潮湿环境以及空气污染较为严重的地方的陶器文物，当富含酸性废气、盐类、微生物及各种菌类的尘埃降落在陶器表面上时，久而久之会形成一层土灰色的覆盖层，它使得陶器表面的湿度较内层大，潮湿的表面更容易吸附酸性气体，并且利于霉菌的生长。霉菌新陈代谢产物中的硝酸、硫酸、亚硝酸及有机酸等和空气中的酸一起对含有钙盐结构（如 $CaCO_3$、$CaSiO_3$）的陶器文物将会产生一定程度的损害。特别是对彩陶，不仅能使器物褪色、整体强度下降，而且还会引起一连串的破坏，如引起器表剥落现象等。

5. 食物腐败、烟熏造成的损坏

有些陶器文物作为陪葬品，内盛食品等物，随着时间推移，食物腐败变质，结果造成器物受到污染。在古代，也还有许多陶器文物用作炊具，长期受到烟熏以致器物表面变黑，此种污染及污迹对彩陶损害甚大。

另外，有一些彩绘俑仕，出土后由于原有平衡遭到破坏，俑仕表面彩绘会剥落、起翘，甚至精美彩绘完全消失，如秦始皇兵马俑二号坑出土的彩俑即是其中最著名的一例。

（二）瓷器文物的损坏

瓷器比陶器更致密、更坚硬、更光滑、更不易吸收水分，可溶性盐也很难渗透到瓷器中去。与此同时，所有的瓷器都要施釉，而经过烧制的釉料主要成分为硅酸盐，即所谓的"玻璃"。瓷胎与釉料间存在着一种极细的、仅占胎体厚度 1%~3% 的釉料，这种细密的釉料能够显著地影响胎料的物理性质和化学性质，并赋予瓷胎良好的热、化学和介电性能。所以，大多数瓷器的损坏都是力学、机械因素导致。

二、陶瓷文物的保护和修复

陶瓷文物在被发掘之前，往往被埋在地下几百年甚至上千年。因自身的易碎性和年代的特殊性，被发掘出来时，大部分陶瓷已经成为碎片，并且含有多种污染物。所以，在进入博物馆保存之前，通常需要对陶瓷文物进行修复。修复的过程主要包括清洗、拼对、黏合、修补、加固、着色和做旧等工序。

（一）清洗

清洗是修复陶瓷文物的首要步骤。清洗的目标是清除被修补物品的表层和破损处的各种泥土、杂质和污物，让其恢复原貌，为后续的修复工作创造有利的条件。

对陶瓷文物进行清洗的方式多种多样，总结来说，最常见的是机械清洗和化学清洗两种方式。

机械清洗，用硬毛刷子或细铜刷子、刀锥、竹扦等工具，对器物进行干燥清洁，除去覆盖于器物上的污垢。硬毛刷多用在胎体柔软或风化严重的器物上，而刀锥、竹扦等尖锐的工具多用来去除比较硬的或存于沟隙中的土锈、杂物等。一般来说，对于发掘出土的陶瓷文物，首先要进行初级清洗，之后才能进行深度清洗，尤其是对于一些不适宜采用酸洗、水洗和浸泡等方式清洗的陶瓷文物，更需要采用此种方式。

化学清洗，利用化学药剂去除陶瓷文物上的锈碱、油渍以及氧化形成的污染物和各类杂质。甲酸溶液、盐酸溶液、过氧化氢、高锰酸钾以及有机溶剂是比较常见的化学药剂，如乙醚、乙醇和丙酮等则是比较常见的有机溶剂。

在正式实施清洗计划前，必须做好必要的、充足的准备工作，重点是要详细、细致观察和分析修复对象，具体包括如下几个方面内容：①确定陶瓷文物的胎质性质。首先要分析陶瓷文物的胎体成分，如果是陶瓷胎体，则要重点看器物的风化和粉化程度是否存在较大差别。从胎体的密度来看，判断器物的吸水速率。②查看陶瓷文物的上釉状况。需要了解釉层的性质，包括表面是否光滑、有无龟裂，釉层的附着力和釉层的脱落情况等。③判断陶瓷文物上所绘图案的状况及特点。要注意区分彩陶和绘画陶，注意彩绘文饰剥离情况的严重性，及时采取措施阻止剥离问题进一步扩大。④调查、分析陶瓷文物表面和横截面。这样做的目的在于判断陶瓷文物表面的泥土、杂质以及污垢的性质、种类、黏附力、腐蚀程度等。根据观察与分析结果，制订出合理、高效的清洗计划、方法与步骤。此外，还要为陶瓷文物拍照并建立档案。在陶瓷文物完成修复工作前，必须对文物拍照，同时将修复前与修复后的文物对比，为科研人员了解文物的详细情况提供有价值的资料。在实际操作中，对于不同的器物和污物，需要采用不同的处理方式。

1. 陶器文物的清洗

出土陶器文物的污染物主要有三大类，一为可溶性盐类，二为钙类、硅类难溶物，三为腐败物。陶器文物的清洗主要就是去除这三类污染物。

（1）可溶性盐类清洗

陶器中所含可溶性盐类与器物出土地域的地质状况有密切关系，一般主要为 $NaCl$、KCl、Na_2CO_3、$MgSO_4$以及这些金属阳离子的氢氧化物。若是含盐分高的陶器文物，时间稍长（2~3 年）器物表面就会泛白，且被盐结晶长出无数小花点，造成器物表面粗糙，釉陶甚至可使釉面剥落，同时使得器物内部松脆、容易碎裂，因此，陶器中盐分必须去除。一般可采用水洗涤的方法。但须注意器物表面装饰物（如彩绘）能否经得住清洗，否则应先进行加固保护然后才能清洗。

素陶。是指表面没有任何其他装饰材料的陶器。这类器物可以用水洗的方法去除里面的盐分。具体的制作方法为：将器物置于流动的水中，冲洗一至两天，去除器物吸收的大部分可溶性盐，然后改用蒸馏水冲刷器物。通过使用浓度为 2% 的硝酸银确定洗涤剂的脱盐度。

彩陶。彩陶是在坯体未干时将彩料绘于器物表面，经打磨压入器表，和器物结合很牢固，如马家窑文化时期的彩陶。此类器物可直接用洗涤法去除盐类。对虽经打磨但因制作粗糙而使颜料图纹高于器物表面且很松散的彩陶，如甘肃玉门火烧沟文化类型彩陶，须先对其表面加固，然后水洗去除盐分，通常使用浓度为 2% 的硝基丙酮、浓度为 2% 的可溶尼龙醇以及浓度为 3% 的乙基乙醇溶液。另外，有些器物因自身具有易碎性，即使借助聚合物进行表层的强化处理，也无法水洗，只能采用纸浆包扎方法，将滤纸或吸墨纸张撕开，置于烧杯中，经高温、搅动制成纸浆，再将纸浆涂抹在器物上，并将其烘干，使用过滤纸进行毛细吸附，促使水和盐从器物中抽离，在敷纸上形成晶体，这样重复几次，可以有效去除器物中附着的可溶性盐。

彩绘陶器。这类器物长期埋于地下，受土壤水分的影响，导致彩绘颜料中的黏合剂已经失效。所以，出土的陶器经过风干处理时，附着在器物上的彩绘将剥落下来。对于这类器物，需要先修复，然后根据陶器的硬度进行表面加固，采用水洗法、纸浆缠绕法去除其中的盐分。

釉陶。釉陶经过高温烧制而成，比如，唐三彩的制成温度可以达到1100℃，耐温强度要高于普通陶器。由于釉陶的表面覆盖着一层玻璃质的石灰或铅，致使釉陶的稳定性高于普通陶器。但是，如果陶器上的釉是不完整的或者是有缺损的，在温度和湿度发生变化的情况下，可溶性盐也会渗透到陶瓷内部，使釉因盐的析出而发生脱落。对于这类瓷器，如果釉面与瓷器黏结紧密，可以采用水洗的方法将釉除去，若二者结合很松散应先加固，再视强度情况选用洗涤法或纸浆包裹法除盐。

（2）钙类、硅类难溶物清洗

此类难溶物在博物馆条件下很稳定，对文物也无任何损害，一般情况下不予去除，但若其掩蔽了彩陶文物的花纹图案，则必须将之清除。去除方法如下：

对石灰质覆盖层，视其厚薄，分别配制1%、2%、4%的稀盐酸溶液擦洗，有时也可加入0.5%的乌洛托品试剂作为缓蚀剂；等图案花纹快出现时，用5%的六偏磷酸钠溶液浸泡，以除去剩余石灰质。覆盖层除去后，再用大量清水冲洗。

对石膏类（$CaSO_4 \cdot 2H_2O$）覆盖物，可用硫酸铵的热饱和溶液擦洗，除完后用大量清水冲洗。

对硅质类覆盖物，一般可用机械法去除，也可用1%氢氟酸溶液擦拭去除，但因氢氟酸有剧毒，应在通风橱中操作，同时它对陶质中的所有成分均有腐蚀作用，故操作应非常仔细。

（3）食物腐败物、烟熏污迹清洗

对于有机脂类污垢，可采用脱脂棉蘸酒精、丙酮、乙醚或二甲苯等有机溶剂擦洗去除；对于油烟类污渍可用5%碳酸钠加0.5%的十二烷基苯磺酸钠的热溶液擦洗清除；对于炭黑，可用3%的过氧化氢溶液擦洗，使其氧化去除。

2. 瓷器文物的清洗

清洗瓷器的方法很多，常用的方法有：①清水去尘、除泥。对残片上的泥土，灰尘和旧缝中存有的黄、黑垢迹，可用清水、洗洁精、漂白粉等浸泡，用刷子、竹扦、刀子手工清洗。②机械去污。对有些坚硬的附着物用小型超声波清洗或电动刻字笔等清洗。③化学去污。瓷器上的 $CaCO_3$、$MgCO_3$ 等盐类物质可用 5%~10% 的稀盐酸、甲酸或醋酸等清洗。

在上述清洗瓷器的过程中，要注意以下问题：①无论使用何种清洗方式，都要遵循不损害文物的基本原则；如果不能确定清洗方式是否会对文物造成损害，则需要先试验，直到试验能够达到预期的结果为止。②由于陶瓷制品的质地比较松软，而且具有很强的吸水性，所以在使用过程中要尽可能地避免水和其他有毒溶剂的浸入。在高温条件下，不能用水冲洗，并应该尽量降低酸蚀除垢溶剂的浓度。③在清洁陶瓷釉上的彩绘时，要特别注意，防止彩绘因存在时间较长发生脱落，或者受到酸性物质的侵蚀发生褪色。④陶瓷文物并非清理得越干净、越彻底越好。相反，对于附着在器物上的特殊物质，甚至需要强化保存和防护。凡是附着于文物上的丝绸、麻布以及生锈物质，都必须保存下来。这些附着物不仅具有时代特色，而且能够体现陶瓷文物的品质特点。例如，对于汉代出土文物上附着的"银釉"，在不妨碍欣赏的前提下，可以将能够体现文物时代特点的各种类型的锈迹留存下来。

（二）拼对

在修复陶瓷文物的过程中，拼对是非常关键的步骤。对于破损程度不是很高的器物来说，拼对起来比较容易，但是对于破损程度比较高的器物来说，则需要在拼对前，仔细检查碎片的形状、颜色、纹饰等，将相似的碎片大致归入一种类别，从而可以大体上判断出碎片的位置，然后对这些碎片进行拼装并编号。在此基础上，需要为黏结工艺做好充足的准备。

（三）黏结

在修复陶瓷文物的过程中，黏结属于难度较高的工艺。在黏结碎片时，必须考虑好上下之间的关系，遵循从小到大的原则，既可以从下往上黏结，也可以从边缘部分黏结。但是，所有的黏结操作都必须保证，在需要拼对的陶瓷碎片之间，不能出现任何偏差，否则，将导致损坏的器物裂缝不能复位。

1. 黏结剂

在陶瓷器物的修复过程中，胶合剂的选用至关重要。常见的适用于黏结陶器的物质包括环氧树脂黏合剂、硝基纤维素三甲树脂、醋酸乙烯共聚物、聚乙酸乙烯酯等。其中，环氧树脂黏合剂的类型比较多，可以用来修复陶瓷器物。

2. 黏结方法

（1）直接对黏法：该黏结法应用最为广泛，也是最为基础的黏结法。直接对黏法的具体操作过程包括：将胶水均匀地涂抹于清洗后的陶瓷碎片切面上，再将两个断裂点准确对接并加固；然后用去油棉沾上少量的溶剂，挤压至半干燥状态，将漏在端口外的胶水擦掉。胶水拼接步骤完成后，需要对拼接部分加固，直到胶水全部凝固，才能将紧固专用工具取下。该工艺适用于 20~22℃，空气相对湿度在 85% 以下的情况。

（2）灌注黏结法：将所需黏结的各个部分，分别放置到位，并将黏结剂浇注在破裂的细缝中，此种黏结方法被称为灌注黏结法。灌注黏结法的基本操作流程包括：先将需要黏结的部位，适当调整并加固，然后在断口两边及下方的裂缝处，用橡皮泥或打样膏堵住，防止胶液在注入过程中溢出；再把调配好的胶水打到裂缝上面；等胶水凝固后，再将胶水除去。这种方法适合于碎片拼对后出现较大缝隙的器物，以及各种不完全断裂的器物。对于使用直接对黏法处理过、关键处存在小块缺陷，然而无须修补的器物，也可以使用灌注黏结法。

（3）快速黏结法：这是一种紧急修复损坏程度较轻器物的方法。通常使用 502 速干胶水或热固化环氧树脂胶水进行碎片黏结。

（四）补配

如果陶瓷器物的破损部位不复存在，使用黏结工艺无法恢复器物原来的形状，则必须对器物进行补配。聚乙酸乙烯乳胶、丙烯酸清漆、水泥、滑石粉、虫胶清漆、环氧树脂黏结剂、钛白粉、白炭黑及石膏粉等都是常见的补配材料。工作人员需要根据修复对象、修复要求等存在的差异，选取合适的补配材料。目前，补配常用的方法包括填充法、塑补法和模型补配法。另外，陶补法、瓷补法、插接法也是应用广泛的补配方法。

（五）加固

陶瓷器物的加固工艺可以分为黏结加固和机械加固两种类型。其中，黏结加固是指借助涂料或黏结剂的固化性能，增强器物的硬度、强度和牢固度。此种加固工艺既可以发挥保护、预防作用，还可以防止彩绘、釉层、器壁的进一步剥落与风化，应用领域广泛。机械加固是指在运送、陈列陶瓷器物的过程中，为文物提供加固性质的保护措施，一般适用于体积较大、容易损坏的陶瓷器物。针对加固对象的不同，喷涂加固法、滴注加固法、浸泡加固法、玻璃钢加固法等，都是比较常用的加固方法。

1. 喷涂加固法

此方法是将经过稀释后的胶水或油漆等，直接喷涂或涂抹在器物需要加固的部位上，可以用来加固轻微风化、容易剥落的彩绘或琉璃，或者用于加固器物的修补部位。常见的加固材料包括丙烯酸、环氧树脂黏合剂、三甲基酯类清漆等。

2. 滴注加固法

此种方法利用渗透力极强的 502 胶水，对器物表面的裂纹和凹陷部位进行加固。对于黏结修复后尚不牢固的陶瓷器物，也可以使用滴注加固法。

3. 浸泡加固法

该方法是将需要加固的器物浸在油漆溶液中，经过一段时间的浸渍，再将器物从油漆溶液中取出，放在有盖的玻璃瓶中，里面留有极少的溶剂，方便器物在充满蒸汽的溶液中慢慢干燥。浸泡加固法适用于加固完全风化、腐蚀较大的陶瓷器物。增强型涂层可以采用丙烯酸清漆或三甲基树脂稀释剂，也可以选用甲苯和丙酮 1∶1 的溶液作为器物浸泡剂。

4. 玻璃钢加固法

此种方法是将环氧树脂胶结剂与玻纤布复合，形成加固性能优异的玻璃钢，用于对较大、脆弱的陶瓷制品加固。玻璃钢加固法仅用于修复展览文物，并且只能修补器物未暴露在外的部分，如大陶俑的腹部、器皿的内侧等。

（六）作色

为了便于陶瓷器物的展出，需要对陶瓷器物进行作色处理，这是保护与修复陶瓷器物的最难环节。对于涂釉瓷器来说，作色通常需要与上釉工作同步进行。在作色时，首先，需要以器物的原色为基础，选用合适的颜料，从色彩的遮盖力、分散性、着色力、耐热性、黏度、耐光性、耐溶剂性、比重、耐酸碱性等角度综合考虑；其次，要制订作色计划，按照计划进行色彩搭配。最后，可以采用刷涂、喷雾、吹打、勾画、擦涂、粘贴等多种方式，为器物作色。

（七）做旧

1. 瓷釉光泽处理

出土的陶瓷器物因埋于土壤中的时间较长，经过地表的风化作用，随着时间的推移，失去光泽的现象越来越明显，甚至部分瓷器表面形成了被称为"哈光"的极薄的透明膜。从釉色散光的角度来看，唐三彩上出现的"蝇翅纹"无疑属于这种类型。为此，可以按照不同的情形和需求，采取磨光法、压光法、抛光法等恢复瓷釉光泽。

2. 釉面锈蚀制作

（1）土锈：是指因陶瓷器物长时间埋藏在地下，使部分土壤硬化，附着于器物表层而形成各种形态的土痕。可以使用"扑洒"的方法去除陶瓷器物釉面上的土锈：首先，在生锈部位，先用502强效胶水、清漆、紫胶酒精溶液喷洒，再将磨碎的黄土掺些白粉洒在表面，待其风化，干后可以形成土锈。也可以将泥浆与胶水按比例混合，用牙刷墩、弹、刷，制成斑状或点状的土锈。

（2）水锈：长时间埋藏于湿土中的陶器，表层容易析出一层淡淡的白色沉积物，这些白色沉积物多为水垢形状，即所谓的水锈。水锈的主要成分为 $CaCO_3$、$MgCO_3$ 等碳酸盐类物质，有的还夹带 $CuCO_3$ 或 Fe_2O_3 等物质。制作釉面锈蚀水锈可以使用扑洒法，也就是将清漆、漆皮汁，喷或刷在需要生成水锈的器物上，再将滑石粉或其他材质的颜料粉末撒在器物表层，等涂料彻底干燥后，将浮粉除去。还可以采用复分解法，在需要做水锈的器物上涂一层硅酸钠水溶液，等其干燥后，再用5%的稀盐酸在涂料表面刷涂一遍，盐酸与硅酸钠发生化学反应，进行二次分解，形成白色的盐类物质，附着在器壁上。也可以使用502胶水滴涂于需要形成水锈的器物上，在胶水凝固前，用清水喷淋或冲洗有胶的部位，使之与水接触后变白并凝固。

（3）"银釉"："银釉"是指古墓青铜器上常见的带有银灰色金属光泽的物质。这是在湿润的条件下，铅青釉发生了轻度的溶解，溶解掉的材料与水中的可溶性盐沉淀形成的堆积物。"银釉"是汉代青瓷中最普遍的硬垢，也多见于唐三彩及其他彩釉陶器中。目前，可以在清漆中加入银粉喷涂；也可以使用云母粉与水玻璃发生反应，形成云母般的亮色，重复使用数次，将在器物表层形成银色的釉面；还可以通过"银镜反应"生成氧化银，或者将含银的纸箔与清漆混合，喷涂在陶瓷器物上，凝固沉积后形成"银釉"。

在日常生活中，保护并修复瓷器文物，首先要为瓷器文物营造合适的外部环境，合理选择存放瓷器文物的库房，确保库房温度维持在 $18 \sim 24℃$ 之间，相对湿度保持在50%～60%之间，并且库房温度每日的波动范围不应该超过5℃，库房湿度每日的波动范围应该控制在5%以内。陶器属于易碎品，应该避免堆放或碰撞，库房内部要注意通风，避免陶瓷制品受潮；对于各种类型的彩绘陶器，要做好表面的加固工作等。

第四章 博物馆馆藏青铜文物保护

第一节 青铜器及保护基础

一、青铜和青铜器概述

"青铜"一词有广义和狭义之分。广义上，青铜泛指以铜为主要成分含有其他微量化学元素的合金。根据所含微量化学元素之主要者可分为锡青铜、铅青铜、锡铅青铜、锌青铜、铝青铜、镍青铜、锑青铜和非金属元素的磷青铜、砷青铜等。狭义上，因古代青铜器以铜锡合金为主，历经多年氧化，表色多呈青灰，今俗称青铜，并也将铅青铜和锡铅青铜含称在内。中国古代青铜器就主要由这三种青铜合金制成，其中又以锡青铜为主。在古代中国和世界范围内，尚有上述多种铜与其他元素的合金，虽广义上皆可称青铜，习惯上则更多称为锌铜（因色黄俗称黄铜）、镍铜（因色白俗称白铜）、磷铜、砷铜等。另外，人们有时也将青铜器简称铜器，但严格讲铜器还包括以单质态的纯铜制作的纯铜器或红铜器（纯铜含铜量在98%以上，因具有红褐色金属光泽又称红铜，其存在自然界中者又称自然铜、天然铜），即铜器应指所有的纯铜和合金铜制品。

自然铜是人类历史上最早利用的金属。其硬度较低，具有一定延展性，可直接锤打成器。原始人类在制造石器的过程中较易把这类具有美丽光泽且不像普通石头容易碎裂剥落的自然铜识别出来，用以打制成小件工具和装饰品。后来又发现将自然铜加热到一定温度，能够增加可塑性，便于打制成形。如果温度再高些自然铜就会熔化成液态，随盛放容器而冷凝成形，金属冶铸由此萌发。自然界中单质铜为少数，更多是各种化合态的铜矿石。常见的碳酸铜矿石受热分解即成氧化铜，在有木炭等还原剂的高温环境中进一步还原为纯铜。这种情况从偶尔得之到反复多次，经长期实践，人类就掌握了人工冶铜技术。

红铜硬度较低，不如石头坚硬，不适合制造较大而要求锋利坚固的工具和武器；其熔液黏性较大，流动不畅，冷凝时易产生气孔砂眼，也不适合制造容器。所以，从世界范围看，包括锻打自然铜和人工冶铜在内的早期红铜制品，基本都是一些小件工具和装饰品，在当时社会生产生活中并未广泛应用。只有发明配制青铜合金并铸造青铜器后，铜器才对人类社会产生了广泛深刻影响。青铜相比于红铜的优越性在于：熔点较低而硬度较高，耐腐蚀性亦强；青铜熔液流动性强，冷凝时体积略有膨胀，填充性好，铸器少有器孔砂眼，光泽亦佳。当人们认识到青铜合金的这些良好性能后，就用以制造较多的工具、武器和容器，从而极大推动了社会发展，逐渐由石器时代迈入青铜时代。青铜冶炼和青铜器的铸造使用，曾和文字、城市一起被视为构成文明的要素和进入文明社会的重要标志。

二、青铜器的器形、纹饰和铭文

（一）青铜器的器形

青铜器器形种类繁多，通用青铜器的分类方法，一般都以器物用途为首要标准。先秦时代常见青铜器通常可类分如下：

食器：有炊煮器鼎、鬲、甗、釜等，盛食器簋、簠、盨、敦、豆等，取食器匕，切案器俎等。

酒器：有温酒器爵、角、斝等，饮酒器觚、觯、杯等，盛酒器尊、卣、觥、瓿、方彝、罍、壶、缶等，挹酒器斗（勺），承案器禁等。

水器：包括盛水器、注水器，主要有盘、匜、盉、鉴、盂、盆、浴缶等。

乐器：主要有钟、镈、铙、铃、铎、钲、句鑃、錞于、鼓等。

兵器：主要有镞、戈、矛、戟、钺、刀、剑、殳、铍、盔、弩机等。

工具：有手工工具斧、锛、凿、刀、削、锯、锉、锥、钻等，农具镢、铲、耒、耨、镰、犁铧等，以及渔具钓钩等。

车马器：包括车器、马饰、御器，主要有軎、辖、毂饰、轴饰、衡饰、軏饰、踵、轭、銮、衔、镳、节约、当卢、马冠饰等。

度量衡器：有尺、量、权等（或归入工具类）。

杂器：杂器包括日常生活用器、装饰品、工艺品，凡不便归为以上各类者皆可入此。有铜镜、钱币、玺印、符节、熨斗、熏炉、灯、笄、钗、环、戒、带钩、坠链、牌饰、雕塑等。这些所谓杂器构成了秦汉以后铜器的主流，当然质地不仅限于铜和青铜，其中如镜、钱币、玺印之类后世更为发扬光大，沿用时间长久，数量众多，已可独立成类，今皆已析为专门之学。实际上，过去像车马器、度量衡器和工具之类，因发现数量不多和不为传统研究所重视，都曾被归入杂器类。

通常情况下，青铜礼器主要是指上述食器、酒器、水器等容器类。古代礼仪场合一般都随音乐节奏伴以舞蹈，乐服务于礼，礼、乐一体，故礼器与乐器对举则异，不并列时乐器亦属礼器。有的兵器如钺，多数情况下也是作为显示威仪的仪仗之器或刑具使用的，广义上也可属于礼器。其他则基本属于日常生活使用杂器，虽然它们大多数在使用中没有具体的礼数要求和规定，但墓葬出土这些器物的种类与数量多少，往往也与墓主身份地位有所关联。上述有些器类的用途归属，学术界意见并不完全一致。如爵有饮酒器、温酒器、滤酒器之说，盉或归为酒器或归为水器等。此外，有的器物可能兼具多种用途，有的器物用途可能随时代和地域不同而发生变化。同一种器物的形制因时代、地域不同会有较大变化。

（二）青铜器的纹饰

青铜器纹饰是铸或刻在青铜器上的装饰花纹，春秋以前一般为铸纹，春秋晚期以后多有刻纹。

容庚在传统金石学基础上，于1941年出版的《商周彝器通考》一书中对青铜器纹饰做了全面系统的概括整理，于1958年出版的《殷周青铜器通论》又做进一步修订，从而构建起青铜器纹饰定名的科学体系。当代有学者也提出并开始使用一些新名称。无论予以一种纹饰何种名称，都是后人根据自己的认识提出的，而使用当时的称谓如何已不能确知。今天对于青铜器纹饰定名，主要应考虑如何利于对纹饰的归纳分类和使用方便。至于纹饰内涵，因为关系到正确认识当时人们的意识形态与艺术观念，自然应深入探讨，但可与纹饰名称区别对待，并不妨碍我们继续使用那些沿用既久、早已为大家所熟知习惯的传统名称。

目前较为通用的青铜器纹饰的分类和定名体系，可概括如下：

1. 几何图案类纹饰

有云雷纹、鳞纹、重环纹、波带纹、涡纹、四瓣目纹、三角纹、菱格纹、联珠纹、弦纹、瓦纹、淘纹、贝纹等。上有些如鳞纹、波带纹、四瓣目纹、贝纹等，有可能是源于动物纹或是取自动物身体的一部分，但已基本看不出明显的动物形象，而是做有规则重复的几何图案式布置，也有人将其划属变形动物纹一类。商周青铜器上极其罕见植物类纹饰，有个别如花形纹者，亦做几何图案式布置，可一并归属此类。

2. 动物类纹饰

神异动物纹。这类纹饰表现的动物在现实中并不存在，但有些形象又十分具体，是在现实基础上的想象构拟，根据构图和表现需要，经过夸张、变形、简省或繁化和抽象艺术加工而成。主要有饕餮纹（今或称兽面纹）、夔纹、龙纹、凤纹、窃曲纹、蟠螭纹等。

现实动物纹。较常见有鸟纹、蝉纹、鱼纹、虎纹等。大多也经过一定简省变形，完全写实者少见。

3. 人物画像类纹饰

商和西周青铜器上，人的形象出现很少，且往往与动物相联系或共处，如半人半兽的形象，或是被动物吞噬的形象，或是被砍足的形象等。无论解释为人处于被吞噬、践踏、压抑的状态，还是解释为巫觋一类借助动物神性以通神达天，可以说都不是为了描绘现实生活的人本身，而是表现超现实的神性力量。从春秋晚期开始，受当时社会政治变革下的思想文化影响，青铜器上也出现了表现人们丰富多彩的现实生活情景的图案，即所谓人物画像纹，一直流行到战国晚期。在表现题材上，有宴饮、乐舞、狩猎、弋射、采桑、水陆攻战等，人物之外还有飞禽、走兽、游鱼、兵器、乐器、舟车、建筑等，或刻或铸，还常结合嵌错红铜、金银等装饰工艺，手法写实，线条流畅，形象生动，摆脱了传统纹饰的程式化图案，开后世绘画艺术先声。不仅具有极高的艺术价值，也是研究当时社会生活、军事战争、建筑、音乐、舞蹈、服饰等方面的珍贵资料。

（三）青铜器铭文

青铜器铭文是铸或刻在青铜器上的文字，也叫金文。商代至春秋一般为铸铭（与器物同时铸成），战国大都是刻铭（器物铸成后加刻）。商早期铜器铭文罕见，偶有一二字族氏徽号一类。商后期有铭铜器数量增多，但也多为一两个字到几个字，为表示作器者（祭祀者）和所谓作器者（受祭者）的人名、族氏名号一类。也有少数十几字到四十余字的记事性铭文。西周则不仅有铭铜器数量大增，且常有祭典训诰、册命赏赐、铭功纪德、追记家族历史、反映政治军事经济之长篇记事铭文，共有497字的西周晚期毛公鼎是现存铭文字数最多的青铜器。东周青铜器铭文又趋于少而简单，有一些反映贵族社会活动和典章制度的，但更多为简单记载器主与铸器事由的，战国中期后主要为"物勒工名"，即记载监制机构官长名号、铸作工匠名字、所有者名字、使用地点、容重计量和编号等。铭文字体，商代近似甲骨文，西周前期风格雄健，中后期趋向规整。东周列国文字不统一，铭文多样化，地域性色彩强烈，多有艺术字体，常有错金装饰，颇显华丽。

青铜器铭文是古文字学、书法史的重要研究对象，也是研究商周社会历史的第一手宝贵资料。根据铭文所载时间、人物、事件的联系，可将一些青铜器年代确定到具体王世和王年，从而为青铜器的分期断代提供了可靠的标准器。

三、中国青铜器发展简史

夏商周三代是物质文化发展阶段上的青铜时代，青铜器成为这一时期的代表性物质文化，并与当时的社会政治生活紧密联系在一起。从春秋中晚期始，社会政治"礼崩乐坏"，青铜器上的礼制色彩开始逐渐消退，至战国时期随着铁器在社会生产生活中的普及使用，逐渐步入铁器时代而结束青铜时代。此后青铜器仍在制造使用，只是其性质特点发生了改变，由此前以具有特殊政治文化内涵的礼器为主转而为以普通日常生活用器、工艺美术作品和宗教造像、钱币之类为主，不再具有任何特别的政治文化意义，也再难以成为一个时期的物质文化代表和象征了。秦汉以后所谓青铜器与先秦青铜器的金属材料学含义也不尽一致，其中包括了铜与铅、锡之外的多种其他金属和非金属元素的合金，也有很多纯铜器，铜色上有赤、黄、白、青等多种。除钱币、铜镜等一些特殊品类外，一般而言其合金成分种类和含量的不同在主要用来制作工艺品和装饰品等的用途上并没有太大分别，并且传统意义上的锡、铅和铅锡青铜仍占了多数，故虽也属于广义上的青铜器，但习惯上将秦汉以后的青铜器更多泛称为铜器。

中国青铜器的主要研究对象就是中国青铜时代亦即夏商周三代的青铜器，向前溯及早期铜器之发明起源，向后延及秦汉铜器之流辉余韵。后世主要是从宋代以后仿制和伪造三代秦汉铜器的情况，也是青铜器鉴定方面的一项研究内容。

中国古代人工冶铜，目前考古线索似可追溯至新石器时代晚期仰韶文化时期，但相关材料仅属个别，其年代、来源及工艺问题也还存在一些不确定因素。中国最早的青铜器，迄今确切考古材料是甘肃东乡林家马家窑文化遗址出土的一件青铜刀，为锡青铜，年代在公元前 3000 年前后。龙山文化时期，有关红铜和青铜器材料发现明显增多，多为小件工具和装饰品，有个别容器残片，还有一些熔铸遗迹发现。所以，大约从仰韶文化晚期到龙山文化时期，可视为中国的铜石并用时代。仅就目前材料看，中国铜石并用时代似是红铜和青铜并存，青铜或可能更早，有异于世界其他地区铜石并用时代的情况。

夏代二里头文化青铜冶铸业有了较快发展，迄今出土青铜器有近二十个种类一百多件，以容器爵和兵器刀、镞较多，其他尚有鼎、斝、盉、觚等容器，戈、钺等兵器，乐器铃，小件工具及牌饰等，有大型青铜冶铸作坊和大量与青铜冶铸有关的遗物发现，表明青铜冶铸手工业的专门化和青铜工业中心的形成。与商代相比，二里头文化青铜器还有一定原始性，一般比较轻薄，素面无纹或仅有简单几何纹，也无铭文。二里头文化同时期的一些周边区域文化，有的也出有一些青铜器，基本为小件工具和装饰品，能构成区域文化特色的成分因素极为有限。

商代前期青铜器（以商前期都城河南郑州商城的二里冈遗址命名的二里冈文化所出为代表），器类特别是容器种类已很多，数量大增，器形规整，出现了几十公斤重的青铜重器。青铜容器已多有纹饰，饕餮纹出现并流行，但纹饰总体风格仍比较粗疏简约，皆为单层平雕式，偏晚阶段纹饰开始繁缛起来。商代后期青铜器（以商后期都城河南安阳殷墟遗址命名的殷墟文化所出为代表），器类已相当齐全，纹饰繁缛，以各种形式的饕餮纹最为流行，流下多有细密云雷纹作地纹并在主纹上又填花形成所谓"三层花"的层叠花纹形式，铸造工艺精良，多有精美杰作。后母戊方鼎（藏国家博物馆），传1939年出于安阳殷墟，通高133厘米，重875公斤，腹内铸铭"后母戊"三字（或释"司母戊""垢戊"），是迄今发现最重青铜器和最大青铜容器。四羊方尊（藏国家博物馆），1938年湖南宁乡出土，通高58.3厘米，口边长52.4厘米，重34.5公斤，肩、腹、圈足四隅通体设计成四只大卷角羊，肩部高浮雕四条龙纹互相蟠绕，立雕羊头、龙头突耸于肩上，造型奇雄，纹饰精丽，体现了商代晚期青铜器铸造的高超工艺水平。从商代开始，特别是商代晚期，以中原为中心的商文化圈以外周边一些区域文化的青铜器发现也开始增多，器类除工具、兵器、装饰品外，也发展了青铜容器即礼器，在工具、兵器和装饰品等上多体现出较强地域特色，在容器上则多受中原商文化影响或亦加以不同程度的地方改造。青铜器上中原因素和地方特色的强弱程度，体现了这些区域文化与中原文化联系的密疏程度。商代晚期四川广汉三星堆遗址，以出土大型青铜立人像、人头像、人面像、神树和各种饰件而闻名天下，为一极具自身特色的区域青铜文化。在中原以外区域文化遗址和墓葬中，往往有当地文化青铜器与中原式青铜礼器同坑共穴埋葬的现象，如三星堆遗址器物坑即是，直观反映了当地文化与中原地区的交流，体现了中国古代文明多元一体的发展特征。

西周早期青铜器与商代晚期较为接近。西周中期以后，酒器衰落，爵、斝、觯等逐渐消失，食器除鼎、簋地位进一步提高外，出现簠、盨等新器类，水器也增多，同时旧有器类形制变化也很大。纹饰方面，以饕餮纹为代表的神异动物纹逐渐消失，盛行带状布置的窃曲纹、波带纹、重环纹等，总体风格由以前的神秘繁复趋向简洁朴素和图案化，至简者仅饰一周凸弦纹。无论器形还是纹饰，西周中晚期器多已失却商器那种端庄凝重和神秘肃穆气氛。除王畿地区外，各诸侯方国也都大量铸造青铜器，它们有的虽也有一定地方特色，但整体与王畿地区区别不大，遵奉宗周青铜器为典范，共同构成以王畿为核心的中原青铜文化系统。同时，周边地区的区域性青铜文化也有进一步发展。

春秋以降，王室衰微，诸侯争霸，以往政治、经济、文化的向心性被打破，使得作为贵族等级礼制重要象征的青铜器发生了很大变化，呈现新的面貌与特点。这一时期青铜器更多出自各诸侯国，并且区域性差别显著。在被传统中原华夏文化视为戎狄蛮夷的周边地区民族，青铜制造业也得到较快发展，各种风格独特的区域性青铜文化异彩纷呈，它们大多在战国中晚期到西汉前期发展达于鼎盛，至西汉晚期除北方草原青铜文化还保持较强独立性和特色青铜器外，像西南的滇和巴蜀、岭南的百越等青铜文化等都渐趋融于大一统的汉文化之中，但有的器物如铜鼓也一直发展沿用至近代，成为南方少数民族具有悠久历史和传统特色的民族文物。传统中原文化青铜器，礼器色彩亦逐渐消退，至战国时期已发展为以工艺品和生活实用器性质为主，造型新颖、制作精巧、装饰绚丽夺目之器层出不穷。适应商品化生产需要，采用分铸法和新的焊接技术，并在春秋中期发展出用以铸造复杂器形和精细纹饰的失蜡法铸造工艺。纹饰以细密的蟠螭纹、蟠虺纹为代表，打破了以往中轴对称和二方连续的图案形式，多作单元重复、四方连续的模印纹饰，还有以坚硬锋利的铁质工具刻画的纹饰。春秋晚期至战国中期盛行富有生活气息的人物画像纹，开后世绘画艺术之先河。同时纹饰至简甚至是全素面的青铜器也渐多，至战国中期后竟成主流，而又往往运用镶嵌红铜、错金银、镏金、髹漆等各种新兴装饰工艺，产生金碧辉煌、光彩夺目的艺术效果，成为春秋战国和秦汉青铜器独具艺术魅力之处。

就青铜器铸造技术和艺术性而言，商代晚期至西周早期是中国青铜器发展的第一个高峰，春秋中晚期到战国中期为第二个高峰。秦汉青铜器虽仍有较多制造，但已由礼器转向世俗日常生活用品，失去了先秦时代在礼制和物质文化方面引领风骚的地位，传统礼器仅有鼎等个别器类沿用，有些形制发生了较大变化，器物名称也有所不同。日用容器外，镜、灯、熏炉、漏壶、熨斗、几案、符节、玺印、带钩等青铜制品也相当盛行。汉代铜器装饰工艺风格可分两类情况：一类素面无饰，也有壁薄而精美者；另一类是华丽的镏金银、错金银和镶嵌器物。这些先秦就已发明的装饰工艺，在汉代发展达极盛，有更精湛的表现，尤以镏金铜器最为出色，代表作品如河北满城西汉中山靖王刘胜妻窦绾墓出土的通体镏金长信宫灯。秦汉时期除很多日常实用铜器具有很高的工艺美术价值外，还产生了一些为青铜时代所少见的纯雕塑艺术作品，如甘肃武威雷台东汉墓出土的"马踏飞燕"，高34.5厘米、长41厘米，马做昂首嘶鸣、举足腾跃状，右后足踏一只飞燕，造型生动逼真，比例匀称，动感十足，具有强烈的艺术感染力。1983年国家旅游局将其确定为中国旅游行业标志。从艺术角度言，在秦汉时代的440年期间，中国古代青铜艺术度过了最后的辉煌。

秦汉之后，铜和青铜主要被用于钱币、铜镜与宗教造像等少数领域，而其他无论是日用器皿还是工艺品方面，由于铁器、瓷器、漆器、釉陶和金银器等的兴盛，青铜制品都变得几乎微不足道，只偶尔有个别上乘佳作。铜镜从新石器时代之末的齐家文化出现以来，经商周发展，至汉唐而盛，到近代西方玻璃镜传入之前，一直都是中国古代社会重点打造的日用青铜制品，形制花纹千姿百态，也是古代青铜艺术的珍品，尤以汉镜和唐镜的制造技术和艺术性最具成就和最负盛名。如今，古代铜镜和钱币一样，都已成为一项专门的文物类别和研究对象。

对古代青铜器的科学研究，会发现青铜器所蕴含的内容、信息十分丰富，不同的学科会有不同的收获：美术工作者从青铜器的造型和纹饰中总结出古人造型、绘画的语言，简洁、朴实艺术的精华，或大气磅礴，或巧夺天成；从书法艺术角度讲，青铜器上的金文应是现代书法艺术的鼻祖；冶金专家看到的是古代铸造工艺的进展，从模范的辩证关系、多层繁复花纹的制作，到铸、焊、铆连接，分工合作，规模化的生产，科学的思想（成分比例）、艺术的想象力与经验的积累得到充分的展示；史学家从铭文、造型和纹饰的发展等发现和验证重要的史实，造型、纹饰的发展具有时代发展的客观规律与特征，铭文不仅成为确凿的科学史料，同时反映了当时的社会礼俗、重要历史事件等，撰写了不同时期社会发展的文明史卷；科学工作者则从器物的内部元素、组织结构和微观形貌探究到人类智慧的光芒。青铜器是古代先民用聪明和智慧给我们留下的极具内涵的珍贵宝藏。

四、青铜器病害及其分类

如上所述，古代青铜器在中国历史上重要的历史、艺术和科学价值不言而喻。但是我们看到，历经各种自然和人为的浩劫，大部分青铜器由于经过不同埋藏环境的腐蚀，出土后都很脆弱。由于腐蚀青铜器上大都带有各种不同程度的病害，如不及时采取必要的保护、修复和养护方法，如主动保护处理，去除病原和预防性环境控制措施（洁净、干燥、稳定），青铜器本身及其所携带的各种信息就会因继续腐蚀而出现不同程度的损失。

古代青铜器一般为铜、锡、铅的合金，锡可以和铜形成不同比例的固溶体，而铅则游离在铜锡合金之间。从原子活泼次序上来讲，锡铅都更活跃、易腐蚀，只是在特定的条件下，锡铅腐蚀产物的积累对继续腐蚀是一种阻碍，因而腐蚀产物中溶度积较小的铜更易流失。青铜器的腐蚀一般可分为阳离子和阴离子控制的腐蚀。在阳离子控制的腐蚀过程中，阳离子如铜或锡离子，扩散到金属表面并控制着腐蚀反应速度。通常，这是一个很缓慢的形成铜锈的过程，尤其是形成氧化亚铜层，该氧化亚铜层可以保持器物原来的外形特征。在阴离子控制的腐蚀过程中，腐蚀的发生将伴随着在腐蚀界面间产生很大的体积变化，其结果会形成较厚但不连续的腐蚀产物。迁移速率高的离子，如氯离子，在阴离子控制下会积极推进腐蚀过程。作为阴离子它很容易从周围的环境中迁移到器物表面，从而加速腐蚀，并且产生容易剥离的腐蚀层。但无论何种机理造成的腐蚀都会大大削弱青铜器抵抗外部环境冲击的能力，从而产生各种病害。

按照 2008 年国家文物局颁布的《馆藏青铜器病害与图示》标准，青铜器的病害是指青铜器因物理、化学及生物因素而造成的损害。带有各种病害的青铜器犹如年迈的老人，需要适时治疗和精心养护，保存在适宜的洁净和稳定环境中。《馆藏青铜器病害与图示》就是在对青铜器病害定义的基础上，确定了对应的病害图示符号，使大家在直观上对青铜器的病害有了较为统一、规范的认识。

病害一般分为物理、化学和生物病害，具体在文物上常常是几种病害混杂在一起。从表观上看，青铜器的主要病害有：

残缺：残缺是指青铜器受物理和化学作用导致的基体缺失。

裂隙：裂隙是指青铜器表面或内部开裂形成的缝隙。

变形：变形是指青铜器因受外力作用，致使形状发生改变。

层状堆积：层状堆积是指青铜器因发生层状腐蚀而导致其腐蚀产物分层堆积的现象。

层状剥离：层状剥落是指青铜器因物理、化学等因素造成腐蚀产物的体积比原金属体大，从而导致表面覆盖物分层脱落。

孔洞：孔洞是指青铜器腐蚀形成的穿孔现象。

瘤状物：瘤状物是指青铜器局部隆起的块状物。

表面硬结物：表面硬结物是指青铜器表面的硬质附着物，常覆盖铭文及花纹。

通体矿化：通体矿化是指青铜器因腐蚀程度过重而导致器物整体矿化呈酥松发脆状态。

点腐蚀：在点或孔穴类的小面积上的腐蚀叫点腐蚀。这是一种高度局部的腐蚀形态，孔有大有小，一般孔表面直径等于或小于它的深度，小而深的孔可能使金属穿孔；孔蚀通常发生在表面有钝化膜或有保护膜的金属。

缝隙腐蚀：金属表面由于存在异物或结构上的原因而形成缝隙（如铆缝、垫片或沉积物下面等），缝隙的存在使得缝隙内的溶液中与腐蚀有关的物质迁移困难，由此而引起的缝隙内金属的腐蚀，称为缝隙腐蚀。

全面腐蚀：腐蚀分布在整个金属表面上（包括较均匀的和不均匀的）。在全面腐蚀过程中，进行金属阳极溶解反应和物质还原反应的区域都很小（甚至是超显微的），阴、阳极区域的位置不固定，在腐蚀过程中随机变化，结果使腐蚀分布非常均匀，危害也相对小些。

青铜器的腐蚀产物主要有氧化物、硫化物、硫酸盐、碳酸盐、磷酸盐、硝酸盐、氯化物、氟化物等。

现今，在文物保护研究领域，研究者已应用大量科学技术分析手段，对文物上的各种病害的认识也逐渐从表观到本质、从定性到定量，并逐渐明了其生成和发展机理，从而能够科学地界定有害锈蚀的本质。

众所周知，在青铜器的病害中最为严重，而且最需要研究的就是人们常说的"青铜病"。有人把"青铜病"喻为青铜器上的"癌症"，表明是青铜器上难以治愈的痼疾。过去中外诸多有关青铜器腐蚀和保护的研究主要都是围绕这一主题，相关讨论的术语包括"粉状锈""氯化亚铜"等，目前，对于"青铜病"的概念在国内外没有完全统一。国外有学者将"青铜病"定义为一种现象，一种循环腐蚀的过程。而国内有人将"青铜病"和"粉状锈"等同起来。

实际上，"粉状锈"是国内早期人们对青铜器表面活性腐蚀现象的一种认识，由于当时分析技术条件所限，只能从表观定义为淡绿色粉状腐蚀产物。但是从科学的角度来讲这是不严谨的，许多青铜锈蚀产物的混合物都可能是这样一种现象，如孔雀石与二氧化锡的混合物，而这种混合物是相对稳定的。

"粉状锈"从其内涵来说，应是一种能够继续产生新的腐蚀，对青铜器长期保存有危害的腐蚀产物，从这个角度讲应当是或必须有碱式氯化铜组分。碱式氯化铜有四种同分异构体，在文物上主要为氯铜矿和副氯铜矿。在不同的条件下（如一定的湿度、酸度）它们分别有一定的活性，从而造成器物的不稳定。

然而，事实上，对青铜器安全保存最具有威胁的是氯化亚铜，氯化亚铜自身不稳定，在一定的氧、湿气存在的条件下，局部产生对文物腐蚀性很强的盐酸，形成自催化的循环腐蚀过程。氯化亚铜是由于在地下埋藏缺氧环境中产生的，一般不会出现在器物的外表面，所以一般不列入人们通常所指的"粉状锈"概念中。

综上所述，"青铜病"作为外来语，表述为一种正在进行的动态的循环腐蚀的过程，其也更好地表述了青铜器继续腐蚀的根源。

第二节　青铜器腐蚀产物的科学分析

青铜器由于内因及外部环境长期腐蚀作用的影响，腐蚀状况较为复杂，表面大多附有各种类型的锈蚀产物，所以对青铜器及其腐蚀产物从宏观到微观、从现象到本质都要有科学的分类与认知。对青铜器自身的科学分析，包括对其本体进行探伤检测、成分分析以及金相组织观察，可进一步了解青铜器的铸造工艺，判断其腐蚀矿化和完残程度，为青铜器的病害评估奠定基础；对青铜器腐蚀产物的科学分析，包括腐蚀形貌的观察、锈蚀物成分及物相的鉴别，可确定器物的腐蚀类型，从一定程度上可以揭示青铜器的腐蚀机理。因此，对两者的分析应紧密结合，只有在全面了解器物病害状况的前提下，才可制定出适宜的保护处理措施。

一、青铜器腐蚀类型与腐蚀产物类别

（一）青铜器腐蚀类型

不同的青铜器物，由于其合金成分不同、埋藏环境不同，因而锈蚀后呈现出不同的表面特征。即使同一器物，不同部位也呈现出不同的腐蚀外观。通常研究者从外观上将 Cu-Sn 合金的锈蚀分为两类：类型 I 和类型 II，类型 I 为"平整表面"，类型 II 为"粗糙表面"。"平整表面"的主要特点是锈体未发生明显的体积膨胀，其表面致密且有光泽，可减缓内部金属的进一步腐蚀。一般"平整表面"有两层结构，外层为多种色泽的铜的化合物，内层为氧化亚铜。"粗糙表面"的器物通常染有粉状锈，特点是表面粗糙，可能由局部腐蚀或严重的均匀腐蚀所致。其锈体主要有三层结构，最外层是由多种色泽的铜的化合物组成，中间层为红色的氧化亚铜层，氧化亚铜层之下为富含 Cl 和 Sn 的近合金层。

（二）腐蚀产物类别

青铜器的腐蚀产物主要有氧化物、硫化物、硫酸盐、碳酸盐、磷酸盐、硝酸盐、氯化物等。有些腐蚀产物对青铜本体有一定的保护作用，如氧化亚铜、氧化铜、孔雀石、蓝铜矿等，应尽可能保留；有些腐蚀产物在一定条件下会对青铜本体进一步腐蚀，如"粉状锈"，因其能形成点蚀或孔蚀，并像瘟疫一样传染和蔓延，最后使青铜器溃烂和穿孔，其危害最大，主要为含氯的锈蚀物，包括氯化亚铜、氯铜矿、副氯铜矿等，应尽可能去除或转化。另外，一些青铜器由于铅锡成分比例高，也常含有铅锡的腐蚀产物，甚至为主要成分，如二氧化锡、氧化铅、碳酸铅等，其大多数结构疏松，易受物理侵害，应及时采取加固保护措施。因此，在保护修复工作中，经常需要对腐蚀产物的特性做出准确、快速的鉴别，从而制定适宜的器物保护处理方法。

二、青铜病的形成机理与检测方法

研究青铜器的腐蚀问题，有一个大家共同关心的术语"青铜病"，过去诸多有关青铜器腐蚀和保护的研究，都是围绕这一主题而展开的。有人甚至把"青铜病"比喻为青铜器上的"癌症"。我们通常所说的"粉状锈"是"青铜病"暴发的具体表现，外观为一种淡绿色的粉状腐蚀产物，从其内涵来说，是一种能够继续产生新的腐蚀，对青铜器长期保存有危害的腐蚀产物。"粉状锈"有的呈现点状小区域的腐蚀，也有的呈现面积较大的腐蚀，这种面积较大的腐蚀是从局部逐步扩大并进一步发展而形成的。本小节将主要介绍"青铜病"的形成机理及简单的分析检测方法。

（一）"青铜病"的形成机理

最早进行"青铜病"研究的是法国化学家贝特洛（Berthelot），他在 1895 年就在其报告中对"青铜病"形成过程做出了重要解释，认为一定存在着一种重要的循环反应。反应产物之一是碱式氯化铜，即氯铜矿，当时被确定的分子式是 $3CuO \cdot CuCl_2 \cdot 4H_2O$，我们今天知道的碱式氯化铜的化学式是 $Cu_2(OH)_3Cl$，它较接近 Berthelot 的化学解释，也可写成 $3CuO \cdot CuCl_2 \cdot 3H_2O$。Berthebt 对青铜病的解释在当时化学领域是一个卓越的成就[①]。

Berthelot 认为"青铜病"实质是一个循环腐蚀的过程，在这一过程中活性的氯化亚铜是导致青铜器不稳定的主要原因。现在对循环过程也有了更多的了解，目前国内外总体上对此过程较为一致的看法是，在一定湿度且有氯化物存在的条件下，青铜器上将发生如下反应：

$$Cu+Cl^- = CuCl+e^- \qquad ①$$

$$CuCl+H_2O = Cu_2O+HCl \qquad ②$$

②式中生成的盐酸在氧的作用下还可发生以下反应：

$$HCl+4Cu+O_2 = 4CuCl+2H_2O \qquad ③$$

这样青铜器进一步受到腐蚀，③式中生成的 CuCl 在一定的湿度下继续重复②式的反应，或者进行如下反应：

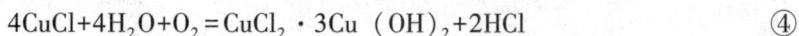

$$4CuCl+4H_2O+O_2 = CuCl_2 \cdot 3Cu(OH)_2+2HCl \qquad ④$$

④式生成的盐酸继续重复③式的反应，这样循环往复，直到整个器物溃烂为止。但有人提出，在无外界辅助的作用下，②式反应是不能自发进行的，因为其方程式的 ΔG 是+16.3kcal，mol^{-1} 为正值。若正的 ΔG 能够被其他因素抵消，则热力学上就具备了反应的可能，因素之一是必须有合金元素的存在。

统观以上整个循环反应过程，真正能使反应循环往复下去的三个主要因素是：氯化物，充足的水分与氧气。很多研究表明古代青铜器在埋藏过程中接触到土壤中的氯化物，由于氯离子半径小，可深入锈蚀内层发生反应。

① 《文物学概论》编写组. 文物学概论：彩图版 [M]. 北京：高等教育出版社，2019：36.

以上所述的腐蚀机理虽然能够在某种程度上解释"青铜病"发生的原因，但是由"青铜病"动态循环腐蚀过程产生的"粉状锈"的表现形式来判断，应用金属电化学小孔腐蚀原理来解释"青铜病"的产生机理更加符合青铜文物实际腐蚀发生状况。

"青铜病"现象与铜的孔蚀示意图完全吻合，小孔腐蚀在铜和铜合金中是一种常见的腐蚀形式。带有"青铜病"的青铜器外表部位通常都会长出瘤状物，上面附有硬质腐蚀产物堆，蚀孔之间的表面上常盖有一层暗红色的氧化亚铜，蚀孔底部则是白色的氯化亚铜。Pourbaix 等认为由于蚀孔内的 Cu_2Cl_2 水解产生 HCl 导致低的 pH 值是反应进行的主要原因。Lucky 根据蚀孔内腐蚀产物的排列和结构，提出了"膜电池"理论，认为阴阳极过程分别在膜（通常是导电的 Cu20 膜）的外层和内层进行。阴极反应发生在 Cn20 膜的外层表面：$Cu^{2+}+e=Cu+$，阳极反应发生在 Cu_2O 膜的内层表面：$Cu^+-e=Cu^{2+}$。而反应中的亚铜离子一部分是由蚀孔内，通过膜上的孔洞扩散出来，另一部分由膜上表面阴极还原产生的，蚀孔上方的腐蚀产物堆含有碱式碳酸盐及碳酸钙。

"青铜病"的产生也可以根据这种理论来推测。青铜器在出土以前，介质中的各种离子在器物表面上吸附，有的离子如 Hcor 能促进表面形成稳定的保护膜，但 cr 在铜表面吸附可破坏膜的形成，造成膜的缺陷。同时青铜器的铸造缺陷如小孔、缝隙等更容易使 Cl^- 进入，引发孔蚀，于是孔内的铜溶解而生成 Cu^+ 和 Cu^{2+}：

$$Cu-e=Cu^+$$

$$Cu-2e=Cu^{2+}$$

其中 Cu^+ 与 Cl^- 生成 CuCl

$$Cu^++Cl=CuCl$$

由于在孔内溶液中有正电荷剩余，一方面铜离子（主要是 Cu^{2+}）向孔外的主体溶液迁移和扩散，另一方面孔外面的 Cl^- 要向孔内迁移，以维持电中性，从而使孔内的 Cl^- 浓度升高。同时 CuCl 在中性介质中迅速水解成 Cu_2O 和 HCl。

$$2CuCl+H_2O=Cu_2O+2H^++2Cl^-$$

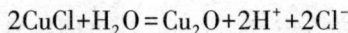

结果在蚀孔内产生的 H^+ 和 Cl^- 又进一步促进了铜的溶解，从而形成了铜腐蚀的自催化作用。

阳极区的 Cu^{2+} 只存在于孔内的酸性环境，当扩散至孔口阴极区附近，就会与可能存在的离子如 OH^-、Cl^-、SO_4^{2-}、HCO_3^- 等离子结合，生成可能的腐蚀产物，如碱式氯化铜 $[Cu_2(OH)_3Cl]$、碱式硫酸铜 $[Cu_2(OH)_2SO_4]$、碱式碳酸铜 $[CuCO_3·Cu(OH)_2]$ 等化合物，在孔口沉积形成腐蚀产物堆，使蚀孔成为闭塞区，从而妨碍 Cl^- 和 H^+ 向孔外扩散，导致孔内环境的高侵蚀性，使孔蚀进一步扩展。孔内的环境达到一定酸度并有 Cl^- 富集后，

CuCl 才能稳定存在。于是造成了这样一种孔蚀特征：CuCl 存在于蚀孔的底部，疏松的 Cu_2O 晶体覆盖其上（由 CuCl 水解形成），孔口外面则是碱式铜盐一类的化合物沉积。有时还与环境中的硬水一起形成较厚的锈垢覆盖在蚀孔的顶部。

综上所述，小孔腐蚀的分析在一定程度上可以解释"青铜病"的产生和发展的原因，如为什么此病总是在青铜器锈垢的隙缝或隐蔽的小孔处冒出"粉状锈"；"青铜病"是如何在锈垢层下面形成的等一系列问题。由于"青铜病"具有小孔腐蚀自催化作用的特征，危害很大，因此应尽快去除。

（二）"青铜病"的检测方法

作为在青铜器表面形成"粉状锈"的主要组成物，碱式氯化铜有四种不同的形态，分别为羟氯铜矿、副氯铜矿、氯铜矿和斜氯铜矿。它们虽然有相同的分子式，但晶体结构不同互为同分异构体。从热力学的角度分析四者的稳定性不同，羟氯铜矿是最不稳定锈蚀产物，因此在日常的检测中极少发现，氯铜矿、副氯铜矿相对稳定。

对于表面已冒出"粉状锈"的检测，主要包括两种方法，一种为现代科学仪器分析，另一种为常规的化学分析。现代科学仪器如 X 射线荧光光谱仪（XRF）、X 射线衍射仪（XRD）、拉曼光谱仪（Raman）和傅里叶变换红外光谱仪（FTIR）均可以非常有效、快捷地定性检测出"粉状诱"的存在，有关其具体分析方法参见后文相关描述。通常先采用 XRF 对锈蚀产物成分进行半定量分析，若确定样品中含有氯元素，之后可通过 XRD、Raman 或 FTIR 进一步确认锈蚀产物的物相结构，几种仪器可以互为补充，相互印证。常规的化学分析因不受仪器的限制，且具有方便、快速和简单等特点，非常适用于文物现场及中小博物馆等无仪器分析条件单位的检测，在实际分析中其应用范围更广，但缺点是容易受其他化学成分的干扰。具体操作方法如下：首先在青铜器上取疑似"粉状锈"的锈蚀物，将样品溶解于 $6\sim8mol/L$ 的 HNO_3 中，待溶解完全溶液清澈时，往其中滴加 $0.1mol/L$ 的 $AgNO_3$ 溶液，有三种实验现象：①溶液清澈，无白色沉淀生成，表明锈蚀样品中不含氯；②溶液轻微浑浊，表明锈蚀样品中含有少量氯；③溶液中有大量白色絮状物沉淀，表明锈蚀样品以"粉状锈"为主。

需要说明的是，硝酸能将锡氧化为白色粉末状的锡酸，因此锈样采用硝酸溶解时，呈混浊或有不溶解的白色沉淀，则会对检测结果产生一定的影响。

对于表面尚未冒出"粉状锈"的检测，因其病灶大多在锈层底下，有文献指出，可以采用 BTA—H_2O_2 溶液进行鉴别。因为有病灶的地方都会有氯化亚铜存在，H_2O_2 与 Cu_2Cl_2 能产生激烈的氧化还原反应，快速生成絮状物，而 BTA 起到防止铜表面变黑的缓蚀作用。

表面积有瘤块状并有起伏不平的锈层底下大多藏有这种病灶。通过鉴别"粉状锈"的活性，为文物保护工作者选择保护处理方案提供重要判断依据。

三、"青铜病"的科学分析

青铜器进行保护处理前，应依据检测数据对其腐蚀程度及病害状况进行必要的评估。只有在科学分析的基础上才能提出切实可行的文物保护修复方案和技术路线。

检测对象包括青铜本体、锈蚀产物及其他附着物。样品的采集、分析方法的选择以及各种方法的使用顺序则应依据器物自身的特点来决定。有条件的情况下，首先应对青铜器本体进行 X 光透视（须进行热释光等测年的青铜器应先采样检测），以初步判断金属文物的矿化和完残程度、铸造缺陷、前修复痕迹、金属文物表面覆盖物或包裹物之下的铭文和纹饰等文物相关信息，显示金属器物的制作工艺等。之后根据实际情况再对器物表面残留考古痕迹和腐蚀产物进行形貌观察、成分和物相结构检测。从对文物最小干预的保护原则上讲，对文物的分析检测优先考虑无损或微损的检测方法，必须取样时，尽可能在文物残片或不重要部位采样。在文物上取样时，要综合考虑文物情况、研究需求、取样量来选择取样点，同时所取样品应能反映器物整体情况，满足病害评估需求。在经过保护修复处理的文物上取样要避开前人处理过的部位。

（一）取样

取样应在目视观察之后进行，取样前制订分析计划，明确取样目的、分析方法、取样方法和对样品的要求，根据要求列出详细的取样操作流程。取样操作流程如下：首先拍摄文物整体照片，绘制线图，具体参照 WW/T 0010；选定取样点后，用标签纸或纸条写明样品编号和简单描述，置于取样点，拍摄取样前照片，并在文物整体照片及线图上标注；填写取样文字记录，内容包括样品的编号、位置、颜色、形态，取样目的、拟采用的分析方法和其他备注信息；采用取样工具开始取样，样品置于适当的容器之中，并在其上标明样品编号和简单描述；取得的样品须妥善保存，避免受到污染或保存过程中发生变化；取样过程也应拍照记录，需要时可辅之以录像。根据不同类型的文物样品，取样有不同的要求。

金属本体样品通常用于确定金属成分和显微组织，研究古代金属的加工与冶金铸造工艺。金属本体取样一般采用手锯、切片机切割等方式，切割时加水或乙醇冷却锯片，防止切割过程产生的热量对微观组织的影响。需要说明的是，对金属样品的取样具有一定的破坏性，因此，应在必要时进行。

锈蚀样品用于综合分析以确定锈蚀产物的种类，判断其是否有害，推断锈蚀机理，为病害评估确立依据。根据锈蚀的致密程度，可用刻刀、手术刀等工具敲、切取样，一般为块状或粉状样品，样品应包含不同颜色、形态、层位的锈蚀，样品量依据所采用的分析测试方法确定。

附着于金属文物之上的其他残留物揭示了一定的考古信息，取样时应避免样品污染以及对考古信息的损害。

（二）探伤检测

1. X 光探伤

用 X 射线管产生的 X 射线束透照试件来检测其内部缺陷，可提供金属文物各个层面上的叠加信息。它依据金属文物的成分、密度、厚度等的不同，对射线产生不同的吸收或散射的特征，对文物的质量、尺寸和特征等信息做出判断。

通过 X 光探伤可使研究者透视器物的内部，即从 X—射线成像底片上或电子屏幕上对金属文物的铭文、纹饰、铸造工艺信息以及文物的矿化程度、修复痕迹等现状信息进行更加清晰准确的辨认，从而获取更为直观准确的内部情况影像。因此，对金属文物进行 X 光探伤的检测，为文物的考古学研究提供重要的帮助和支撑，同时也为文物的保护研究提供信息。现今 X 光探伤多采用电子背板，减去了冲洗底片的程序，提高了工作效率，更适用于现场操作。

有关 X 射线探伤具体操作条件和技术性能试验参照 JB/T9402，安全防护监测见 GB22448。使用过程中，需要注意以下几点：①在保证射线穿透器物的前提下，尽量选用低的管电压、大的管电流和短的曝光时间，有利于提高底片的对比度；②如果需要对金属文物进行热释光测年分析，X 光探伤应在热释光测年后；③X 光照片反映的是二维叠加影像，对三维实物检测有着一定的局限性。

2. 超声波探伤

超声波探伤是利用超声能透入金属材料的深处，并由一截面进入另一截面时，在界面边缘发生反射的特点来检查零件缺陷的一种方法。它能够快速便捷、无损伤、精确地进行工件内部多种缺陷（如焊缝、裂纹、气孔、砂眼等）的检测、定位、评估和诊断。主要应用于制造业、钢铁冶金业、金属加工业、航空航天和铁路交通等需要缺陷检测和寿命评估的领域。

在文物考古样品中，超声波探伤主要用于探测金属文物内部缺陷的位置、大小、深度和性质，测量金属文物的厚度等。金属文物的超声波探伤方法参照 GB/T 8651 和 JG/T 203。与 X 射线探伤相比，超声波探伤具有探伤灵敏度较高、成本低、效率高、对人体无害等优点；缺点是要求工作表面平滑、对缺陷没有直观性，需要富有经验的研究人员才能辨别缺陷种类；超声波探伤适合于较厚物件的检测，探伤仪既可以用于实验室，也可以用于工程现场。

在检测金属文物内部缺陷方面，对比超声波探伤与 X 光探伤，前者对金属文物中的裂纹具有较高的检测灵敏度，而后者对金属文物中的气孔、夹杂等体积型缺陷检测灵敏度较高。在安全方面，超声波探伤比 X 光探伤更安全。

3. 工业 CT 扫描

工业 CT 是工业用计算机断层成像技术的简称，在无损检测与无损评价领域得到了广泛的应用。工业 CT 在本质上也是一种 X 射线检测技术，但与常规的射线检测技术相比，又有其独特的优点。它能给出被检物件的断层扫描图像，从图像上可以直观地看到目标细节的空间、位置、形状、大小，图像容易识别和理解，它没有一般透视照相法普遍存在的影像重叠与模糊，能够反映器物更多的细节，对比灵敏度比常规射线检测技术高两个数量级。实际应用中，由于其检测成本较高、检测效率较低，多用于检测体积较小、较为珍贵的器物。此外，对于口径较小无法放入 X 光底片（或背板）的青铜器，或者需要了解更加详细的器物铸造情况（如是浑铸还是分铸），只能通过 CT 扫描获得最准确的无损检测信息。需要注意的是，由于仪器专用性较强且检测时间较长，需特殊的安全防护空间和专业人员操作。关于仪器的检验程序和方法、防护、检验后的处理等要求参考 QJ 3102—99。

（三）金相组织观察

对于青铜文物的腐蚀研究而言，腐蚀过程的进行与其内部组织结构是密切相关的。光学金相显微镜是进行金相分析的最基本的仪器之一，所谓金相分析是指通过对金属显微组织的分析，来研究金属中合金生成、冶炼、浇铸以及加工工艺等信息。一般是用带有金属基体的文物残片制成显微样片，然后放在金相显微镜下直接观察或用 $FeCl_3$ 的乙醇溶液侵蚀后观察，之后拍照，其制样和使用方法参照 GB/T 13298—91《金属显微组织检验方法》。

中国古代青铜器绝大部分都是铸造成形的，极少是经过锻造等冷加工处理的。铸造成形的青铜器基体组织基本由铸造树枝晶组织构成。一般说来，等轴晶组织较树枝晶组织的耐腐蚀性能要好，这与其晶界界面的减少和成分的均匀化有关。

具有铸造树枝晶组织的青铜器，受环境影响而发生腐蚀时，一般是由表及里沿树枝晶间进行。由于铸造青铜器的厚度大多不超过 2~3mm，所以其铸态组织多由贯穿的树枝晶构成，当腐蚀较严重时，常常发生穿透腐蚀，一旦穿透，基体强度将大大降低，导致器物受到外力作用时发生脆性断裂。

青铜的腐蚀具有方向性，对于铸造树枝晶来说，腐蚀沿树枝晶分布方向进行。铸造组织由于其凝固特性，树枝晶的枝干为先结晶相，成分组成中的溶剂元素含量较高，而枝晶间界处为后凝固区，富含溶质元素及外来夹杂物，成为最易受侵蚀的部分。

古代青铜器在受到较严重的腐蚀时，其内部的组织中往往会有一种成分为纯铜的新相产生，从显微组织观察，纯铜晶粒往往产生于腐蚀发生的前沿区域，如树枝晶等轴晶的界面处，$\alpha + \delta$ 相的相界面处等。其产生机理目前尚在研究之中，多数学者认为产生过程属于电化学反应过程，铜、锡等元素在电解液作用下被离子化后，铜离子发生重新沉淀再结晶形成这种纯铜相，有人称其为"纯铜晶粒"，也有人称为"沉淀铜"。可以观察到的是，无论"纯铜晶粒"由何处产生，其随后的长大过程都遵循相变动力学的基本规律，遵循最小界面原理。"纯铜晶粒"的长大必然冲破原有相区界面，并逐渐发展。

（四）表面形貌观察

对青铜器整体腐蚀形貌的观察可采用体视显微镜和三维视频显微镜。两种显微镜均可观察器物表面的特征，如制作工艺痕迹、铭文、纹饰和各种附着的考古痕迹、残留物等微观信息，也可用于观察锈蚀产物的形貌特征，包括锈蚀的颜色、致密程度和颗粒形状等信息。

体视显微镜的放大倍率较低，为 200×以下，常用倍数在 4×~45× 之间，一般无须制样，直接将样品置于物镜下观察即可。相比一些大型的检测光学显微镜，体视显微镜具有体积小、成本低、操作简单和实体感强等优点，因此广泛应用于文物考古行业。

三维视频显微镜可对样品进行多角度的动态观察，并以视频信号输出实时图像。与体视显微镜相比，三维视频显微镜除具有景深大、工作距离长等特点外，其最大的优点是显微镜配有各种变焦镜头、定焦镜头、旋转镜头及内窥镜，可满足各种显微观察的需求，而且在连续变倍自动对焦的同时可以始终保持工作距离不变。

三维视频显微镜数码可放大至 7000 倍，并带有测量工具。观察时，若可取样，则将样品置于视频显微镜样品台上；若无法取样，而样品又非常大时，可使用仪器所带光导纤维镜头进行观察、测量和记录，观察的同时，在相连的计算机上进行图像拍摄、处理、记录等操作。

（五）成分分析

对于金属样品的成分分析通常采用 X—射线荧光分析仪（XRF）、扫描电镜与配备附件 X—射线电子能谱仪（SEM—EDX）等。

1. X—射线荧光光谱分析仪

X—射线荧光分析仪其原理是利用分光晶体将不同波长的荧光 X 射线分开，通过测量特征 X 射线的波长及对应强度，进行定性和定量分析，分为波长色散（WDXRF）和能量色散（EDXRF）两种基本类型，由于 EDXRF 较 WDXRF 有分析速度快、价格低等优点，在文物考古样品分析领域有很好的应用前景。X—射线荧光法的最大特点：一是可以直接（非破坏性）分析固体、液体、粉末等各种各样的样品，无需烦琐的样品制备；二是分析速度快，2~5 分钟之内可以同时测定样品中几乎所有的待测元素。缺点：一是灵敏度较低，对原子数较低的元素探测能力较差，且谱图容易受相互元素干扰和叠加峰的影响；二是定量分析校准依赖标样。在对青铜腐蚀产物的分析检测中，X—射线荧光分析技术主要用作主次量元素的检测，经常作为 XRD 技术的辅助手段来判断产物的物相结构。

随着科学技术的不断发展，近年来，便携式的 X—射线能谱仪和可进行微区检测的 X—射线荧光分析显微镜也已问世。前者由于仪器小巧，携带方便，满足了文物保护工作者现场检测的需求，后者集透射、定性、定量及图像分析等功能于一体，特别是将样品微观的元素分布图像与样品光学图像完美地结合在一起，使分析者对样品的认识更加直观和透彻。因此，这两种类型的 X—射线分析仪在博物馆和考古文物单位的应用越来越广泛。

2. 扫描电镜配备的 X—射线电子能谱仪（SEM—EDX）

扫描电镜附件 X 射线能谱能对扫描电镜观察到的金属样品物相进行微区成分分析，此外，该仪器的另一重要的应用领域是可对样品进行多元素面扫描和线扫描分布检测。分析结果受杂质干扰小，点成分分析结果比较准确，特别是对于某个局部相区、某种夹杂物或残留物等，其微区分析具有独特的优势。

SEM—EDX 仪器的线扫描和面扫描分别可以获得金属样品在一选定线上或面上的某一元素的浓度变化分布。

第三节 青铜器的处理方法

一、青铜器的物理处理设备及方法

由于青铜器在地下埋藏环境中，长时间与地下环境相互渗透、相互作用，所以，在文物发掘出土时，表面必然带有大量埋藏环境的附着物以及与器物作用所产生的锈蚀等产物，这些附着物中包含了埋藏环境的信息，也掩盖了器物的一些铭文、纹饰，并且可能有一些有害锈滋生在上面。在对附着物进行采集取样之后，应该进行清理除锈。清理除锈过程中，应尊重文物所具有的历史真实性、科学性和艺术性，尽可能延续文物的生命，最大限度地保存文物上考古、历史、文化、技术等信息。

清理、除锈是青铜文物保护过程中最基本的步骤，主要目的是满足器物保存的长期稳定性及美观要求。青铜器表面的清理、除锈是一个不可逆过程，在清理、除锈前需要认真仔细考虑，慎重操作。对于不同种类的青铜文物，因其稳定性能的不同，所采用的清理、除锈方法不可能一致，选用何种清理、除锈方法应以不损伤文物的特征和最大限度地保留出土文物本身带有的各项信息为基本原则。一般青铜器清理、除锈时应根据文物不同锈蚀程度及不同部位选择不同的清理、除锈方法。通常，器物表面的土垢、硬结物、疏松的腐蚀产物、氯化物和其他可溶盐需要去除掉，以获得一个均匀、致密、美观的表面层，同时要保留重要的、有价值的痕迹。

由于青铜文物锈蚀的复杂性和文物的个体差异，在清理、除锈方面目前尚未制定相关的标准，锈蚀去除的程度主要依据文物保护工作者的经验及分析检测数据。对于青铜文物表面附着物和锈蚀产物的清除主要是通过物理摩擦、打磨、碰撞以及化学反应等方法来实现。下面主要介绍清理、除锈的各种物理方法。

（一）常用工具与设备

1. 常用工具

各种软（硬）毛刷、尼龙刷、钢丝刷、铜刷、竹扦、不锈钢针、竹刀、不锈钢手术刀、雕刻刀、铲刀、凿子、錾子、榔头、小锤、显微镜、放大镜；此外还有牙钩、镊子、卷尺、温湿度记录仪、照相机、小型五金工具包、喷水壶、烧杯等。使用工具时一般遵循由软到硬、由轻到重的原则，硬质工具使用应在放大镜、显微镜辅助下进行。

2. 常用设备

清理除锈常采用一些手持式的小型电动、气动设备，如小型角磨机、小型电钻、多功能刻字笔、电动牙刷等，还有超声波清洗器、超声波洁牙机等；清理除锈常用喷砂除锈设备包括密闭式喷砂机、环保喷砂机、手提喷砂机和微型喷砂机等。一些新型的清理、除锈设备如蒸汽清洗机、激光清洗机、干冰清洗机等也开始用于青铜器清理除锈之中。

（二）青铜器的物理处理方法

1. 清理

在对器物进行全面除锈之前，要先进行一些试探性的清理，以此估计达到理想的保存状态或展出效果时所需要处理的程度。同时还要对器物进行检查，以确定其腐蚀程度、表面是否存在特殊的腐蚀特征、表面处理工艺、使用痕迹、相邻文物残留痕迹、包裹材料等有机残留物，防止后续处理中出现信息的丢失，同时避免对文物可能造成的危害。通过局部清理试验，确保选择的清理、除锈方法和试剂安全有效，不会对文物造成不良影响。为了更好地保留器物所携带的信息以及保存器物的完整性，最好只对必须处理的部位进行清理。

2. 清洗

清洗是指以水作为主要清洗介质去除青铜文物表面妨碍展示、研究或保存的附着物，包括土垢、锈蚀产物以及可溶性、吸湿性盐，保护与修复残留附着物、处理过程中残余的化学试剂等。清洗开始前，首先要判断是否可以进行清洗，过于脆弱的青铜文物，有彩绘、镶嵌等特殊表面处理工艺及织物残留等附着物的青铜文物必须慎重处理，必要时可采取局部清洗。清洗时需要注意洗涤过程中的腐蚀和缓蚀问题，清洗完成之后的青铜文物需要彻底干燥，避免水的侵蚀。

清洗青铜器一般使用纯净水、去离子水或蒸馏水，不建议直接采用自来水、井水等。纯净水是通过沙滤、活性炭吸附除味，再经反渗透膜过滤去除离子后的水；去离子水是用离子交换树脂去除钙、镁等金属离子之后的水；蒸馏水是用加热蒸发、冷凝回收方法获得的水。目前，市场上有一种纯水机可以替代蒸馏水和去离子水发生器，许多博物馆实验室相继采用。

青铜器清洗可分为简单的刷洗、浸泡清洗、深洗，以及采用特殊设备的超声波辅助清洗、超声波洁牙机清洗和蒸汽清洗等。

（1）一般清洗

青铜文物如果其表面仅仅是简单的泥土污垢，可用清水、毛刷进行刷洗。刷洗利用水的溶解和刷子机械摩擦的双重作用，这是最经济也是最常用的方法。

实际清洗时，可用纯净水、去离子水或蒸馏水反复多次清洗锈蚀的青铜器，或采用深洗法，即通过冷热水交替洗涤，多次更换水的方法提高清洗速度，但即使这样，此法对除去氯离子的能力有限，只适用于完好青铜器的清洗，同时要注意洗涤过程中的腐蚀问题。另外，对于含铅量高的青铜器在清洗时对水质的要求更高，因为铅不耐酸蚀，需要调节水的 pH 值大于7。高铅青铜器不能采用深洗法，因为水洗容易沉积出白色的碱式碳酸铅，影响文物外观。

（2）超声波清洗器

超声波清洗器可用于清洗青铜文物表面硬结土、锈蚀产物、可溶盐以及化学试剂残留物等。其原理是利用超声波发生器所发出的高频振荡信号，通过换能器转换成高频机械振荡发出超声波，超声波传播到介质——清洗溶液中。超声波的作用包括超声波的能量作用、空穴破坏时释放的能量作用以及超声波对媒液的搅拌流动作用等。超声波改变了质点的运动速度，使溶液产生了"空穴"，由于其良好的空化作用，使溶液中质点的扩散速度加快，反应进行得更为彻底。超声波在清洗液中疏密相间地向前辐射，使液体流动而产生数以万计的微小气泡，这些气泡在超声波纵向传播成的负压区形成、生长，而在正压区迅速闭合，在这种被称为"空化"效应的过程中气泡闭合可形成超过1000个气压的瞬间高压，连续不断产生的高压就像一连串小"爆炸"不断地冲击器物表面，使器物表面及缝隙中的污垢迅速剥落，从而达到器物表面净化目的。

目前实验室一般都配有此设备，市场上销售的超声波清洗器有各种不同的型号，购买时应根据器物大小的不同，选择合适的清洗槽。超声波清洗可显著提高器物清洗速度，使残渣快速离开器物表面，操作简便，清洗除锈效率高。常用的超声波清洗介质为水，通常也配合其他化学试剂使用，如三聚磷酸钠等。

在实际操作时应主要注意：①当清洗槽内无溶液的情况下，绝不能开启电源。清洗槽内加入水和水溶液，应达到标准水位。②将需要清洗的器物放入清洗网架中，再把清洗网架放入清洗槽内，绝不能将器物直接放入清洗槽内，以免影响清洗效果，同时会损坏仪器。③根据器物清洗的功率要求来设定超声功率。根据需要可设定水溶液的温度和选择合适的清洗时间。在超声场内清洗时，清洗时间不宜太长，否则，会使器物表面产生微小针孔，影响器物表面的外观和耐蚀性。

（3）超声波洁牙机

超声波洁牙机主要用于金属文物打磨、除锈等工作，较小的工作端部对于清洗纹饰、铭文等精细部位的锈蚀效果良好。超声波洁牙机利用换能器产生的超声振动，通过聚能杆将能量集中在工作刀具端部。当手持笔式的工作端部轻触器物表面来回摩擦时，可通过脚踏开关控制，将器物表面附着物及锈层迅速粉碎剥离，并由刀具头部喷出的水流带走，达到清洁表面的目的。可通过对输出功率的选择调整出水量和清洗强度的大小。刀具可根据处理器物的不同，选择不同类型的刀具。青铜器除锈常用的刀具分为 1P、2P、10P、根管式多种。操作时应将器物放入盘中，打开喷头淋水，铜盐粉末可被触头喷淋水雾冲洗到盘内，应及时清倒铜盐粉末和污水。

（4）蒸汽清洗

蒸汽清洗是使用高温饱和蒸汽来进行清洗。水在完全密封的蒸汽机加热炉缸中被加热成蒸汽，缸内压力渐渐提高，喷射出的饱和蒸汽温度可达 180℃，冲击压强可高达 5bar。高温饱和蒸汽具有溶解、熔融污物和杀灭生物的作用，同时能产生一定的冲击压强，使污物发生松动脱落。蒸汽遇冷迅速凝聚成极微小的雾滴，形成巨大的气液表面，对污物有吸附和分散的作用。

现在市面上有工业、商用、家用等各种类型的蒸汽清洗机可供选择，文物保护行业常用商用蒸汽清洗机。蒸汽清洗机有三个不同的功能——喷气、喷蒸汽和高压喷气，能够在不同的压力下进行清洗。

蒸汽清洗效率高，成本低，对环境友好，可以进入任何细小孔洞和裂缝，清洗一般工具达不到的部位。使用时需要注意局部高热和冲击压可能会对器物脆弱的部分造成破坏。目前蒸汽清洗在文物保护中主要用于石质文物的清洗。国家博物馆曾使用蒸汽清洗机对西周大盂鼎复制后的石膏、脱模剂残留物进行清洗，效果良好。

3. 除锈

（1）手工除锈

手工除锈是指采用各种手工或电动工具等通过剔除、打磨、敲震等方法去除青铜器表面的泥污、硬结物或锈蚀产物。手工除锈须根据器物锈蚀状况的不同选用不同的除锈方法和工具。常用的工具有毛刷、不锈钢针、锤子、雕刻刀、凿子、錾子、不锈钢手术刀、多功能刻字笔、电动牙刷、洁牙机等，一般在显微镜、放大镜下直接在器物上操作，遵循由软到硬、由轻到重的原则。对于难以直接去除的锈蚀尤其是硬结物，可采用水、乙醇、丙酮等溶剂先进行软化再去除。手工除锈操作简单，易于掌握，方便灵活，适用范围广。在除锈过程中可以随时观察揭露面的情况，对除锈程度进行判断，随时停止、改变处理方法。在大面积除锈时，手工除锈耗时较长，通常和其他除锈方法配合使用。

（2）喷砂除锈

喷砂机的工作原理是利用压缩空气带动一定尺寸的砂粒，喷射到锈蚀的青铜文物表面，通过砂粒与锈蚀层的物理碰撞摩擦、冲击和切削来将锈层剥离，达到清除金属表面上的硬结物和腐蚀产物的目的。喷砂机分为干式喷砂机和湿式喷砂机两类，有开放式和密闭式两种。新型的开放式喷砂机带有磨料的回收、分离、筛选功能，大大降低了对环境的污染。密闭式喷砂机一般在实验室内使用。

影响喷砂除锈的主要参数有以下四种：磨料的类型、喷砂压力、喷枪的距离和喷射角度。

磨料按颗粒状态分为球形、菱形两类，球形磨料喷砂得到的表面较光滑，菱形磨料得到的表面则相对较粗糙。而同一种磨料又有粗细之分，国内按筛网数目划分磨料的粗细度，一般称为多少号，号数越高，颗粒度越小。目前在实验室经常使用的磨料有刚玉砂、聚酯材料、塑料砂、玻璃珠、核桃皮粉末等。推荐使用效果柔和的树脂磨料或核桃皮粉末。使用粉碎的核桃壳清洁腐蚀的青铜器时，60~200目的核桃粉效果较好。

喷砂压力决定喷射流的速度，压力越大，喷射流的速度越高，喷砂效率亦越高，处理后的表面越粗糙，反之，表面相对较光滑。在青铜文物表面除锈中根据器物腐蚀程度不同，喷砂压力一般选择在 0.4~0.6MP 之间。

在选择好磨料类型和喷砂压力后，喷枪距文物越远，喷射流的效率越低，表面亦越光滑。喷枪与文物的夹角越小，喷射流的效率亦越低，表面也越光滑。喷射角度与须清洁表面角度在 20°以内时，可以达到满意的效果。

国内喷砂机喷嘴尺寸为标准规格，有 4mm、8mm 或更大，目前国内在文物保护除锈中一般选择 4mm 喷嘴尺寸较多。如器物上有精细的纹饰或文字，可选择微型喷砂机，微型喷砂机配有气压计和压力调节器，压力调节器上装有磨料控制计量管，喷枪上装有气控按钮控制开关和连接管路。可专门加工定制各种不同规格的喷嘴尺寸，喷嘴尺寸越小，对磨料目数要求越高。实际操作中可在 5 倍或 10 倍的双目显微镜下进行操作。

喷砂处理后使青铜器表面形成了一定的粗糙度，表面粗糙度取决于磨料的粒度、形状，材料的喷射速度等因素，其中磨料粒度对粗糙度影响较大。为使表面最大粗糙度不超过我们规定的要求，对表面粗糙度可进行测量或比较，比较简单的方法是用标准样块进行比较。

（3）激光清洗机

激光清洗主要分为干式和蒸汽式（湿式）清洗，干式清洗除锈是将激光直接照射在被清洗物体表面，使污染物吸收激光能量后迅速升温，进而产生一系列物理效应，最终使污染物与基体脱离，同时不会对基体产生损伤。干式法中依据污物粒子被去除方式又可分为两种：一种是基体表面瞬间热膨胀，另一种是污物粒子本身热膨胀。蒸汽式激光清洗又称激光液膜法，是在被清洗物的表面上喷洒或涂敷一层薄薄的液体，在激光照射下液膜急剧受热产生爆炸性汽化，污染微粒在爆炸的冲击作用下脱离基体，达到清洗目的。另外还有惰性气体法、琼脂法及综合法等。激光清洗因自身的许多优点在许多领域中正逐步取代传统清洗工艺，它可以根据锈蚀程度控制清洗强度，可以适应各种表面污染物的清洗，同时不损伤基体，有利于环境保护。

激光清洗机是一种非常适用于实验室的小型光导纤维清洗装置，它配有自带冷却系统的激光组、控制激光频率和功率且带有微处理器的面板，激光束通过光导纤维与激光组相连。它发出的光线会被污垢层吸收，不会碰到文物原始表面，光线的强度可根据清洁需要递增或递减，特别是对脆弱青铜器的清洗不需要事先加固，可直接用激光进行清洁。激光清洗机不管是对于清洁对象、操作者还是操作环境来说都具有可控性、选择性和无害性，有较高的清洁效果，同时避免对清洁对象产生热作用、机械作用和化学作用，保护青铜基体完好。

目前，激光技术在文物清洗中常用蒸汽式激光清洗或用激光使污物松散后，再用非腐蚀性的化学方法去锈两种方法。光束打在锈蚀物的瞬间，将锈蚀物去除或使锈蚀物松散，然后再选用不同的除锈方法将锈蚀去除，而不伤及器物基体。利用激光进行清洗时，激光器的选择极为重要，目前激光器的种类比较多，如 CO_2 激光器、Nd：YAG 激光器和准分子激光器等。

（4）干冰清洗机

干冰清洗技术是一种新型的清洗技术。干冰清洗设备主要分为干冰生产设备和干冰喷射清洗机两个部分。干冰生产设备通常以液态二氧化碳为原料制成块状或者颗粒状干冰成品，干冰喷射清洗机和喷砂机类似，高密度的干冰颗粒随着压缩空气冲击被清洗物表面。干冰喷射到物体表面时动量消失，瞬间气化，与清洗表面发生剧烈的热交换，迫使附着物骤冷收缩、脆化。同时干冰在千分之几秒的气化过程中体积骤增 800 倍，这样就在冲击点造成"微型爆炸"，有效击落附着物。干冰清洗具有独特的热学效应和力学效应，特别是当被清洗物体具有较高的温度，或附着物具有明显的冷脆性时效果更佳。从金属物质上清除非金属污垢时效果最为明显。

干冰清洗时除了被清除的污垢外没有其他废弃物，具有安全环保、无污染的优点，另外，干冰的冲击动能也很小，不会对被清洗物体造成冲击和磨损。

二、青铜器的化学处理方法

（一）化学法概述

用化学法来处理青铜器有很长的历史。在保护处理中，化学方法可以有选择地去除某一类或某一层腐蚀产物，而不影响其他产物。当青铜器表面附着物致密坚硬，使用物理方法清除比较困难时，可使用适当的化学试剂进行处理，使其软化，再结合物理方法则可以比较容易地清除。另外，如果是青铜器有纹饰或铭文，需要将覆盖其上的附着物和锈层清除，使用物理方法容易造成损伤或留下划痕，这时也应当使用化学方法进行处理。

化学方法的另一个重要作用是清除或转化"粉状锈"，这种锈的特点是结构疏松，形同粉状，在潮湿情况下易发生电化学腐蚀，并蔓延到其他部位，甚至使青铜基体和表面花纹图案及铭文等都受到损伤。因此，必须进行必要的处理及控制。器物埋藏环境中的氯离子是造成器物锈蚀的主要原因，对于出土青铜器来说，氯化亚铜的存在是器物继续锈蚀的内因，只要外界条件有利，它就会对器物造成损害，因而对于一般青铜器的保护处理，关键就是对氯化亚铜及"粉状锈"进行机械和物理、化学的清除处理。机械、物理方法往往只能清除器物表面的锈蚀，且容易有疏漏，对锈层深处的氯化亚铜难以触及。而适当的化学方法则可以较为完全地清除、转化或封闭氯化亚铜。

使用化学方法处理青铜器，应当符合以下原则：①使用的化学试剂对青铜基体无明显腐蚀作用；②化学试剂应不改变器物的原始形态，器物颜色应无明显改变；③化学试剂应不损伤器物原始表面历史信息及纹饰、铭文；④化学试剂应对人员无危害；⑤废液排放符合环境安全要求。

（二）化学处理方法

1. 倍半碳酸钠法

用倍半碳酸钠溶液浸泡腐蚀青铜器，可置换腐蚀层中氯化物。该方法的机理是用此溶液浸泡青铜器时，有害锈蚀——氯化亚铜或碱式氯化铜可逐渐转换为稳定的碱式碳酸铜，将氯离子释放到溶液中。

具体操作方法是：将分析纯的碳酸钠与碳酸氢钠等摩尔数混合后，溶解于蒸馏水中，配制成1%～10%的溶液，较常用的为5%的溶液。将除锈后的青铜器完全浸入该溶液中，浸泡时最好加热溶液至沸腾，并保持两小时，加热可加快清洗速度并释放更多有害的阴离子（主要是氯离子）。开始时溶液每周更换一次，几周后可半个月或更长时间更换，浸泡至少要三个月，直至溶液中氯离子浓度稳定在 10ppm 以下为止。然后再将器物置于蒸馏水中，浸泡一段时间，以除去多余的倍半碳酸钠。实验表明，浸泡时使用超声波的效果会更好一些。

倍半碳酸钠溶液去除氯离子的原理如下式所示：

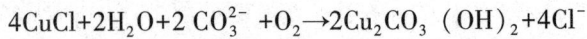

$$4CuCl+2H_2O+2\,CO_3^{2-}+O_2\rightarrow 2Cu_2CO_3\,(OH)_2+4Cl^-$$

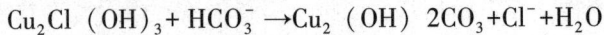

$$Cu_2Cl\,(OH)_3+HCO_3^-\rightarrow Cu_2\,(OH)\,2CO_3+Cl^-+H_2O$$

倍半碳酸钠浸泡时间长会使器物颜色向绿、蓝色改变。过量的倍半碳酸钠若不及时去除，可能与锈蚀产物碱式碳酸铜反应生成蓝铜钠石。

2. 过氧化氢法

用过氧化氢作为氧化剂将氯离子氧化除去，所用的浓度视锈蚀情况而定，剩余的过氧化氢稍微加热即可全部分解，对器物不产生任何影响。本法的优点是：处理时间短，操作简单方便，对面积较小、深浅不同的粉状锈均可清除。缺点是：由于过氧化氢的氧化性过强，处理完后的器物易变黑，可用稀草酸溶液擦拭中和颜色即可恢复。

过氧化氢去除粉状锈的反应式如下：

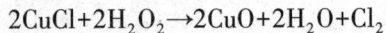

$$2CuCl+2H_2O_2\rightarrow 2CuO+2H_2O+Cl_2$$

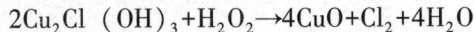

$$2Cu_2Cl\,(OH)_3+H_2O_2\rightarrow 4CuO+Cl_2+4H_2O$$

3. 氧化银、锌粉局部封闭法

当青铜器上"粉状锈"尚未蔓延开来，仅仅是些斑点时，可用细钢针或手术刀将锈斑剔除掉，剔除范围可以稍大于"粉状锈"范围，特别要将产生"青铜病"的有害锈蚀（灰白色蜡状 CuCl）尽量清除，底层的 CuCl 往往难以清除干净。这时将氧化银粉末（分析纯）用乙醇或异丙醇调成糊状，涂抹于该部位，再把此器物置于饱和的水蒸气中或潮湿环境中存放一昼夜，让氧化银与氯化亚铜充分作用，形成角银膜（AgCl），同时也可用以检验封闭程度，若又发现新的绿色斑点，可重复操作，直至在饱和水蒸气中放置一昼夜后不再有新的绿色斑点产生为止。

4. 多聚磷酸盐法

多聚磷酸盐能够与金属离子形成螯合物，对青铜器表面坚硬的泥沙土、沉积物具有很好的软化溶解效果。常用的多聚磷酸盐有三聚磷酸钠（$Na_5P_3O_{10}$、六偏磷酸钠 [（$NaPO_3$）$_6$]等。它们与表面沉积物（$CaCO_3$）的反应式为：

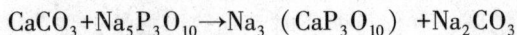

$$CaCO_3+Na_5P_3O_{10}\rightarrow Na_3\,(CaP_3O_{10})+Na_2CO_3$$

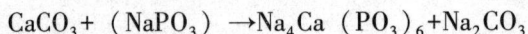

$$CaCO_3+（NaPO_3）\rightarrow Na_4Ca\,(PO_3)_6+Na_2CO_3$$

常用的操作方法有：

（1）用5%六偏磷酸钠溶液浸润的棉花贴敷在青铜器局部沉积物处，使六偏磷酸钠溶液与沉积物充分接触，使沉积物溶解。

（2）用5%六偏磷酸钠溶液对器物进行浸泡处理，这种方法对于清除钙质结垢效果较好。

（3）用超声波清洗，一般浓度为1%~2%的六偏磷酸钠溶液，在清洗时可加入0.5%的十二烷基苯磺酸钠，为阴离子型表面活性剂，它的加入可提高溶解性、渗透性及分散性，加快了清洗速度。在处理后，必须用纯净水或去离子水清洗干净，然后用乙醇、丙酮脱水，烘箱或红外灯烘干。

三聚磷酸钠的方法更为温和，特别是不会使孔雀石、蓝铜矿等古色古香的锈蚀变色，是一种更为安全的方法。

5. EDTA 法

EDTA，即乙二胺四乙酸。EDTA具有较强的络合能力，可与金属离子形成极易溶于水的螯合物。EDTA常用H_4Y表示，它在水中的溶解度较小。实际通常使用的是它的二钠盐。二钠盐可与铜锈发生络合反应，也可与器物表面的沉积物如钙、镁化合物发生反应。

具体操作方法是：将脱脂棉糊敷于需要除锈的部位，之后将2%~5%的EDTA二钠盐溶液滴于脱脂棉上，随时观察脱脂棉颜色变化情况，因EDTA二钠盐对铜基体有一定的腐蚀作用，处理时间不能太长。根据实际情况，可反复糊敷，也可待锈蚀软化后，结合机械方法进行除锈。该法常用于镏金青铜器表面的除锈处理。

EDTA去除锈蚀物及器物表面沉积物的反应式如下（以H_2Y^{2-}表示EDTA二钠盐的阴离子）：

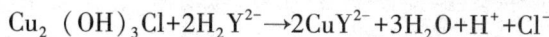

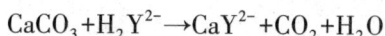

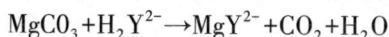

$$Cu_2(OH)_3Cl + 2H_2Y^{2-} \rightarrow 2CuY^{2-} + 3H_2O + H^+ + Cl^-$$

$$CaCO_3 + H_2Y^{2-} \rightarrow CaY^{2-} + CO_2 + H_2O$$

$$MgCO_3 + H_2Y^{2-} \rightarrow MgY^{2-} + CO_2 + H_2O$$

6. 硫脲-柠檬酸溶液法

用5%硫脲和5%的柠檬酸混合溶液涂刷一价铜和二价铜伴生的锈蚀处，柠檬酸可与锈蚀物中的二价铜形成稳定的配合物，但与一价铜的配合能力较差。而硫脲与一价铜的配合能力较强。另外，柠檬酸是酸性物质，对青铜器基体有一定的腐蚀，而硫脲可以起到缓蚀作用，因而混合使用效果更好。如果铜锈中含有碱式氯化铜，在酸性环境下，可与柠檬酸发生络合而溶解，释放出氯离子。本法对大件青铜文物，特别是需要揭示表面铭文和花纹的青铜器效果更好。该溶液易使铜锈颜色变为深棕色，因此操作时须小心，处理青铜器的时间不宜过长。

7. 碱性连二亚硫酸钠法

具体操作方法是：将要处理的器物迅速放入 40g/L 的氢氧化钠和 50g/L 的连二亚硫酸钠的混合溶液中，然后将容器封闭，以尽可能排除氧气。在反应开始的几分钟内，蓝绿色的碱式氯化铜变为中间产物黄棕色氢氧化亚铜，释放出氯离子，最终变为粉末状巧克力色的金属铜。

强还原剂碱性连二亚硫酸钠会使铜锈的颜色发生很大的改变，因此使用时必须非常小心，随时观察溶液及青铜器本身颜色的变化。使用该法能够加固严重腐蚀的青铜器，但对于一些特别脆弱的考古出土的青铜器，在碱性连二亚硫酸钠溶液中浸泡可能会造成器物的分解；该法的另一个问题是废液的排放可能会破坏污水系统的微生物平衡，因此需要对废液进行处理。

总之，青铜器保护过程中化学方法，应在符合保护原则的基础上，根据保护目的、器物的保存状况、锈层的种类和结构等因素进行筛选。

对于大多数化学方法，影响处理效果的因素包括温度、浓度、时间等。增加溶液温度、提高试剂浓度、使用超声波等方法都可以提高化学处理效率，但也可能会对青铜器造成不可预知的改变或损伤。因此，在使用化学方法时，应先在器物局部（可使用贴敷法）使用低温、低浓度的试剂进行试验，再逐渐提高温度、浓度进行试验，以选取合适的化学方法和条件，并在处理过程中随时观察。倍半碳酸钠法对青铜器氯化物的转化过程比较缓慢，可以通过长期浸泡使转化更加彻底。其他化学方法则不宜长期浸泡。

化学方法在使用后，都必须用纯净水或去离子水清洗干净（对于酸性试剂如柠檬酸，可先用碳酸氢钠溶液等弱碱性溶液清洗再用纯净水清洗），然后用乙醇、丙酮脱水，烘箱或红外灯烘干。

除上述所列的青铜器处理的常用化学方法外，还有水合乙腈法、碱性酒石酸钾钠法、碱性甘油法等。

第四节　青铜器保护修复的程序

在对馆藏青铜器进行保护修复之前，首先要了解文物的相关背景信息，对现状进行详细记录，建立规范、科学的保护修复档案，通过现代科学的方法对器物本体以及器物上腐蚀产物进行科学的分析和研究，在此基础上进行保护修复方案的设计与实施。其中对其表面上锈蚀的清除和处理，要从是否有害和是否影响文物价值的展示两个方面考虑，对这些不可逆的处理过程要十分慎重。器物的保护修复更要在保护理念的指导下，以《中国文物古迹保护准则》的相关条款为基础，结合文物今后保存的环境和展示的需求进行相应的整形、补配、加固、缓蚀和封护处理。

保护处理青铜器的一般程序如下：

一、建立科学、规范的保护修复档案

进行文物保护修复工作之前，必须按照国家标准《馆藏金属文物保护修复档案编写规范》建立科学、规范的保护修复档案。

工作开展之前重点强调要详细了解青铜器的基本信息，包括青铜器的征集、收藏、保存历史资料，曾经保护修复使用的方法、材料和照片资料，以及对青铜器曾经进行的各种分析与检测报告、照片、录像、文字资料等。档案编制和记录工作贯穿整个青铜器保护修复工作始终。

二、编制保护修复方案

保护修复方案必须按照国家文物局颁布的行业标准《馆藏金属文物保护修复方案编写规范》编制。重点强调：

文物三大价值的评估：利用考古资料和文献，结合现状评估信息，并邀请考古学家和艺术史研究人员，共同评估青铜器的历史、科学和艺术价值。对于有极高价值的青铜器，应该进一步开展深入的研究，并在保护过程技术选择和保存环境条件考量时予以特别关注。

青铜器病害的分析、调查：主要运用肉眼、显微观察、X光透视或CT扫描分析解读器物宏观信息，依据观察和分析结果绘制病害图，运用偏光显微镜、X射线荧光、X射线衍射、红外光谱、拉曼光谱等技术，分析青铜器表面锈蚀形貌、锈蚀成分和结构，尤其关注氯化物锈蚀产物和腐蚀产物类型，利用金相显微镜、能谱仪、ICP—AES、X射线荧光及扫描电子显微镜等技术，分析青铜器合金成分和显微结构，判断青铜器的合金类型、相分布及对腐蚀产生的影响作用。

保存现状的认定：依据对青铜病害的分析结果确认器物处于基本完好、轻度腐蚀、中度腐蚀、重度腐蚀还是濒危状态，基于不同的保存环境条件选择相应的保护处理方法和材料；依据详细观察结果和X光透视或CT扫描信息确定器物扭曲、残破、断裂的程度，从而采取必要的修复技术。

三、保护处理

按照制订的保护修复方案实施，重点步骤：

（一）清理

对青铜器的清理是青铜器保护修复中的重要步骤。在对青铜器进行保护处理时，第一步就是对器物进行详细检查和初步清理，确定待保护处理青铜器类型并估计达到理想的保存状态或展出效果时所需要处理的程度。

（二）去除青铜器有害锈蚀

对青铜器要重点去除有害的氯化物，一般原则是采取先物理、后化学的方法，如可选择手工除锈、激光清洗、超声波清洁器、喷砂等方法进行前期处理。物理方法尚不能保证器物稳定的情况下，可采用化学的方法，常用的化学试剂有碳酸钠、过氧化氢、氧化银、锌粉、多聚磷酸盐、EDTA、硫脲—柠檬酸溶液、连二亚硫酸钠等。

（三）缓蚀

缓蚀是通过向腐蚀介质中加入少量或微量的化学物质，通过化学或物化反应阻止或减缓金属腐蚀的过程，是防止或延缓青铜器进一步腐蚀的重要保护步骤。但是由于缓蚀过程是一个不可逆的化学反应过程，改变器物表面的性质，是不得已才采取的保护处理方法。

对于青铜器来说，常见的缓蚀剂有 BTA、PMTA 和改性的 AMT 等。

（四）表面封护

进行表面除锈和缓蚀处理的青铜器，一般情况下并不能达到完全去除氯化物，稳定器物的目的。这种情况下，一般须在修复后的青铜器表面涂刷一层封护剂，尽量隔绝外在环境对青铜器的影响，防止青铜器上残留的氯化物等在环境因素诱导下爆发。

常见的青铜文物表面封护剂有丙烯酸树脂类和各种蜡等。

四、修复

修复是文物保护的重要组成部分，是为保持文物结构上的稳定，充分展示文物原有价值，实现器物原有美学上的完整性的技术处理工作。修复主要包括整形、补配、焊接和黏结、做旧等几个主要步骤。

（一）整形（矫形）

对于由于墓葬坍塌、器物相互挤压甚至人为因素等造成变形的青铜器，整形是文物修复的首要和基础工作。整形就是通过对器物变形部位施加与变形方向相反的一种力从而使变形的部位复原的方法。

整形的方法主要有包括锤击法、扭压法、顶撑法等，近年来各种不同形制、功能的整形器应运而生，对多数须整形的青铜器而言，整形器的使用提高了效率和安全性，降低了工作强度。

（二）补配（补缺、补全）

多数青铜器由于腐蚀严重、破裂等因素，出土时常有部分缺失，要恢复器物结构的完整性和展示艺术的完美性就需要采用不同的方法和材料进行加固和补配。补配的基本原则是要有科学依据，不能凭臆想创造。补配方法要根据青铜器种类、材质、形状、薄厚、残缺大小等情况而定，有打制铜皮补配、翻模铸造补配和塑性补配等。

（三）焊接和黏结

黏结和焊接是展现青铜器完整性，维持器物稳定性及安全性的一项重要工作，贯穿整形、补配工作之中。传统的焊接一般采用"锡焊法"，优点是可随时调整及可逆。特殊情况也使用氩弧焊、激光焊接等方法。黏结一般采用环氧树脂等高分子材料。焊接和黏结方法各有优点，可单独或结合使用。

（四）做旧

为更好展示文物完整与完美性，一般对修复和补缺加固的部分进行做旧处理。做旧方法分为传统和化学方法，传统或人工做锈主要使用酒精、漆片、各类清漆、树脂胶等和各种矿物颜料，如沙绿、银朱、佛青、石黄、红土子、章丹、地板黄、黑烟子等。化学做旧方法可通过酸洗、埋藏等手段使之表现出自然腐蚀生锈的效果。

五、储放

宏观环境：应按照青铜文物长期保存的要求改善现有的保存环境，如保持较为稳定和适宜的温湿度，通风干燥，相对湿度在40%以下；也可通过增加隔离间改善库房的宏观保存条件。尽最大可能排除大气中各种污染物因素影响，为文物提供一个空气流通性好、安全无污染、稳定的存放环境。

微环境：在宏观环境不能完全达标时，改善器物保存微环境十分重要。在库房存放可制作专用囊匣。囊匣的作用有三个，一是减少物理损伤；二是减缓环境变化冲击；三是创造稳定、干燥、洁净的微环境空间。注意的是制作囊匣的所有材料不应释放对青铜器有害的气体。在展厅中可通过在密闭展柜中使用调湿材料、有害气体吸附剂或充氮技术等方法控制文物的微环境。

六、完善档案

青铜器保护修复完毕，要完善修复保护档案。主要包括保护修复详细操作流程、日志、照相、录像、文字、分析图表、电子文档及电子演示幻灯等。

以上是青铜器保护修复的基本程序，在具体实施时要按照文物的实际状况，采取全部或部分步骤，特殊情况要立专项研究，如对高矿化度的器物要对加固的材料和工艺进行筛选；对于脆弱但十分珍贵的文物要制作特殊柜，用于文物的长期存放和展示；在保存和展示条件较好情况下，尽量减少化学处理、缓蚀处理等改变器物表面性质的处理程序；对局部的物理处理，包括除锈、清洁也一定事先做好详尽的观察和分析，任何主动性保护修复处理都是不可逆的过程。需要强调的是，在保护技术方案制订过程和报批期间，文物保管单位或部门有责任依据保护人员的建议，尽可能改善文物的保存环境条件，延缓青铜器腐蚀的加剧。

第五节　青铜器的保存环境

青铜器腐蚀既与青铜器自身的合金成分、铸造工艺及热处理工艺有关，又与外界环境的影响相关。当青铜器及其锈蚀层处于低湿和无有害气体条件下，它可以保持长久稳定。如果将其放置于潮湿环境中，再叠加有害气体污染物，例如二氧化硫、硫化氢、氮氧化物、含盐气溶胶等及其沉降颗粒物，就会造成青铜器腐蚀。即使青铜器所处的环境空气质量达标，污染物浓度值低于国家标准要求的限值，大气中的潮气与氧气、臭氧、二氧化碳等共同作用，也会加剧青铜器腐蚀。如果是出土青铜器，土壤中的酸碱物质、可溶性盐类、细菌、水分等都会影响青铜器的稳定性，青铜器出现腐蚀，甚至出现通体矿化的现象，是多种因素共同作用的结果。

一、青铜器保存及展陈对温湿度的要求

（一）温度对青铜器的影响

温度是表示物体冷热程度的物理量。从微观上说是物体分子热运动的剧烈程度的表现，是物体分子运动平均动能的标志。温度是分子热运动的集体表现，具有统计意义，分子运动愈快，物体愈热，温度愈高；分子运动愈慢，物体愈冷，温度愈低。在不同热源辐射下的环境里，物体的温度是不同的。气象学将大气层中气体的温度称为气温，它直接受太阳光照射影响，太阳光照射越强，气温越高。

对于金属文物本体，只要温度变化范围没有达到使金属软化或者熔化的温度，金属文物就可以保持其原有形态。在金属文物除锈的方法中，其中有一种方法就是通过几百摄氏度高温烧烤，将锈蚀表面去除。但是，温度的升高会加速由其他因素引起的化学反应，例如在潮气条件下叠加了其他有害因素就会引起金属的腐蚀。温度的变化会影响相对湿度的变化，间接影响了暴露在大气中文物表面的干湿状态，以及改变了气体（特别是氧气）的溶解度，同时也改变了某些腐蚀产物的溶解度，从而生成不同的腐蚀反应产物，导致文物表面状态变化。

（二）湿度对青铜器的影响

湿度是表示空气干湿程度的物理量，也可以说是表示空气中含有多少水汽的物理量。在一定温度下，一定体积的空气里含有的水汽越少，则空气越干燥，反之相反。在科学计算中人们一般用绝对湿度表示空气中的含水量，在日常生活中则应用相对湿度来表示空气的干湿程度。

绝对湿度是表示单位体积内所含水蒸气的重量，一般使用单位是 g/m^3；也有人使用单位重量的空气中所含水蒸气的重量表示绝对湿度，其使用单位是水蒸气（g）/空气重量（kg）。绝对湿度也可以用水气压表示，表示空气中水汽部分的压力，以百帕（hPa）为单位。空气中能够含有的水蒸气的量随温度而变化，所以绝对湿度的最大限度是饱和状态下的最高湿度。

相对湿度是在一定温度下绝对湿度与最高湿度（饱和水蒸气状态）之间的比值，或说，相对湿度是指空气实际所含水蒸气密度和同温下饱和水蒸气密度的百分比值。也可以说，是空气中实际水汽压与当时气温下的饱和水汽压之比的百分数表示值。相对湿度值为100%时，是指在一定温度下的空气是饱和水蒸气状态。相对湿度值为50%时，是指在一

定温度下的空气中水蒸气达到饱和点一半的水蒸气状态。相对湿度超过100%的空气中的水蒸气会出现凝结。空气的温度越高，空气容纳水蒸气的能力就越高。随着温度的增高空气中可以含有的水就越多。

湿度在"青铜病"的发生和发展过程中起着很关键的作用，青铜腐蚀病变的很多化学反应需要水的参与，一定的湿度是其发生和发展的必要条件之一。资料研究表明，若其他保存条件良好，青铜器在相对湿度低于35%RH的情况下，可以保持自身的相对稳定；而青铜表面的CuCl在相对湿度为98%RH、78%RH、58%RH时，分别只须经过2h、4h和24h就能生成青铜"粉状锈"。

水还是许多化学反应物的载体，空气中的许多物质能溶解在青铜器表面的水膜中，使水膜成为电解质溶液，金属与电解质溶液相互作用构成微电池的不同电极，电位较低的金属易失去了电子而被腐蚀。

（三）青铜器保存及展陈的温湿度条件

一般博物馆是以人感觉舒适来控制博物馆的相对湿度，也就是相对湿度55%左右，显然这个湿度对大多数金属文物偏高。对普通金属保存温度一般为15~26℃；相对湿度推荐值为15%~40%RH。青铜器材质多样，且锈蚀产物有稳定和不稳定之分，不同状况的青铜器，其保存对湿度的要求不同：一般的青铜器，或者是含稳定锈蚀成分的青铜器，在相对湿度为55%RH的环境中仍比较稳定；含有氯化物的青铜器保存环境的相对湿度应低于35%RH；对于特殊青铜器，如带有织物残留、彩绘颜料、镶嵌螺钿，或者青铜和其他材质（如铁）的混合铸件，或经后期修补、加固（有机材料）等处理过的青铜器，其相对湿度要综合参考其他材质文物的性能，不可设置太低。

二、温湿度测量

（一）温度的测量

传统的温度测量仪器根据所用测温物质的不同和测温范围的不同，有煤油、酒精、水银、气体、电阻、温差电偶、红外辐射和双金属温度计等。温度测量仪表按测温方式可分为接触式和非接触式两大类。

通常来说接触式测温仪表比较简单、可靠，测量精度较高，但因测温元件与被测介质需要进行充分的热交换，需要一定的时间才能达到热平衡，所以存在测温的延迟现象。非接触式仪表测温是通过热辐射原理来测量温度的，测温元件不需要与被测介质接触，测温范围广，不受测温上限的限制，也不会破坏被测物体的温度场，反应速度一般也比较快，但受到物体的发射率、测量距离、烟尘和水汽等外界因素的影响，其测量误差较大。

博物馆应用于测量温度的仪器有用水银温度计、酒精温度计、双金属片指针式温度计、电子数显温度计等。今天，受博物馆欢迎的是能够同时测量和记录温湿度的电子数显自动记录温湿度计，以及通过有线或者无线网络直接传输和记录多点温度和相对温度数据的中央计算机集成采集系统。

1. 水银温度计

水银温度计是膨胀式温度计的一种。水银的冰点是-38.87℃，沸点是356.7℃，二等标准水银式温度计测量范围为-30~300℃（工作用玻璃液体温度计检测规程，JJG 130—2004），使用方法是直观读数。受水银的凝固点限制，水银温度计在北方极寒冷的季节室外无法进行正常的温度测量；对于寒冷地区的博物馆室内，一般温度控制后不会低于-30℃，因此仍可以使用水银温度计测量温度。水银温度计是玻璃制造，极易破损，破损后会对环境造成污染，对人体健康造成危害。

2. 酒精温度计

酒精温度计是利用酒精热胀冷缩的性质制成的温度计。在1个标准大气压下，酒精沸点是78℃，冰点是-114℃，其所能测量的最高温度一般为78℃，比水银温度计更适用于北方寒冷季节室外测量温度。酒精安全性比水银好，其78℃的上限和-114℃的下限完全能满足博物馆测量气温的要求。但是，酒精温度计的不足之处是误差比水银温度计大。

3. 双金属片指针式温度计

双金属片指针式温度计是形如仪表盘的温度计，也称寒暑表，是根据金属的热胀冷缩原理制成的。它以双金属片作为感温元件，用来控制指针，例如用铜片和铁片铆在一起，且铜片在左、铁片在右。由于铜的热胀冷缩效果要比铁明显得多，因此当温度升高时，铜片牵拉铁片向右弯曲，指针在双金属片的带动下就向右偏转（指向高温）；反之，温度变低，指针在双金属片的带动下就向左偏转（指向低温）。

4. 数字式温度计

数字式温度计是近年来人们应用先进的微电子技术，采用高性能微电脑芯片和高精度传感器制成的温度计，可快速准确地测量温度。由于外观简洁大方，温度显示直观清晰，摄氏和华氏温度显示可切换，现在很多日常电器设备上都安装了实时显示温度的电子温度计，例如我们常见的室内空调遥控器、冰箱、冰柜、保温箱等设备。数字温度计的核心元件是温度传感器，现在市场上所用的温度传感器包括热电偶温度传感器、热电阻温度传感器、热敏电阻温度传感器、模拟集成温度传感器、基于带隙原理的数字温度传感器等。传感器就是能感知外界信息并能按一定规律将这些信息转换成可用信号的装置。简单说传感器是将外界信号转换为电信号的装置，它由敏感（感知）元器件和转换器件两部分组成，有的半导体敏感元器件可以直接输出电信号，本身就构成传感器。

（二）湿度的测量

在环境检测中，温度是个独立测量的参数，而湿度却受其他因素（大气压强、温度）的影响，因此湿度的测量较温度的测量复杂。湿度的表示方法也较多，有绝对湿度、相对湿度、露点、湿气与干气的比值（重量或体积）等，一般用相对湿度来表示环境中的湿度状况。常见的湿度测量方法有：动态法（双压法、双温法、分流法）、静态法（饱和盐法、硫酸法）、露点法、干湿球法和电子式传感器法。测量相对湿度的仪器主要有两种类型：一类是没有刻度的仪器，仪器本身不能直接给出相对湿度读数，要通过计算或查表求得相对湿度数值，主要包括干湿球湿度计、通风干湿球湿度计（也称阿斯曼表）、露点湿度计等；另一类是直接在仪器刻度盘上指示相对湿度值，最常用的是数字（电子）温湿度计、毛发湿度计和自记式毛发湿度计。

1. 干湿球湿度计

干湿球法是 18 世纪就发明的一种测湿方法，历史悠久。干湿球法是一种间接测量湿度的方法，它用干湿球方程换算出湿度值，由于该关系是非线性的，而且相对湿度值还与空气压力相关，用公式表达起来相当复杂。干湿球湿度计的准确度取决于干球、湿球两支温度计本身的精度。干湿球湿度计必须处于通风状态，只有纱布水套、水质、风速都满足一定要求时，才能达到规定的准确度。干湿球湿度计的误差值为 5%~7%RH。

为提高干湿球湿度计的测量精度，在满足干湿球湿度计工作环境的基础上增加通风系统，制成通风干湿球，有手摇式及风扇式（亦称阿斯曼通风干湿表）两种，多用于室外温湿度测量。测量室外温湿度时，夏季提前 15 分钟、冬季提前 30 分钟将仪表移到室外。在读数时，注意勿使风向从观测者吹向仪表，以免人体温干扰测量结果。

2. 毛发湿度计

毛发湿度计是以一束毛发作为感应元件的湿度检测仪器，毛发湿度记录仪是能自动连续记录相对湿度随时间变化的仪器。人的头发有一种特性，它吸收空气中水汽的多少是随相对湿度的增大而增加的，而毛发的长短又和它所含有的水分多少有关，人们利用这一变化制造出了毛发湿度计。制造毛发湿度计时，要用酒精将毛发中的油脂洗净去除，以多根毛发组成一束。其中的一种毛发湿度计是将一端固定，而另一端挂一小砝码，为扩大头发长短的变化的效果，而将头发绕过一个滑轮，同时在滑轮上安装一个长指针，由于砝码本身的重量作用，而使头发紧紧地压在滑轮上。当头发伸长时，滑轮就做顺时针方向转动，并带动指针沿弧形向下偏转，而当头发缩短时，指针则向上转动，这样显示了相对湿度变化值。

原来的感湿材料为单一的毛发，随着技术的发展，现逐渐扩展到尼龙、聚酰亚胺等高分子材料，仪器的特性也随之发生了很大的改变。

3. 温湿度自动记录仪

温湿度自动记录仪能自动记录空气温湿度的连续变化。由自记温度计、自记湿度计构成，包括感应、传动机械以及装有自记纸的自记钟等部分，一般可分为日记、周记和月记等。它应用双金属片为温度传感器，应用毛发作为湿度传感元件。一般来说毛发湿度计测量范围是 $30\% \sim 100\%$ RH，其精度为 $\pm 5\%$ RH。

4. 电子式温湿度计

电子式湿度传感器产品及湿度测量是 20 世纪 90 年代兴起，近年来，国内外在湿度传感器研发领域取得了长足进步。湿敏传感器正从简单的湿敏元件向集成化、智能化、多参数检测的方向迅速发展，为开发新一代湿度测控系统创造了有利条件，也将湿度测量技术提高到新的水平。博物馆环境监控中最受欢迎的是电子式温湿度测量记录仪，它能实时显示和自动记录空气温湿度的连续变化。它通过电子感应器测量环境中的温湿度，并以液晶数字的形式显示测量结果，一般温度误差在 1℃ 左右，相对湿度误差在 3% 以内。

湿度传感器是采用半导体技术，因此对使用的环境温度有要求，超过其规定的使用温度将对传感器造成损坏。在实际使用中，由于尘土、油污及有害气体的影响，使用时间一长，电子元件会产生老化，精度下降，湿度传感器年漂移量一般都在 2% 左右，甚至更高，因此，电子湿度传感器到期须重新校准。一般说来，电子式湿度传感器的长期稳定性和使用寿命不如干湿球湿度传感器。

5. 温湿度遥测仪

对于大型博物馆，特别是需要对库房、展厅全天候温湿度进行监测的博物馆，目前最为广泛使用的是温湿度遥测仪。温湿度遥测仪分为有线和无线两种，由发射、传达、接收三部分组成。在库房、展厅分散，人力不足或不必天天进库情况下，可采用遥测仪掌握各个库房、展厅温湿度变化，并及时根据温湿度变化进行调整或采取应急措施保障文物安全。当传感器需要进行远距离信号传输时，要注意信号的衰减问题。当传输距离超过

200m 时，建议选用有频率输出信号的湿度传感器。

无论采用哪一种温湿度计，都要根据库房或展厅容积来确定使用几个温湿度计。一般每 300m³ 就需要一个温湿度计，在实际应用时要看大环境控制的平稳程度。但对库房和展厅的各个不同部位都应放置温湿度计监测比较，如门窗、入风口、回风口、内外墙处、通风的死角等，以备随时通过中央空调等设备进行调整。

三、青铜器保存及展陈对光照的要求

在博物馆中看展览、看文物，照明是必不可少的条件。博物馆中照明分自然照明和人工照明，由于日光中有较强的紫外线，不但文物不能被日光直射，而且进入展厅和库房的光线也要进行处理，使紫外线强度和积累照度值都不超过文物安全的要求。《博物馆环境》一书中明确阐明：光线就像高能量的辐射一样，是靠积累产生效果的，因此总的曝光量是问题的实质，曝光量是照度和时间的简单乘积。在博物馆中，光对文物的影响主要考虑三方面的因素：红外、紫外辐射和总的光照度。目前博物馆中人工照明光源主要有六种类型，即钨丝灯泡、卤钨灯泡、荧光灯、金属卤化物灯、LED 灯和光纤灯，其中 LED 灯和光纤照明是近年兴起的高科技照明技术，二者光源特征为博物馆展柜控制光线的照度和均匀性提供了良好的选择。

一般对展品适用照度下限为 50Lux，适用照度上限为 200~300Lux。金属对于光线或者紫外线不敏感，金属文物不会由于单纯光照原因而损坏，照度标准低于 300Lux 即可。在室外，强烈光照会引起臭氧浓度升高，臭氧、空气污染物与水分共同作用于金属表面，会引起金属发生腐蚀。

光对青铜器的影响有两种情况，一种就是正常的青铜器，只要温湿度在器物要求范围内，光照度 300Lux 以下不会对青铜器保存有影响；另一种是青铜器上含有其他装饰或其他附着物，如彩绘、镶嵌螺钿、纺织品残留物等，或者在保护修复过程中采用了有机保护材料进行了黏结、封护或加固，这种情况下，既要对保存环境中温湿度进行调整，展出或保存的光照度也要参考和按照装饰品或者附着物的保护要求减至适当的范围，并保持定期的检查和监测，必要时要定期更换展品。

四、污染物对青铜器的腐蚀作用

早在罗马帝国时代，人们已经对烟雾潜在的有害影响发出了抱怨声音。伦敦毒雾使人们深刻认识到空气污染物对人类健康的危害以及对各种材料的危害。现代大气污染物主要由二氧化硫、氮氧化物和臭氧等组成，这些污染物浓度在城市严重污染区以几千个 ppb 和在偏远地区少于 1 个 ppb 的区间内变动，而世界上大多数博物馆建在城市中。因此，博物馆空气污染物主要包括颗粒污染物和气体污染物，颗粒污染物主要是空气中浮尘，气体污染物则包括二氧化硫、二氧化氮和臭氧等。

铜合金上铜锈生长有赖于大气中的气体成分，污染气体、浮尘物、雨、风、阳光、煤烟等都会加速青铜器的腐蚀。其中 SO_2、NO_x、O_3、颗粒物及有机挥发的酸类物质对青铜器的影响较大。

（一）二氧化硫对青铜器的腐蚀

二氧化硫（SO_2）是大气中最主要的污染气体之一，是我国酸雨的主要组成成分。它是无色、有刺激性气味的气体，易溶于水。大气中二氧化硫主要来源于含硫金属矿的冶炼、含硫煤和石油的燃烧所排放的废气。SO_2（气态）在潮湿条件下形成的酸性介质环境致使铜制品上的 Cu_2O 膜被破坏，表面氧化膜破坏处成为腐蚀微电池的阳极（区），铜发生腐蚀溶解，进一步形成溶解度较小的绿色腐蚀产物 $Cu_4SO_4(OH)_6$。

大气中存在的 SO_2 会加速许多金属的腐蚀。SO_2 与青铜的初始作用十分复杂，其依赖于环境的相对湿度和 SO_2 的浓度。

（二）氮氧化物对青铜器的腐蚀

氮氧化物（NO_x）是大气中的主要污染气体。氮的氧化物主要以一氧化氮（NO）的形式被排放到大气中；二氧化氮（NO_2）除自然来源外，主要来自燃料的燃烧、城市汽车尾气。NO 氧化可以变成 NO_2，二氧化氮在强阳光照射下与挥发性有机物之间的光化学反应产生臭氧（O_3）、过氧乙酰硝酸酯等更强的氧化剂，还可以进一步被氧化生成对金属及金属氧化物腐蚀性较强的 HNO_3。实验室模拟研究试验表明，在 NO_2 气体条件下，铜绿表层 Cu_2O 有被碱式硝酸铜替代的倾向，并且颜色逐渐变深。在相对湿度大于 90%，NO_2 和 SO_2 协同作用时，铜表面先出现硫酸盐或者亚硫酸盐，后转化为硝酸盐。

（三）臭氧对青铜器的腐蚀

臭氧（O_3）是一种强氧化剂，有很高的能量，在常温常压下易自行分解为氧气（O_2）和单个氧原子（O），后者具有极强的氧化作用。如果地面附近的大气中的臭氧聚集过多，对人类来说是个祸害。地面附近臭氧就是光化学烟雾的主要成分，它不是直接被排放的，而是转化而成的，比如汽车排放的氮氧化物，只要在阳光辐射及适当的气象条件下就可以生成臭氧。

臭氧对铜有极强的腐蚀性，它和铜反应生成氧化铜。臭氧浓度增加会催化加速青铜的腐蚀反应，当 O_3 和 SO_2 协同作用时，铜腐蚀产物迅速增多。

（四）颗粒物对青铜器的腐蚀

大气颗粒物是室内外文物污染物之一。大气颗粒物吸附性强，可携带重金属、硫酸盐、有机物、病毒等，且细颗粒物（PM2.5等）在大气中的停留时间长、输送距离远，对人体健康及文物安全都有较大的危害。大气颗粒物对文物的危害主要表现在以下几个方面：

第一，颗粒物携带的某些化学物质（如 S^{2-}、NO^{3-} 重金属离子及小分子有机酸）直接或者间接与文物反应，破坏或者催化加速文物的破坏。

第二，颗粒物的沉积或者是其携带的有害物质与文物反应，使文物出现暗哑、灰黑等视觉效果，影响文物的审美价值。

第三，大气中颗粒物还是生物、微生物的载体，为文物带来潜在的生物病害。

城市环境中对青铜器腐蚀影响较大的颗粒物有两种主要形式，即硫酸铵和氯化物。

硫酸铵是由氨、三氧化硫和水或者硫酸悬浮物共存时生成，具有吸湿性和酸性，是腐蚀的激发剂，在重工业区的颗粒物中尤为明显。硫酸铵包括铵根（NH^{4+}）和硫酸根（SO_4^{2-}）离子，在潮湿条件下，它们沉积于青铜器表面时会对青铜器造成腐蚀，在腐蚀过程中可能起着主导作用。空气中氯化物粉尘粒子对青铜器也造成十分严重的损害，在具有高浓度水溶性氯化物的海洋城市或者工业地区，通过 Cu_2O 的溶解产生铜离子，与氯离子反应生成 $CuCl$。$CuCl$ 一旦形成，就成为有害种子，通过以后许多的化学反应，对青铜器造成一系列腐蚀损害。碱式氯化铜与 SO_2 的协同反应可致使氯化物离子与质子得到释放，生成了酸性电解液，进而引起青铜器的一系列腐蚀。

五、特殊青铜器保存环境条件

一般情况下，带有稳定锈蚀的青铜器，即使在相对湿度为55%RH时仍比较稳定，但青铜器上会含有其他装饰或其他材质的附着物，如彩绘、镶嵌螺钿、纺织品残留物等，或者在保护修复过程中采用了有机保护材料进行了黏结、封护和加固，这些材料往往具有光敏性，在高温高湿及光照条件下迅速变黄、老化，甚至变脆破损；另外含有少量氯化物的青铜器在湿度较大的环境中也具有很高的化学活性，建议湿度不要超过46%RH，一般要求控制在35%以下。这种情况下，既要对保存环境中温湿度进行调整，展出或保存的光照度也要按照附着物的保护要求调至适当的范围，并保持定期的检查和监测，必要时定期更换展品。因此可以考虑为贵重的特殊青铜器制作特殊的陈列柜，进行微环境控制。有些博物馆采取分别控制展厅和展柜内的温湿度，对于特别珍贵金属文物的展出应放置在可控微环境的展柜中，如密闭或充氮展柜，在展柜下放置去湿机或干燥剂等。

一种或者是几种材质共同附着在青铜器上，对于青铜材质较为稳定的器物，要优先考虑脆弱材质的存放，并综合考虑青铜器和其他材质的文物的共同存放。比如，青铜器上镶嵌螺钿，按照根据《博物馆藏品保存环境试行规范》和《博物馆藏品保护与展览》建议，青铜器存放环境相对湿度为40%RH，螺钿存放环境相对湿度要求为50%~60%RH，但稳定的青铜器在相对湿度为55%RH时仍比较稳定，故建议带有镶嵌螺钿的青铜器存放环境相对湿度要求为50%~55%RH。

即使是同一种材质的文物，在干旱地区和湿润地区的存放环境也不一样。例如，南方湿润地区出土的纺织品和北方干旱地区出土的纺织品，其存放环境相对湿度就不能一概而论。一般来说，干旱地区的纺织品出土环境较为干燥，过高的湿度会因为文物存放的环境波动较大而可能会造成文物破坏，因此不能按照湿润地区出土的纺织品的存放标准来要求，应根据文物的实际情况酌情处理其与青铜器的共存问题。

一般来说，多种材质的文物共存保管时，优先考虑脆弱文物的存放环境；长期展出和保存结合文物的地域特征，综合考虑文物的稳定因素；在季节变化时，考虑博物馆微环境和大气环境的缓冲过渡性。

第五章 博物馆馆藏其他文物的保护

第一节 纸质文物的保护

我国有着数千年的历史，在这漫长的岁月中也孕育了数不清的文化。在这一过程中，"纸张的发明不仅仅是人类发展历史中的里程碑，更成为无数优秀文化的载体，对文化的发展与传承起到了至关重要的作用"[①]。与此同时，纸张的特质也在一定程度上决定了其更容易受到损害。随着时间的推移，大部分纸质文物在流传过程中都遭受了不同程度的损坏，给现代考古和文物保护工作都带来了一定的挑战。纸质文物的保护与修复有着重要的历史意义，由于纸质文物易受到损伤，文物工作者需要及时发现纸质文物损害的原因并选择合适的保护和修复技术，才能保证文物的完整性。

纸质文物一般是指以纸张为载体材料的图书、法书、绘画、档案、文献、经卷、碑帖等形式的历史遗存物，是图书馆、档案馆和博物馆的主要收藏品。

一、纸质文物的温度与湿度控制

（一）纸质文物的防热

第一，外围结构防热。室外的热源通过辐射热、对流热、导热传入库内，最好的隔热措施是利用导热系数小、热阻大的建筑材料。此外，还可利用加大墙体厚度、注意门窗密闭、使用遮阳板等防热措施。

第二，空调系统降温。空调系统是文物库房取得符合保护要求的气候条件的理想设备，降温效果良好。

---

① 　陈潇. 浅谈纸质文物的保护措施 ［J］. 中国民族博览，2022（04）：187-189.

（二）纸质文物的防潮

一是外围结构防潮。库内潮湿的因素主要包括地下水通过地面和墙体向内蒸发、雨水通过外围结构向内渗透、潮湿空气通过门窗缝隙浸入库内等。最好的防潮措施是在外围结构层中使用结构紧密、能隔断水分渗透的防水材料。此外，还要注意库房建筑的自身排水和防潮效果。

二是去湿机除湿。库房内使用去湿机，可将空气中的水蒸气降温、结露、析出液态水。冷冻去湿机一般具有不需要冷却水源、使用方便、性能稳定可靠、能连续运行等优点。

二、纸质文物的杀虫方法

（一）高温、低温杀虫法

环境温度因子对纸质文物库房滋生的害虫的新陈代谢活动影响很大，温度既可以加速或减缓害虫新陈代谢的速度，也可以使害虫代谢完全停止而死亡。

第一，高温法。40~45℃为昆虫生长的亚致死高温区，又称热休克区。昆虫生活在这一温度区域内，持续数天，就会因代谢失调而死亡。

第二，低温法。-10~8℃为昆虫生长的亚致死低温区，又称冷昏迷区。昆虫生活在这一温度区域内，持续数天，就会使代谢速度变慢，生理功能失调，体液冰冻和结晶，原生质遭到机械损伤而死亡。

（二）化学熏蒸杀虫

熏蒸就是在密闭条件下，使用化学熏蒸剂以毒气分子的状态穿透到生物体内，使其中毒而死。目前常用的熏蒸剂为磷化铝片剂，释放出来的 PH_3 气体主要作用于昆虫的神经系统，使昆虫死亡，对成虫和幼虫均能达到100%的杀虫效果。

（三）气调杀虫

空气是昆虫重要的生态因子，缺少氧气，昆虫便不能正常生长、发育、繁殖。在密闭的条件下，将空气中各种气体的正常比例加以调整，减少 O_2，充入 N_2 或 CO_2 气体，使昆虫的正常活动受到抑制，窒息而死。

三、纸质文物的库房防光

纸质文物最怕长时间被光照晒，尤其是紫外光对纸张有很大的破坏作用。波长为290~400nm的紫外光是引发纸张材料发生光化学反应的主要因素，所以库房防光主要是防紫外光。

第一，合理确定库房照度标准。照度是指物体表面得到的光通量与被照射表面的面积之比，单位是勒克斯（lx），一般纸质库房的照度为30~50lx，库内所用照明灯光无须过于明亮。

第二，限制日光的辐射强度，减少光通量。窗户是日光进入库内的主要通道，对窗户的位置、结构、玻璃、遮阳设备都应有合理的安排。窗户位置决定光通量：北窗<南窗<东窗<西窗。窗户结构决定光通量：无窗、小窗、狭长窗、多层玻璃窗、百叶窗都能限制光通量。窗户玻璃决定光通量：毛玻璃、花纹玻璃、吸热玻璃、茶色玻璃、彩色玻璃能限制光通量。窗户遮阳决定光通量：厚窗帘、遮阳板（水平式、垂直式、综合式、挡板式）都能限制光通量。

第三，涂布紫外光吸收剂。在窗户玻璃上涂紫外光吸收剂，如二羟基二苯甲酮类可吸收400nm以下紫外光，KH—1型涂料对紫外光的滤光率可达99%以上。

第二节　铁质文物保护

在我国历史文明长河中，春秋战国时期生铁冶炼技术的成功标志着社会生产力又一飞跃发展。生铁性脆、强度不够，开始只能用于制造铁铲、铁锛等工具。目前秦皇陵兵马俑出土的四万余件的兵器中，只有铁矛一件、铁镞一件和铁铤铜镞两件，其余都是铜兵器。到了汉代，将生铁中的碳含量和有害杂质进一步降低就炼成了钢。自南北朝以后各种钢制农具、工具、兵器和生活用具大量出现，炒钢、百炼钢、灌钢工艺技术进一步改进，钢的质量明显提高。曹植《宝刀赋》中"陆斩犀革，水断龙舟"就是对百炼钢优异性能的由衷赞叹。铁器的化学成分及结构决定其不稳定的理化性质，所以出土铁器文物数量不多。

一、铁器文物的除锈

铁器上的有害锈主要是氯化物 $FeCl_2$、$FeCl_3$、H_2O、$FeCl_3 \cdot 6H_2O$ 和铁器上酥松锈蚀 $\gamma\text{-}FeO(OH)$。铁器文物除锈主要有以下五种方法：

（一）机械除锈法

先用刀子、凿子、锤子、剔针、钢丝刷等金属工具剔、凿、拨、挑、锤、震去除铁器表面较厚的锈层和锈块。对于较硬的锈层可以用煤油和石蜡调成的糊状物，涂敷在腐蚀铁器的表面软化铁层，然后剔除。

（二）试剂除锈法

第一，弱酸溶液除锈。常用除铁锈的溶液有醋酸、柠檬酸、草酸等弱酸和碳酸钠、柠檬酸铵、草酸钠、醋酸钠、葡萄糖酸钠等弱酸盐。去锈液可用10%醋酸溶液，也可用5%~10%柠檬酸液或草酸液，将铁器放入其内浸泡加热，当发生去锈反应时会出现沉淀物，应及时更换新鲜去锈液。去锈后可用氢氧化钠或碳酸钠稀溶液中和酸，并用蒸馏水洗净。柠檬酸钠、草酸钠、醋酸钠、葡萄糖酸钠等一些弱酸盐类，也可以用来除锈，使用浓度为3%~30%之间。

第二，碱性溶液除锈。用10% NaOH 或 LiOH 溶液浸泡铁器，去氯锈后可用蒸馏水清洗。

第三，水洗法。用蒸馏水浸泡铁器，一段时间用冷水，一段时间用98℃的热水。这种冷热交替的清洗法可快速将氯锈去净。

（三）等离子体除锈法

等离子体除锈机，用以去除古铁锈。其原理是将铁的氧化物和氯化物还原成铁。所谓等离子体就是当气体电离后产生数量相等、电荷相反的离子和电子，这两种离子既相互吸引又相互排斥，存在于一个等离子的统一体中，等离子体呈电中性。在等离子体除锈机中，供气系统供出 H_2 等离子体，就可除去铁锈。用等离子体机处理过的铁器能保留器物原始表面上原有的痕迹和图案，甚至用手工方法也无法保留下来。等离子除锈还不会引起器物结构上的变化。

（四）电化学去锈法

电化学去锈法分为电化学还原和电解还原两种方法。

第一，电化学还原。采用锌皮或铝皮包在铁器的表面，置于10%氢氧化钠溶液中，并适当加热以加速反应，直到没有气体溢出为止，取出器物用蒸馏水冲洗干净，除去残渣，如此反复。由于在反应中会有大量的刺激性气体产生，所以此法一定要在通风橱中进行。

第二，电解还原。电解还原去锈法就是用被处理的铁器作为阴极，用不锈钢作为阳极，以10%氢氧化钠作电解液，通入直流电，控制电压和电流密度进行除锈。

（五）激光除锈

激光除锈机理主要是基于物体表面污染物吸收激光能量后，或气化挥发，或瞬间受热膨胀而克服表面对粒子的吸附力，使其脱离物体表面，进而达到清洗的目的。大致包括激光气化分解、激光剥离、污物粒子热膨胀、基体表面振动和粒子振动四个方面。

二、铁器文物的缓蚀封护

出土的铁器文物经过干燥后，经检测无有害锈的情况下，即可使用缓蚀剂来进行缓蚀处理。存在有害铁锈的，先进行除锈处理，然后再进行缓蚀封护。铁器缓蚀处理是指通过化学方法在铁器的表面形成一层致密的保护膜，以隔绝 O_2、SO_2、H_2O、O_3 等有害气体及霉菌、灰尘等污染源，同时这层保护膜不能影响文物的质感和外观。这层膜又叫钝化膜，铁器表面生成完整的钝化膜的过程叫作钝化过程。铁器缓蚀剂要求无色透明、常温下干燥并且涂层要薄、耐气候性和老化性要好、有较强的附着力、对人体和环境无公害等。

丙烯酸树脂无色透明，使用方便，常温下固化迅速，耐光、耐热，耐腐蚀，在大气中及紫外光照射下不易发生断链、分解、氧化等化学变化。因而丙烯酸涂料能有效地防止大气中的有害物质腐蚀文物，能基本上使文物保持原有的面貌，如果封护膜长期暴露在空气中遭到破坏后还可以重新涂刷。

三、铁器文物的加固与粘接

对于脆弱的铁器，因强度小而不利于保存和展出，可用合成树脂来渗透加固，如用30%～40%丙烯酸酯类乳液浸渗，通常采用降压渗透法（10～20mm汞柱）。如树脂浓度较高，可能会在器物表面留下光泽，这时可在器物表面裱上吸水能力很强的美浓纸或滤纸，纸层可以吸附器物表面多余的树脂而不在器物表面留下光泽，可以保持艺术品的原有风貌。破碎成碎块的铁器需要整形时，可用黏合剂（如硝基纤维素、环氧树脂等）拼对黏结。整形时，常在一细砂箱中进行，以便使各个残片按照需要的角度保持其形貌，待黏合剂干燥后黏结即可告成。腐蚀较轻的残片还可用软焊锡焊接。

第三节　纺织品文物的保护

纺织品文物的来源主要有两类：一类是传世珍品，如故宫博物院收藏的御用龙袍、锦被、地毯等，由于所处的温、湿度条件相对稳定，较少暴露于强光下，因此织品的老化速度较缓慢；另一类是出土织品，在中国西北部地区埋葬环境干燥、密闭条件好，织品基本保持古代原貌，易于提取，但污物泥垢仍要暂时保留，对叠压成块状的织品要整体提取。

遗存到今天的古代纺织品文物数量不多，其主要原因是麻纤维和棉纤维是高分子化合物在一定条件下会起水解反应，聚合度下降，纤维强度和质量降低；而高分子化合物内含有的活泼基因也在一定条件下会发生氧化、中和、光解、光敏等反应，其耐久性不如无机质文物。

一、纺织品文物的除污与消毒

（一）纺织品文物的除污

出土的纺织品文物一般不可避免地黏附有大量泥土杂质，去除这部分杂质是对纺织品文物进行保护的首要步骤。

1. 除尘

大多数的陈年纺织品上面附有许多灰尘，可使用洗耳球轻轻从中间向四周吹去微尘。大一些的杂质选用镊子小心钳去，镊子须尽可能拿得平稳，动作要轻，因金属尖头极易碰伤表面纤维。

2. 除泥垢

出土纺织品文物大多附有难以去除的泥垢，可用酒精（CH_3CH_2OH）将其溶解，黏土和酒精都是极性分子，容易相互溶解。采用酒精替代蒸馏水是因为其张力小于水分子，可避免纤维炭化造成塌陷。用小羊毫毛笔蘸75%酒精溶解泥垢，当露出织品以后，羊毫笔尖要向同一个方向移动，否则会使泥浆嵌入织品的纹理中去，造成织品图案模糊不清，从而影响观赏效果。

（二）纺织品文物的消毒

出土的纺织品文物，一般要先进行消毒，一方面避免人体接触受到病毒和有害菌的感染，危害人体健康；另一方面也可以消除或减少有害微生物对出土纺织品文物的进一步损害。一般采用的方法是在发掘取出纺织品文物后，立即放入准备好的复合塑料袋，通入配好的环氧乙烷与二氧化碳混合气体（环氧乙烷与二氧化碳的重量比为 1：9），然后把塑料袋封好，放置 24 小时后取出。也可将出土的大批纺织文物集中放入一密封熏蒸室，然后通入环氧乙烷与二氧化碳混合气体，密闭 12~24 小时后取出。

环氧乙烷杀虫灭菌广谱性好，对细菌及其芽孢、病毒、真菌及其孢子等都有较强的杀伤力，对纺织纤维无腐蚀作用，也不会使染料褪色。它有很强的穿透力，不仅对纺织品表面的微生物和害虫有杀灭效果，而且能穿透到纺织品内部。环氧乙烷灭菌机理是其烷基能与菌体蛋白质内的氨基、羟基、酚基、巯基结合，造成菌体细胞代谢产生不可逆的破坏作用。

二、纺织品文物的清洗与加固

（一）纺织品文物的清洗

1. 清洗前试验

对有色织物进行清洗前，必须进行局部点滴掉色试验，以判断水或其他溶剂对色素的溶解程度。其方法可以在有颜色的次要部位滴上一滴试验溶剂，湿润 1 分钟后，用棉球或吸湿纸沾拭，若发生颜色转移，这种现象称为"流淌"，表明这种溶剂能使织物掉色，应改用其他溶剂。也可以用5%NaCl 水溶液或 2%~5%的醋酸溶液先进行颜色固定，必要时可以增大醋酸浓度，最高可达 20%。然后再做点滴试验，经固色后若无流淌现象，方可使用此种溶剂。

蛋白质纤维对于碱性溶液很敏感，而植物纤维对酸性溶液很敏感，水洗过程中一般不加入其他化学试剂，有时为了固定颜色可采用1%的 NaCl 水溶液。在水洗过程中，必要时应加入表面活性剂，一般以非离子表面活性剂为好，有时也可加入阳离子活性剂。通常加入表面活性剂量在0.2%左右，对溶液的酸碱性影响不大。

2. 水洗

出土织物由于自然界的综合腐蚀作用，纤维已变得非常脆弱。纤维的抗拉强度、耐折度都很小，再加上黏结成团，必须用大量的水才能清洗干净，但又不能直接放入水中清洗，可用托网和斜面平台托衬糟朽织物，避免织物进一步损坏。

托网清洗法：托网是采用木质边框的尼龙网。清洗池可用平底搪瓷浅方盘或不锈钢浅方盘，采用去离子水或蒸馏水清洗织物，而不直接用自来水，以防止自来水中残留的氯或次氯酸盐对织物产生侵蚀和漂白作用。水温保持在 25~30℃ 之间，水洗法对棉、麻、丝、毛织物均可。清洗时将托网在水中轻轻晃荡，但不能用力过猛，每次托网入水和出水时都要缓慢。利用托网清洗时，对于质地较好的织物，可以利用两张托网对扣的办法，将织物从一张托网转移到另一张托网上，来回转洗织物的另一面。目前已将超声波方法应用于古代丝织品的水洗过程，应使用能量较小的超声波波源，因为有些织物老化得很厉害，过分振荡会加速纤维的断裂。

斜面平台清洗法：对一些老化严重的织物，应将其放在脱脂纱布衬垫的斜面玻璃平台上，在上面薄敷一层棉花或纱布，用温热蒸馏水把污渍浸湿，使污物溶解被底垫吸收，直至玻璃上流下来的水干净时为止。还可利用高温水蒸气的强穿透力溶化黏结物，使块状织物变软、脱胶而慢慢疏解开来，每通一次蒸汽流，织物上的污物就会落在棉垫上。其方法是用纱布和脱脂棉铺成薄片做底垫，将待洗的织物放在底垫上，织物上面再覆盖同样的棉垫，然后通入蒸汽流清洗，这样每清洗一次，织物上的污物就会落在棉垫上。然而此法温度较高，会对古代织物本身产生一定的影响。

3. 干洗

点滴掉色试验表明不能水洗的织物可换用有机溶剂清洗（同样须做掉色试验），常用的有机溶剂有丙酮、石油醚、四氯乙烯、四氯化碳等，也可采用几种有机溶剂混合液清洗。无论用何种方法清洗污垢后，一般不得采用烘晒的方法，而应置于通风阴凉处晾干，以避免古代织物的热氧老化、光氧老化。

（二）纺织品文物的加固

1. 丝网加固

所谓丝网加固，就是将涂有树脂胶黏剂的蚕丝网，热压覆盖在织物上，从而起到对破损织物加固的作用。丝网亮丽透明，薄而轻，手感好，加固后对织物的原始纹理及图案影响不大。具体方法：先将丝网平铺在毛毡上，然后把织物放在丝网上，再在织物上铺上一层丝网，形成一种三明治结构，最后将织物和丝网一体物放在两张聚四氟乙烯薄膜中，用可调温电熨斗（温度设在 4 档，约 80℃）稍用力有顺序地移动，将丝网与织物紧密地黏在一起。丝网加固实际上是一种改进的树脂"热加膜法"——在热塑性树脂薄膜中，压黏有丝网。树脂不只是黏结剂，更是主要的成膜物质，与一般树脂膜相比，它不是密膜，而是网状膜。由于蚕丝的理化性能较植物纤维素低，是一种不耐久的天然纤维材料，现国内外多采用合成纤维来做衬托。

2. 高分子化合物渗透加固

高分子化合物渗透加固是应用浸泽、喷雾或软毛笔蘸溶液涂刷等方法，将某些高分子材料涂布于织物表面，逐渐渗透进入织物纤维内部，以达到增加其强度的一种方法。

高分子加固剂性能要求。所用的加固剂应符合以下要求：①化学性质稳定，耐老化性能好，不黄变，不会加速织物材料的老化或褪色；②具有柔韧性，并能增加织品的强度；③无色透明，不会改变织物的色泽、质地和外观，不会使纤维膨胀；④尽可能具有可逆性，分解时不会产生有害产物；⑤黏度适中，以确保良好的渗透性，不发黏，不吸尘。

高分子加固剂种类。①聚烯烃及其缩醛类：聚乙烯、聚乙烯醇、聚乙烯醇缩丁醛等；②丙烯酸酯类：聚甲基丙烯酸甲酯、聚甲基丙烯酸丁酯、丙烯酸丁酯等；③聚酯类：聚对苯二甲酸乙二酯；④纤维素类：乙基纤维素、羧甲基纤维素、醋酸纤维素、羟丙基甲基纤维素等。在上述加固材料中，以聚甲基丙烯酸丁酯和羟丙基甲基纤维素性能较为优良。丙烯酸酯类具有透明性好、耐热、耐光和耐氧化降解的特性，而且通过调整丙烯酸及其共聚单体的种类、比例、聚合物的分子量以及聚合工艺等一系列措施，可制得性能和应用范围非常广泛的高分子材料。聚丙烯酸酯类纺织品加固剂能够形成柔软且富有弹性的薄膜，聚合物中的酯基具有相当强的氢键结合力，对织物产生一定的黏附性，使其能固化在纺织品上。

有机硅高分子加固剂：某些高分子加固剂有其难以克服的弊端，如低分子量聚乙烯醇会使纺织品颜色加深，发黏、吸湿性增强，易于吸尘及粘上其他污物。用聚乙烯醇或聚乙烯醇缩丁醛处理的织物发硬，织物会受到老化后坚硬、开裂的加固剂锋利的边缘的摩擦损伤。近年采用一种有机硅改性的丙烯酸树脂加固糟朽丝织品。有机硅改性的丙烯酸树脂材料具有良好的理化性能，在一定程度上减小了加固剂对织物的不利影响。通过向丙烯酸酯乳液中引入有机硅的方法而制得的有机硅改性丙烯酸酯乳液也称为硅丙乳液，其耐候性远优于纯丙烯酸树脂。其中有机硅起到改性丙烯酸酯的作用，提高其耐沾污、耐老化和耐水性能。

3. 接枝加固

接枝加固是利用接枝反应达到增强文物材料强度的一种方法。接枝反应的研究始于20世纪五六十年代，其反应机理一般认为是自由基链式加聚反应。在加热条件下，引发剂分解，产生初级自由基，进而引发单体形成自由基，然后与丝素大分子发生接枝共聚反应。通过接枝反应一方面将能改善材料性能的分子或基团结合到丝纤维上；另一方面使线状纤维彼此间发生交联，增加织品的强度。

丝织文物丙烯酰胺接枝加固以丙烯酰胺作为丝纤维的接枝单体，以过硫酸铵为引发剂，按单体用量 4~6g/L，浴比 1：50 配制反应液，将丝织品投入恒温水浴锅中升温至 70~75℃，按 1.5g/L 比例加入引发剂过硫酸铵，恒温反应 120 分钟左右，然后用温水清洗，漂净后置于通风干燥处晾干。对两件清代传世的和一件出土的明代的、颜色分别为蓝色、橙色、棕色的织品进行接枝加固，处理后颜色未见变化，三件织品的接枝率分别为10.4%、37.7%、29.3%，重量有所增加，但质感较好，强度增大，而且可以清洗。

4. 丝胶加固

生丝主要由丝素和丝胶组成，丝胶是丝素的保护物质，具有黏合和维持丝素强度的功能。一般桑蚕茧中的丝胶含量占生丝总量的 20%~30%。可从生丝中提取丝胶，利用其黏合特性加固糟朽纺织品文物，此种加固既可以提高颜料的附着力，又可增加织物的强度。具体方法是将未脱胶的生丝洗净，放入烧杯加入蒸馏水，水浴法加热，温度控制在 90~100℃之间，数小时后，外层丝胶溶解，加入 30%乙醇蒸馏水液体，配置成丝胶含量 1%~1.5%的混合液。将混合液装入手捏式喷枪中，均匀喷涂织物表面。喷涂同时保持一定的温度，以防丝胶冷凝。

三、纺织品文物库房保管的要求

纺织品文物的强度降低及颜色褪变，除本身的材料、染料结构等内在因素外，还受到外界温湿度、光线、空气污染物等自然因素的影响。为营造出一个适合纺织品文物保存的小环境，阻止或延缓文物的劣化变质而采取必要的防护措施，最大限度地减少文物糟朽，是永久保存文物的一项重要工作。

（一）控制库房温度

织物材料在自然环境中起化学反应，就意味着文物受到损害。而化学反应的速度与温度有关，一般认为温度每上升 10℃，化学反应的速度加快 1~3 倍。纺织品文物的保存环境要求以低温干燥环境为最好，文物库房温度，以控制在 16~20℃之间为宜，夏季不高于 25℃，日温度变化控制在 2~5℃，高于 25℃库房则会害虫繁殖，霉菌滋生。

（二）控制库房湿度

纺织品文物的含水量与相对湿度有关，纺织品文物在高湿环境下纤维会发生水解，且颜色褪变速度增快。沙漠干燥地域出土的染织物色彩鲜明，说明低湿环境对保持色泽有很大作用。文物库房应配备去湿机，一般情况下，库房相对湿度应控制在 55%~65% 之间，日湿度变化不应超过 2%~5%，空气过于干燥会引起织物失水而开裂脆化，过湿会加速织物老化和褪色。特别重要或糟朽较严重的织物应放置于干燥器内，干燥器下面平铺硅胶、无水氯化钙、氧化钙等吸湿剂，也可将包有吸湿剂的纱布袋放置于存放织物的箱柜内。

（三）库房的避光与防尘

纺织品文物属于对光特别敏感的文物，要求照度标准应小于 50 勒克斯（Lux），年总曝光量低于 12000lx，即一年只允许陈列 30 天（每天 8 小时）。光源的紫外光含量比值应小于 75 微瓦/流明。纺织品文物无论存放库房，或陈列于展厅，都要注意将其展开放平，绝对不要折叠，且严格防止采光中的光线照射，尽可能减少曝光时间和降低照度。紫外光波长短、能量大，是造成纺织品文物糟朽的主要原因之一，因此在保管过程中，应对环境进行滤紫外光处理，较为理想的滤光措施是在窗户玻璃和荧光灯管上涂布紫外吸收剂。

灰尘对纺织品文物的危害极大。灰尘是固体杂质，形态不规则，且多带有棱角，落在织物上，在使用过程中会引起对文物的摩擦，使织物产生机械损伤和污染。灰尘一般易吸收空气中的水分，在文物表面形成一层相对湿度较空气为高的灰尘层，它能吸附空气中的有害化学杂质，落在织物表面上可产生酸解、碱解、变色、褪色及酥脆等破坏作用。灰尘是各类微生物的载体，是霉菌孢子的传播者，是微生物寄生和繁殖的场所，可使文物霉烂、腐朽。因此，洁净的环境是做好纺织品文物保护的关键。

减少文物库房颗粒污染含量的有效措施就是在库房的通风口设置空气过滤器，过滤器按微粒捕集的位置可分为表面过滤器和深层过滤器。表面过滤器有金属网、多孔板等形式，微粒在表面被捕集。用纤维素酯、聚酯等制成的化学微孔薄膜，厚度一般在几十微米，表面带有大量的静电荷，均匀分布着 0.1~10 微米的圆孔，平均每平方厘米上有 10^7~10^8 个小孔，孔隙率高达 70%~80%。比孔径大的微粒通过这些孔时，可 100% 被截留在表面，甚至只有孔径 1/10~1/15 大小的微粒也可被滤膜截留。

深层过滤器又分为高填充率深层过滤器和低填充率深层过滤器两种，微粒的捕集发生在表面和内层。高填充率深层过滤器结构多样，有颗粒填充层、各种多孔质材料、各种后层滤纸等，这些孔隙在厚度方向相当于毛细管。低填充率深层过滤器，有各种纤维填充层过滤器、薄层滤纸高效过滤器和发泡性材料过滤器等。深层过滤器捕集微粒的效果比表面过滤器好。

（四）防有害气体和虫害

有害气体是指人类活动和自然过程引起某些物质进入空气中，呈现足够的浓度达到足够的时间改变了大气正常组成。当其达到一定浓度时，就会对物质产生不利影响。有害气体对文物产生的危害日益严重，尤其是硫化物具有腐蚀作用，对纤维素、蛋白质等均起腐蚀破坏作用，并对染料褪色有重大影响。

由于空气中的有害气体多呈酸性，因此可以让其通过碱性材料，经过中和作用使其生成盐类而从空气中分离出来，这样就会使进入库房的空气中有害气体的浓度降低。可将空气通入 NaOH、Na_2CO_3 溶液中，使其净化后再导入库房。也可与去尘措施结合在一起进行，如在滤层中放入碱性物质，这样既能消除空气中的有害气体，又能阻止大气尘通过，经过这种处理的空气就比较洁净了。

纺织品纤维原料主要成分纤维素和蛋白质是微生物和害虫的理想营养源，纺织品文物保管库房环境污染，温、湿度控制不当，就会发生霉烂虫蛀灾害。纺织品文物入库前要进行消毒处理，入库后须定期检查，发现发霉生虫隐患应及时处理。

第四节　琥珀文物的保护

琥珀是古代针叶木的石化树脂。6000~4000 万年前，原始森林中参天松树由于气候炎热而渗出松脂，松脂坠地或者在滴落过程中，粘住了一些植物、杂物甚至小虫、小动物。松脂这种热塑性的材料遇到空气就凝固。这些松脂随原始森林由于地壳的运动而被埋入地下，为泥沙掩盖和地下水里的矿物质渗入，后来那些地区由于气温锐降，形成大冰河时期，使地层中的树脂冰冻和凝固。地层变动时又产生高热、高压等条件，这样经历了无数年代，树脂终于硬化变成化石，形成瑰丽的宝石——琥珀。

我国琥珀数量不多，主要产地在东北和云贵高原等地。墓葬中出土的琥珀以辽代陈国公主及驸马墓中出土的琥珀制品最为精美，且数量众多，有装饰品如耳饰、项饰等；实用装饰品如琥珀盒等；佛教用品如舍利瓶、菩萨像等；装饰附件如琥珀小鱼干等。辽代琥珀制品反映了当时辽人与西域和中原的文化、商贸交流，同时也为后人提供了研究辽代历史的不可多得的实物凭证。

一、琥珀文物的清洗与加固

（一）琥珀文物的清洗

琥珀文物在出土后或日常保管中，容易沾染污渍、油垢等，必须进行清洗。对于保存完好的琥珀，去污可用蒸馏水浸泡，再用稀盐水或柚叶将琥珀清洗干净，必须用柔软白布抹干以免液体渗入裂缝在材料内部形成物理张力，不能用刷，以防磨损表面。对于表面光滑但轻微变质的琥珀可用非离子清洁剂清洗。若琥珀表面有钙质硬壳物质，可用10%ED-TA—乙二胺四乙酸水溶液清洗，在清洗后必须用蒸馏水冲掉残留的混合液。

（二）琥珀文物的加固

琥珀的加固主要用于合成材料。目前加固琥珀的最有效材料是溶于有机溶剂的合成树脂中的丙烯酸树脂三氯乙烷溶液，浓度从1%～3%不等。另外溶解于矿物松香油的微晶蜡效果也不错，但它只适用于保存完好的琥珀。在溶于水的合成树脂中，尚在使用的加固剂是10%的丙烯酸乳剂（PRIMAL AC33）蒸馏水溶液，主要成分为乳化的丙烯酸盐和乙丁烯酸盐。

二、琥珀文物的黏结与修补

琥珀是天然树脂类有机物，若有裂缝最好的修复材料应采用与琥珀相似成分和性质的物质（天然树脂或合成树脂）。树脂是热塑性材料，可以用来黏结和修补琥珀。修补断裂琥珀最好的胶黏剂是加拿大香脂（一种天然树脂），它的折射率同琥珀相同。修补表面已退质的棕黄色的琥珀，可采用如下配方：松香2%、白蜂蜡（$C_{15}H_{31}COOC_{30}H_{61}$）9%、地蜡9%、石蜡（从石油中得到的含20个碳以上的高级烷烃）10%。这些成分在67℃时熔化，然后加35%的生石膏融合为一体，这种混合物是较好的修补材料；对于形状完好的透明琥珀可用松香油或者乳香树脂加松香进行修补。

对于考古发现的琥珀而言，琥珀已破坏比较严重，不再透明，内部布满裂缝。这类琥珀可用意大利一家修复公司提供的一种溶液，主要是由玻璃粉末（微球体）、微量的氧化硅和浓度为30%的Paraloid B—72构成的混合物，可添加修复所需的油漆颜色，获得希望的色调。此外，为了减缓琥珀的氧化速度，可以在琥珀的表层涂盖二甲苯溶液或甘油溶液进行封护，但日久会在外表层形成一层不透明体，影响琥珀的美感。

三、琥珀文物的日常保养

第一，防热、防紫外光。阳光中的紫外光和热能会加速琥珀表层的氧化和干裂，使琥珀质地变得粗糙，甚至不透明，失去原本的宝光和温润。库房照明光源不得超过150lx，特别不能使用含紫外线的日光灯。

第二，防干燥。冬季空气干燥，相对湿度可能经常在50%以下，故附近可放一小杯清水，以防琥珀发生龟裂。同时，环境的相对湿度应当维持在 50%～60% 之间，浮动范围不超过 5%。

第三，防机械损伤。琥珀性脆，硬度低，在日常保养过程中要防止琥珀之间的碰撞以及失手的跌落。对硬度较低的琥珀要特别防止人的指甲划伤。因为这些都有可能导致琥珀脆裂。

第四，防尘。可用聚乙烯盒包装，盒内填满不含酸的物质，避免沾染任何灰尘。若沾染了灰尘，应以温水清洗，再用柔软的布吸干水渍，最后以少量的纯净橄榄油轻拭。另外，琥珀是有机宝石，应远离酸碱；挥发性、腐蚀性的物质会产生不利作用，使用后可用湿布轻轻擦拭；避免接触喷雾型产品，如发胶、杀虫剂、香水等。

第五节　竹木漆器文物的保护

一、竹木漆器及其特征

（一）什么是竹木漆器

竹器、木器和漆器在我国具有悠久的历史，其中木器可以追溯到石器时代。在石器时代的遗址中，出土过许多远古人类使用的木质工具；木器一般可作为古人的家具、乐器、武器、生活用品等，应用极为广泛。中国古代民居建筑，多为砖木结构，其木质构件，从质地来讲，也为木质文物。

至于竹器，作为生产工具的竹器，如马王堆汉墓出土的竹筐就是当时人们运土的工具，距今已有 2000 多年；作为生活用品的竹器，如竹席是墓葬中常见的陪葬品；曾经作为我国古代书写主要载体的竹简，自 20 世纪初开始，考古出土了大量的竹简，据统计，截至 2004 年 10 月，已有 30 多万枚，如敦煌汉简、马王堆汉简、居延汉简、凤凰山汉简、长沙三国吴简和楼兰与尼雅晋简等。竹简的出土为人们研究中国古代的历史提供了弥足珍贵的实物资料和文字资料。

我国是世界上最早利用天然漆的国家。漆器是中国传统的工艺品和实用品，在世界上享有盛誉。除竹木为胎外，也还有陶胎、皮胎、铜胎、金银胎等的漆器，只是为数较少。漆器制作的工艺历史悠久，源远流长，如浙江余姚河姆渡遗址中出土的木胎漆碗，距今已有 7000 余年。我国运用不同工艺制作的漆器种类繁多，如单色漆器、罩漆漆器、描漆漆器、描金漆器、堆漆漆器、剔红漆器、犀皮漆器、螺钿漆器、款彩漆器、戗金漆器、百宝嵌漆器、填漆漆器、雕填漆器、剔犀漆器等。

中国古代漆器的发展以魏晋南北朝为转折点，分为前后两大时期，前期的漆器主要是实用品，形色共一体；后期的漆器逐渐变为欣赏品，注重在漆与雕上下功夫，彩绘与镶嵌共一体，多种修饰手法综合运用，使漆器艺术达到极致，精美绝伦。

（二）竹木漆器文物的特征

古代的竹木漆器长期在地下水中浸泡，含有大量的水分。由于材质经过水解、氧化、纤维素分解酶和微生物的作用，其大分子结构遭到破坏变为小分子材料，有些通过漆膜破裂处流失，有些则与水以氢键方式结合。水的浸入占有了原有的木质素、半纤维素和纤维素的位置，支撑着木材原有的外形结构，使器物出土后仍保持着原有的器形。主要特征如下：

特征一：含水量高。古代饱水竹木漆器的一个最重要的特征就是含水量很高，一般绝对含水量都会超过150%，有的甚至高达700%～1900%。而砍伐下来的新鲜竹木材的绝对含水量只有40%左右。

特征二：机械强度低。饱水竹木漆器内胎的主要化学成分是纤维素，纤维素结构又分为结晶区和非结晶区，它们维持着器物的外形。但是这些器物在地下埋藏了千百年，地下水使纤维素遭到破坏，呈链状的多糖物质内的糖苷键发生断裂，纤维素大分子变小，使器物在宏观力学性能上大为降低。同时，器物内部的木质素、半纤维素、可溶性胶质等成分由于解离而增加了溶解度，这使得纤维束与纤维束之间（微纤维和细纤维）的氢键结合力减弱，所以出土的古代饱水竹木漆器在外力的作用下很容易破碎或成为粉末。

特征三：漆膜起皱脱落。古代漆器的漆膜是由生漆与油类混合后涂刷而成。在千百年的地下环境影响下，化学性质比较稳定的漆膜网状结构破裂，发生老化；加之内胎质地的老化，从而使漆膜出现开裂、皱缩、胶化、脱落等现象。

二、竹木漆器文物的脱水定形

古代出土饱水竹木漆器由于制作工艺不同，使用材料的质量各异，加之出土前地下环境、出土时代的不同以及地区差异等方面因素的影响，出土时的饱水情况及破坏程度也不相同。对此，只能根据不同的对象和情况，采用不同的脱水定形处理方法。

（一）干燥脱水

所谓干燥是指将饱水竹木漆器的含水量降到对器物本身无害的标准，并非不含任何水分。在空气正常相对湿度 50% 左右条件下，质胎的平均含水量以 12% 为好，但竹胎的正常含水量应相对高于木胎。

1. 自然干燥法

自然干燥法就是将饱水器物密封在一个湿度比较小的环境中，使器物内部的水分极其缓慢地蒸发，以达到脱水的目的。具体的做法可将饱水器物放在干燥沙子中、密封的玻璃器皿内或用塑料薄膜包裹放在地下室阴干。这些方法简单易行，特别适合于质地较好、含水量不是很高的器物。对那些体积大、材质厚的器物，也只能用自然干燥法，但要注意定期检查，一旦发现干裂、霉变或腐烂要及时处理。

2. 硅胶干燥法

硅胶是无色半透明至乳白色的固体，多制成颗粒状，无臭，无腐蚀性，不溶于水，化学组成成分是 $mSiO_2 \cdot nH_2O$。硅胶空隙率为 70%，吸湿能力为自重的 30%。硅胶可分粗孔、细孔、原色、变色等类，粗孔硅胶吸湿速度快，易饱和；细孔硅胶吸湿速度慢，但维持的时间长，一般在文物保护上都用变色细孔硅胶。变色硅胶为蓝色颗粒，内含无水 $COCl_2$，吸饱水分后，水合 $COCl_2$ 为粉红色，所以根据硅胶颜色的变化可以判断吸水程度。

硅胶干燥法就是将小型竹木器物与硅胶密封在同一个玻璃干燥箱内，利用硅胶的吸湿性来吸附器物内的水分，硅胶要不断更换。饱水硅胶经过干燥处理后还可以重新使用，硅胶干燥处理饱水器物的方法不仅操作简单，而且费用低廉。安徽省文物保护机构的专家曾用此法脱水处理了几件两汉时期的木胎漆器，效果较好。但是腐朽严重的饱水竹木漆器采用此种方法进行脱水的效果很差，需要采用其他方法进行处理。

3. 加热真空干燥法

通过在真空环境下加热木材，可以同时提高加热和减压对蒸发速度的影响，从而加快木材内部的脱水过程。通常，适宜的温度范围是在 45~70℃ 之间。在这个温度范围内进行加热可以有效地促进水分的蒸发，使木材快速达到所需的干燥水平。

4. 冷冻真空干燥法

将饱水器物放置于低温条件（-40~-20℃ 或者更低）下冷冻，使器物内部的水分全部结成冰，然后在真空状态下使冰不经过液态情况下直接气化，变成水蒸气，再用真空泵将水蒸气抽出，从而使器物脱水。

5. 醇—醚联浸脱水法

醚联浸脱水法由于脱水处理效果很好，所以被广泛采用。但需要有机溶剂的量较大，要做好防毒、防火措施，以防出现意外事故。国外的文物保护工作者在采用一种有机溶剂浸泡器物脱水后，再进行冷冻真空处理，使渗入器物内部的有机溶剂气化，再把蒸气抽出，也可使饱水器物脱水。

6. 超临界液体干燥法

超临界液体干燥是近年来迅速发展起来的一种新技术，此种技术也开始应用于饱水文物脱水。它是利用气体在临界温度以上无论加多大压力都不能液化的特性，控制饱水文物内部的液体在临界点之上，使气、液界面消失，在无液相表面张力情况下进行的干燥过程。

与前面五种传统脱水方法相比，超临界液体干燥法这种技术具有消除干燥应力、缩短处理周期、提高脱水效率、消除填充剂、降低对文物的远期损害等优点，还能使杀菌和干燥同时完成。这种技术虽然目前仍处在对小体积饱水文物干燥的探索性应用和针对具体干燥过程的经验积累阶段，但具有良好的发展前景。

（二）加固定形

加固定形是指在一定条件下使一些有机或无机材料逐步渗入饱水器物内部起填充加固作用，使得饱水器物在脱水时能保持其外形的稳定。

1. 无机盐渗透法

利用明矾等无机盐在较高温度的水溶液中溶解度大的特点，将器物浸泡在无机盐的热水溶液中，使盐类逐步渗入器物内部起填充作用。但使用明矾填充后，由于空气中的温、湿度变化，可能有少量盐分析出，需要加以改进或结合其他方法并用。

2. 单体树脂浸透法

将饱水器物浸泡在单体树脂溶液中，因单体树脂液分子量小，渗透性强，很快渗入器物内部。

3. 聚乙二醇充填法

聚乙二醇（PEG）是一种水溶性的小分子聚合物，平均分子量在两百到几千不等，其机械强度一般随分子量的递增而加大，熔点也随之升高。PEG 不受微生物的侵害，易溶于水和其他有机溶剂，无色无臭，蒸气压低，是一种稳定的水溶性聚合材料。用 PEG 溶液浸泡脱水过的竹木器，是目前国内外常用的一种方法，而且评价较高。在较高温度下，PEG 在水中有较高的溶解度，所以可采用各种不同分子量、不同浓度的 PEG 水溶液浸泡或喷涂不同器物，使 PEG 渗入器物内部，从而起到加固作用。

PEG 法的操作要点：先将待处理的器物进行表面清理，根据器物重量、尺寸、腐蚀情况选择不同平均分子量的 PEG 溶液进行处理；溶液的选择要由小分子量的 PEG 渐次过渡到大分子量的 PEG，以便逐步缓慢填充。第一次处理用 5%～15% 的 PEG400 溶液浸渍 2～3 周；第二次处理用 5%～15% 的 PEG1500 溶液浸渍 2～3 月；第三次处理用 5%～15% 的 PEG4000 溶液浸渍 6～12 月。此法浸透直到器物重量不变，溶液不能再渗入为止，最后进行真空冷冻法干燥。经过较严格的 PEG 浸渍和真空冷冻干燥的漆器，器形能得到良好的控制，漆膜与胎木之间渗入的 PEG 固体还有一定的黏结作用。为了防止漆膜受外界的温、湿度变化的影响而起翘卷曲，一般还需要对器物内外表面进行封护处理。

4. 蔗糖浸透法

采用蔗糖法对木质文物进行保护已经广泛使用，蔗糖浸透法最早是在 1903 年提出，现在得到各国研究学者的广泛认同。

蔗糖法的操作要点：将器物在室温条件下放在 5% 的蔗糖溶液中，然后慢慢地升温至 50℃，且一直保持这种状态，每隔两个星期按 5% 的比例递增浓度至 45% 为止，不断地称量器物的重量直到器物的重量不再增加为止。然后按 10% 的比例递增浓度至 100%，两个星期后将器物从溶液中取出放在空气中进行自然干燥。

使用蔗糖法的注意事项：由于蔗糖是霉菌和害虫的营养体，尤其是在对蔗糖溶液进行加热的情况下糖溶液很容易滋生霉菌，这会给本已腐朽的文物带来致命的危害。因此在采用蔗糖法对饱水木质文物进行保护处理时，一定要选择合适的防虫、防霉措施，一般在处理过程中可在蔗糖溶液里加入适量的防霉剂。除蔗糖外还可使用葡萄糖水溶液和其他二聚糖，如麦芽糖、乳糖等。

三、竹木漆器文物的修复

对出土漆器或传世漆器，由于受物理、化学、生物等不利因素影响，其内胎和漆膜产生不同程度的破损和残缺，需要进行补缺和恢复，以恢复文物的原有面貌，增加强度，延长使用寿命。

器物修复的关键在于选择良好而适用的黏合剂，既要保证黏结牢固，又不能影响器物的外观，还要使用方便。

（一）除污与脱色

1. 除污

一般出土竹木漆器都会带有泥污和霉斑，可先用蒸馏水洗去污泥，再用较稀的 H_2O_2

溶液或 2% 的草酸溶液清洗暗黑的斑点，用清水多次漂洗干净。

2. 脱色

有时候出土后的竹简因为不适应外界条件变化而发生变色，导致字迹辨认不清。要使器物色泽变浅、字迹清晰，可在修复开始前先用蒸馏水将竹简清洗干净，浸入 5% 的草酸溶液中，等到竹简色泽变浅、字迹清晰时，再用蒸馏水将竹简上留存的酸溶液漂洗干净到中性。

（二）补缺

对已残碎的木器和断裂的竹简的修补主要是补洞和黏结。

补洞：用环氧树脂调拌木屑填补空洞。木屑须预先经高温消毒，或用氯化铝等杀虫灭菌剂处理。修补后可再适当做旧，做到新补的部分同旧物原貌一致，浑然一体。

黏结：可用溶于甲苯或丙酮的聚乙酸乙烯酯溶液，或聚乙烯乙烯乳胶液将碎片小心对接在一起。若内胎较为糟朽，先用 4% 的乙二醇聚乙烯醇水溶液，将器物里外两面进行涂刷，待干燥时，器物便具有良好的弹性和光泽。

（三）漆膜修复

漆膜必须在干燥情况下进行修复，修复漆膜要根据膜的损坏程度分别采取相应的有效方法：

1. 漆膜的回软

漆膜是漆器彩绘图案的载体，也是文物精华的所在，由于保存不妥，许多竹木漆器漆膜发硬发脆，一触即破，也有些漆膜翘曲卷边。在不改变漆膜化学性质的前提下，可选用水、乙醇、丙三醇、丙二醇做回软剂。这些溶剂具有极大的吸湿性和热稳定性，与许多化学物质不起作用、不水解、不变质、不变色，可用作增塑剂和软化剂。经过比较，将温度控制在 40~60℃，以水、乙醇、丙三醇的回软性最好。处理过的漆膜有很好的塑性和弹性。

2. 漆膜的补缺

第一，细小裂纹可用树脂胶乙醇溶液灌注填充，也可用硝基清漆加稀料稀释后渗入裂缝直到饱和为止，还可用稀释的树脂渗入灌注，溢出的液体要及时擦掉。

第二，黏结残破漆膜和填补较大裂缝可用环氧树脂。漆膜上残缺的花纹图案，须用中国漆修补，每涂刷一遍，干涸后用砂纸打磨，再打蜡抛光。

第三，对木胎糟朽严重、漆皮尚存的器物，可采用更换木胎的办法，即先将卷曲残碎的漆膜从朽烂的旧胎上剥离下来，按旧物形状和大小仿做一个新胎骨，再采用黏结剂或蜂蜡、树脂液将漆皮粘上复原。

第四，内胎尚好、漆皮脱落的器物，可采用乳香胶、松香、石蜡或蜡 90 份、聚环乙酮树脂 9 份、榄香树脂胶 1 份配比后，加热熔化，作为胶黏剂，再把脱落的漆皮热贴到破损部位。在漆皮上放几张棉纸，在棉纸上加热加压，待黏合剂冷却，漆皮便牢牢地贴在胎骨上。

除了小型的竹木漆器外，还有许多大型的涂漆木质文物，在保管条件较好的情况下，寿命很长。例如，北京天坛的祈年殿，建造已经 400 余年，木结构的屋顶和六根圆柱依然完好无损。故宫的太和殿作为目前我国现存最大的木结构殿宇，至今仍是金碧辉煌、光彩夺目。由此可见，木质文物如果保存环境适宜，寿命可以长达成百上千年之久。

第六章 博物馆馆藏文物管理与文化传播研究

第一节 博物馆馆藏文物管理及完善策略

当前绝大多数的博物馆将文物藏品概言称为藏品，依照《中华人民共和国文物保护法》的相关规定，博物馆藏品就是指在博物馆中所收藏的文物，统称为文物藏品。对于文物藏品的收藏，讲求博物馆的管理工作合法性，需要经由多个环节的鉴定登记程序，在不同的环节由不同的部门来完成藏品的专门保存以及藏品的专门保护。而博物馆在主要的馆藏文物管理工作开展中，所主要负责的工作职责，就是针对馆藏文物进行一系列的保管、收藏、归类、整理还有宣传。只有做好文物藏品的管理工作，才能保证博物馆的持续发展。在博物馆的文物馆藏管理工作开展中，必然要重视对于文物藏品的价值有效利用。文物藏品自身具备了一定的特性，其中包括两方面，一方面就是文物藏品的性质与博物馆自身性质有所等同；另一方面就是文物藏品具备了一定的展示意义及有效的利用价值。

一、博物馆文物藏品管理的基本含义

藏品管理是博物馆工作中一项经常性的重要工作，主要包括对藏品的保藏、保养、保护和整理、研究。藏品管理从字面上讲有"管"和"理"两方面的含义。其中，"管"就是指博物馆对藏品所进行的保管和保护，以便于长期保存、保藏；"理"就是指博物馆对藏品所进行的整理和研究，以便于提供利用和发挥作用。

（一）博物馆文物藏品的"管"

对藏品的"管"，有两方面内容，一是藏品作为国家和民族文化财产的保藏；二是为使藏品永久存在而进行的藏品保护。

博物馆保管的藏品，是人类历史文化和自然界的宝贵遗存，是人类文化不断发展和自

然界不断变迁的物证，是我国悠久历史留给我们的宝贵文化财产和大自然馈赠给我们的宝贵财富，它们中有的很有价值，可以用经济价值来衡量；更有一些是无价之宝，其价值无法用金钱来衡量，它们都是不可再生产的，一旦有损毁，就会造成不可弥补的损失。我们对藏品要进行安全妥善的保管，对保管的每一件藏品都要进行详细的登记建账，必须建立健全的制度，严格出入库手续，加强库房的安全保卫工作。做到制度健全、账目清楚、保管妥善。

博物馆藏品保管，其特征是长期的、永久的，它的出库是短期的，不同于其他部门所保管的物资，出库以后就是保管这批物资的终止。藏品种类非常复杂，它们又都是不可再生产的，在保管过程中，要求尽可能地保持其原有性状，只有这样才能保存其历史、艺术、科学价值，所以藏品保管不同于一般财产的保管，仅有一定的规章制度是不够的，一定要有科学的保护技术和措施，要防止藏品的自然损害，保护藏品的自然属性，尽量减少它自身的改变，改善藏品保存环境，进行合理的修复和必要的复制，使藏品尤其是文物类藏品尽可能地长久保存下去，这也就是对藏品要进行科学的保护。

（二）藏品的"理"

对藏品的整理和研究也有两个方面，一方面是对"外"的，即为馆内其他部门和馆外的社会各界人士利用藏品提供方便条件；另一方面是对"内"的，即为使"管"的工作能做得更好、更科学而做的工作。

藏品是博物馆举办陈列展览以进行社会文化教育的重要手段，又是进行各方面科学研究的第一手资料。要使藏品发挥这方面的作用，就必须进行科学的整理和基础性的研究工作。例如，鉴定文物藏品的真伪，判定年代、产地、作者，检测其各方面自然属性，可以为利用者和研究者提供很大的方便。又如，进行详细的分类、编目、合理的排架，可以使利用者和研究者很快地查询到所需的藏品，提用也很迅速便利。再如，有计划地出版馆藏藏品的目录或图录，公布各种资料和研究成果，可以使社会公众更方便地了解藏品情况，使更多的人能从藏品中受益。所以，1986 年文化部颁布的《博物馆藏品管理办法》中对保管工作必须做到的要求，除了"制度健全、账目清楚、保管妥善"之外，还提出"鉴定确切、编目详明、查用方便"这些基本要求。当然整理和研究并不限于这三点，还可以做得更多，是没有止境的。

整理研究还有一个方面，是为了更好地保藏和保护藏品而进行的。比如说，什么质地的藏品用什么方式保藏效果较好，这就是很大的研究课题。又如，哪类藏品使用率高，哪种藏品使用率低，如何排架可使取用方便又减少损坏机会，这也是一种研究课题。这些问题"理"好了,"管"也就更有效了。

综上所述,藏品管理是博物馆业务活动的重要组成部分,是博物馆实现其收藏机构职能的重要基础工作,是博物馆对藏品进行保管、保护、整理、研究等一系列工作的总称,其目的是藏品的永久保存,并为提供利用创造方便条件。

二、博物馆文物藏品管理的工作流程

文物藏品管理各个工作环节相互联系、相互制约,构成了一定的文物藏品管理工作流程。

(一) 文物藏品的接收与登记

1. 文物藏品接收

文物藏品接收是博物馆保管部门进行文物藏品管理工作的开头,也是征集工作的结尾。对征集部门来说,称为移交。接收,是一道正式的手续,即由保管部门的工作人员按入馆凭证或清册对文物、标本等物件进行核收。经过这道手续的文物、标本等,已属保管部门管理。作为国家和民族科学文化财产,若有损坏丢失,将由接管者负法律责任。

要做好接收工作,在工作态度上要严肃认真,严格按照工作程序,认真仔细地进行接收工作。除此之外,在工作方法上要有严密科学的接收程序,并应注意三个具体问题:一是分清来源,区别处理。二是按书面凭证逐件清点验收。三是与文物、标本等物性有关的各种原始记录,要同时接收过来。

2. 文物藏品登记

登记是开展博物馆文物藏品保管工作的重要一环,是妥善保管和科学管理的关键,是文物藏品管理工作的基础。

文物藏品登记工作,主要包括登记文物藏品总登记账,建立文物藏品登记的辅助账册和文物藏品登记卡片等内容。其中,文物藏品总登记账是国家和民族科学文化财产账,是国家依法管理、保护文物藏品的法律依据,每一个博物馆都必须建立本馆的文物藏品总登记账。文物藏品登记的辅助账册主要包括文物资料等出入馆登记账、文物藏品分类账、复件文物藏品登记账、参考品账、注销文物藏品登记账、借出借入或寄存文物藏品账、复制品登记账等。建立文物藏品登记卡片也是文物藏品登记工作中的一项重要内容。文物藏品登记卡片是检索文物藏品的必备工具,每个博物馆都应该建立本馆的文物藏品登记卡片,以便更好地为使用文物藏品提供服务。

文物藏品登记是一项专业性、技术性、制度性都很强的工作，对这项工作必须给予足够的重视，要有专人专职负责。应该把文物藏品登记、账册管理、统计等有关方面的工作统一规划、合理分工，把文物藏品登记、管理账册与库房文物管理工作分开，以便于各尽其责和分清责任。

（二）文物藏品分类和库内管理

1. 文物藏品分类

文物藏品分类就是划分文物藏品类别，是按一定的原则方法，根据文物藏品性质或形式上的同和异把文物藏品集合成类的过程，即把具有同一特征的文物藏品聚集一起，不具有这一特征的文物藏品另行归类的过程。

凡是确定为博物馆基本文物藏品的一切物件，都需要根据其性质、质地、内容等特点进行科学分类。

国内常见的分类办法有以下几种：第一，是按文物藏品质地分类，即以构成这件文物藏品最基本的质地为根据而分类；第二，是按文物藏品时代分类，即以文物藏品制作或存在的时代为根据而分类；第三，是按文物藏品职能与用途分类，即以文物藏品的职能及其供人使用的用途为根据而分类；第四，是按文物藏品性质分类，即由形成文物藏品的特定技艺为根据而分类；第五，是民族与国别分类法，即以文物藏品所属民族或国别而分类；第六，是既按文物藏品质地、用途，又按文物藏品时代的综合方法分类。

目前，我国博物馆大都采用第六种综合方法对文物藏品进行分类。

2. 库内管理

（1）文物藏品入库

文物藏品入库是指根据鉴选意见，把经过总账登记的博物馆文物藏品，依据分类结果，分别入库庋藏的工作。为保障文物藏品的安全和妥善保管，文物藏品入库一定要以入库凭证为依据，办理好交接手续。

文物藏品入库后要确定其存放方位，并按排架结果归入柜架上，不允许堆放在桌子或其他工作台案上，以防发生事故。文物藏品方位确定后，要建文物藏品方位卡，同时编制库房方位索引或绘制库房方位图表，以便于库房保管员能及时、准确地存放和提取文物藏品。

方位卡，也称库藏卡，是由库房保管员填写的文物藏品存放位置的卡片，这种方位卡（库藏卡）只限于库房保管员使用，因方位卡上记有文物藏品存放位置而具有一定保密性，不宜向外界公开。

编制库房方位索引或绘制库房方位图表，就是把各分类库房的具体位置记录或绘制成图表，以利于文物藏品入库工作的顺利进行。

文物藏品入库后还要建立文物藏品库房日志，用来记录库房每天的各项工作情况。

（2）文物藏品的存放排架

存放排架是文物藏品入藏过程中的最后一个步骤，也是文物藏品库房管理工作的开始。排架是库房科学管理、防止混乱的一项关键措施，是有条理地排列并固定文物藏品存放位置，通常称库房存放方位或定位。

文物藏品排架有三个作用：第一，便于文物藏品的提取和归还原位；第二，便于检查、清点文物藏品；第三，有利于文物藏品的安全保护。

文物藏品排架原则是既要便于文物藏品的提取，又要便于文物藏品的安全保护。一般原则是：上轻下重，前低后高，高卧矮立，间隔距离不能过紧，上、下不能重叠。

文物藏品排架要注意安全，稳妥存放。柜架要坚硬、结实，有一定承重能力和抗震能力。柜架高度要便于文物藏品的提取。无论使用哪种排架方法，都要把存放位置和柜架号回注在有关资料卡片上，还应该把这些信息储存在电脑里。

（3）文物藏品的提用

文物藏品的提用是指出于各种需要，从文物藏品库房中提取文物藏品出库的工作，它是发挥文物藏品作用的一项重要工作。

文物藏品提用的原因有多种，如陈列展览，科学研究，鉴定、编目，修复或复制，拍摄照片、摄制影视录像，其他情况下的借用（上级或兄弟单位举办陈列展览时借用）以及观摩等。由此可知，提用的确是充分利用文物藏品，发挥文物藏品作用的一项重要工作。应该创造各种方便条件，以利于文物藏品提用工作。

提用文物藏品，必须经过有关领导批准并填写提用凭证（即出库凭证）后，文物藏品方可出库。

（4）文物藏品的库房养护

文物藏品的库房养护主要是指对文物藏品的日常保养和安全管理，包括库房的清洁、通风、温湿度调节、防虫、防霉和防火、防盗等安全管理工作。

文物藏品库房保管的要求：①要有固定的专用的库房。②文物藏品库房要设专人管理。③要建立健全库房保管制度。明确库房保管人员的职责，以便于文物藏品库房保管工作安全顺利地完成。

总之，文物藏品库房养护工作责任重大，要高度重视，认真做好这一工作，确保文物藏品的安全保管。

（三）文物藏品的定名与鉴定

1. 文物藏品定名

定名是对文物藏品进行全面的鉴定研究与分析，并将分析结果，按照一定规律，用最简练的词句进行标识的过程。定名是在对文物藏品进行初步的科学研究基础上进行的一项工作，定名工作本身就是对文物藏品的一种鉴定研究。

文物藏品定名是提供、认识文物藏品的重要标志，也是文物藏品科学管理的重要前提。文物藏品名称是登记文物藏品账册的重要项目，它在博物馆陈列展览、科学研究、编目制卡和今后使用计算机管理等各项工作中都是不可缺少的一项。可以说，文物藏品定名的正确与否，直接关系着各项管理工作的质量高低与提取使用的方便与否。所以，文物藏品定名工作十分重要。

2. 文物藏品鉴定

文物藏品鉴定指的是一个研究过程，即通过全面、系统、深入研究，对博物馆文物藏品的真伪、时代、质地、制作过程、流传经过和它所包含的历史、艺术、科学上的意义、价值等做出科学而又正确的评价。可见文物藏品鉴定工作是一项细致而又复杂的科学研究工作。

文物藏品鉴定的内容主要有三项：一是关于文物藏品真伪的鉴定，一般称辨伪；二是关于文物藏品年代的确定，又称断代；三是关于文物藏品价值的评定，也称评价。

首先，鉴定文物藏品的首要任务是辨别文物藏品的真伪。在我国，由于种种原因，文物作伪由来已久，尤其是自宋代以来，仿制、伪造文物之风盛行，近代一些作伪甚至已达到真假难辨的程度。这就需要博物馆鉴定人员根据器物外形和内涵，从质地、铭文、造型、纹饰、工艺技术、作品风格等方面认真加以综合分析，以便做出准确的判断。目前，随着科技水平的提高，我们已可以利用先进仪器和手段对某些文物藏品的真伪做出更为科学的测定和鉴定，因此，采用科学仪器测试和传统经验判断相结合的方法，是文物藏品鉴定工作的发展方向。

其次，文物藏品鉴定要断定文物藏品年代。在文物藏品断代中也有许多问题需要注意。一般情况下，对于有明确出土地点和层位的出土文物，可依照考古发掘报告确定其年代；而博物馆收藏的大量传世品，多没有明确的断代依据可查，因此只能按照出土文物中的典型器和各代早已判定无误的标准器加以比较。有时对无法确定的器物时代，可以采取一种估算方法，即约算一个较大的时间范畴，或确定一个历史时期，如商周时期、秦汉时期、隋唐时期等。对近现代文物藏品的断代，因年代相去不远，所以判定时一般能比较准确，因此这一时期文物藏品的年代一般可用公元纪年。

最后，文物藏品鉴定还要评定文物藏品价值。评定文物藏品价值，主要是通过对文物藏品外形的分析、研究，特别是对其质地、铭文、造型、纹饰、制作工艺等的研究，探讨这件文物藏品所反映的历史、艺术、科学价值，以及它所揭示的生产制造这件文物藏品的那个时代的社会政治、经济、文化、艺术等的发展情况，从而使我们了解制作这件文物藏品所处时代的社会历史、生产力水平以及社会意识形态等诸多方面的情况。文物藏品价值的评定，有利于更好地发挥文物藏品的作用，使文物藏品充分地为当代社会服务。

（四）文物藏品编目与文物藏品建档

1. 文物藏品编目

编目就是编制目录，文物藏品编目是博物馆专业工作者对已登记入藏的文物、标本等物件进行最基本的、综合的研究和鉴定，对其外观和实质，以及历史、艺术、科学价值，做出较为科学而详细的记述，编写出目录卡片；并将单个卡片，进行综合、专题的科学分类，进一步编制成不同形式的目录。它有两方面的含义：一是对博物馆文物藏品编制目录卡片，二是通过目录卡片编制综合性文物藏品目录或专题性文物藏品目录。

文物藏品编目是博物馆各项业务工作的基础。因为博物馆的陈列展览、科学研究等业务活动都离不开文物藏品，而编目的工作成果——文物藏品编目卡片和文物藏品目录是反映文物藏品情况的基本资料，编目工作的质量对上述诸种业务活动具有决定性作用，它直接影响着博物馆工作的广度和深度，影响着博物馆的社会效益，关系着博物馆的价值。

文物藏品编目是博物馆文物藏品科学管理、科学研究工作中一项关键性的工作。它既是对文物藏品深入鉴定研究的过程，也是一定时期研究成果的体现。

文物藏品编目，为文物藏品的管理和利用提供方便，并有利于文物藏品的安全保护。因为文物藏品是不可再生产的科学文化财富，不可能也不允许经常地大量地提取原件使用，一般只能通过编目卡片的科学记录和描述以及原件照片向使用者提供所需的信息。因此文物藏品编目卡片的编制和使用，有利于文物藏品的永久保存，也方便了人们的利用。

文物藏品编目不仅为陈列展览提供多种资料和方便，还可以为科学研究提供依据和方便。文物藏品编目是以鉴定为首要前提的，因而对经过了鉴定的文物藏品进行编目，所编制的编目卡片完全可以为科学研究提供依据；同时也为进一步对文物藏品进行综合研究和各种专题研究创造了方便条件。

编目的具体要求如下：

第一，对于编目中所使用的文字，要求准确、精练、简明、科学合理，使人看到编目卡片就如同看到文物藏品本身一样，一目了然。通过编目卡片，可以直接了解到这件实物的内外含义。

第二，要积极借助现代先进的科学技术手段，对文物藏品做认真的科学研究和鉴定，以便为编目提供科学依据。

第三，要注意发挥文物藏品的作用。

第四，要贯彻百家争鸣的方针，并应充分利用社会研究成果，更要集思广益，博采各家意见，通过分析研究，择善而从，不可固执一说。

实践证明，编目既是一项系统整理工作，又是一项科学研究工作。编目卡片和文物藏品目录等，是研究的结果，但不是研究的结束。对文物藏品尤其是文物藏品的研究将是长期的、永无止境的。

2. 文物藏品建档

建档就是建立博物馆文物藏品档案的工作。文物藏品建档工作是围绕文物藏品各项业务活动开展的一项重要工作，是编目工作的继续和发展。文物藏品建档主要有三方面任务：一是文物藏品档案的收集，二是文物藏品档案的整理工作，三是编制文物藏品档案册。

博物馆文物藏品档案是指在围绕博物馆文物藏品开展的各项业务活动中形成的，系统、科学地记录文物藏品本身详细情况，具有查考利用和保存价值，并按照一定的档案规则要求立卷归档集中保管起来的各种文书材料（包括文字记录、图表、照片、声像制品等）。

文物藏品档案的内容，一般情况下应包括文物藏品搜集情况记录；文物藏品入馆原始凭证、原始记录；文物藏品流传经过记录；文物藏品入库凭证，鉴定意见记录，定级、分类报告；文物藏品各种卡片、使用记录、修复记录、研究记录、采取保护性措施情况记录、著录文献索引、有关论著的索引或简报以及文物藏品残损情况报告、注销凭证等一切与文物藏品有关的情况记录材料。

国家文物局还统一印制了文物藏品档案册，下发全国各地博物馆，要求各博物馆首先建立起一级品文物藏品档案，然后再逐步展开二、三级文物藏品的建档工作。文物藏品档案册是文物藏品档案中的主要材料。文物藏品档案册的内容共有13项，包括：封面和首页，搜集经过；铭记、题跋；鉴藏印记；著录及有关资料书目；流传经历；鉴定记录；修复、装裱、复制记录；现状记录；备注；附录；绘图（或拓片）；照片。

博物馆文物藏品档案是掌握文物藏品全部情况的可靠材料，是对文物藏品自然面貌与各项业务活动的多角度、全方位的真实、全面的科学记录，是除实物资料外最重要的文字资料。文物藏品档案可以使国家行政主管部门掌握全国的重点文物藏品和一级品的情况，还可以使各博物馆掌握本馆文物藏品和一级品情况。文物藏品档案体现博物馆文物藏品管理业务人员对文物藏品进行科学管理的水平和深度；同时，文物藏品档案又是一项重要的科研成果。因此，要加强文物藏品档案的管理工作。

（五）文物藏品注销与统计

1. 文物藏品注销

文物藏品注销是指对因各种原因已不属于本馆文物藏品者，通过一定程序在文物藏品总登记账上加以注明，予以销账的工作。

文物藏品注销工作是使博物馆账物一致的保证。对已经损毁、消失或调拨出馆的文物、标本等，如不及时从账册中注销势必造成账物不符的现象，出现账目混乱，以致无法有效管理，甚至会被道德不良者趁机钻空子，造成不必要的意外损失。

文物藏品注销，并非都是消极的、被动的行为。事实上，除了因文物藏品失盗、严重损毁等灾难性原因对文物藏品注销外，其他各方面原因的注销几乎都具有积极的建设性意义。如通过调拨，可以扶持一些底子薄、文物藏品少的博物馆或使调入文物藏品的博物馆的文物藏品品类更为齐全；通过馆际交换，有利于博物馆互通有无，以丰补歉，使彼此间的文物藏品都更加丰富、齐全。

2. 文物藏品统计

文物藏品统计是指博物馆在每季度末和年终时，对文物藏品增减数字的整理、计算工作。

为了掌握文物藏品的增减和变动情况，对国家和民族科学文化财产负责，博物馆文物藏品库房应定期进行清点、核对和统计，做到文物藏品实物、卡片和账册的记载三者完全相符，并做出准确的数字统计，向上级主管部门提交数字报告。

文物藏品统计的内容主要包括：馆藏各类、各级文物藏品的实际库存数，文物藏品增加、减少、流动利用的统计数据以及馆内外和国内外展出文物藏品数字统计等。

文物藏品统计结果要填入各类统计表格中，文物藏品统计表的种类和格式，基本可以分为六种：①文物藏品增减数量统计表；②历年增减数量统计表；③一级文物藏品升降级统计表；④文物藏品使用出库数量统计表；⑤年度文物藏品来源增减表；⑥季度文物藏品增减提用动态表。

无论哪种统计表，其格式设计都应符合国家文物局颁发的规定，其栏目内容，应以能反映各类统计所希望达到的预期目的为原则。

（六）文物藏品备案

文物藏品备案是国有博物馆文物藏品档案的建档部门将已经整理归卷的各种档案卷宗和涉及文物藏品出库、出境等工作内容的相关文件材料，依照相关要求向上一级行政管理机构报送存档备查的工作过程。

文物藏品备案是国家对各级国有博物馆的文物藏品实行宏观管理的手段之一，是摸清我国博物馆文物藏品家底，全面掌握文物藏品完整信息的必要手段；也是切实履行法律责任，加强国有文物藏品监管，健全国家文物藏品保护体系的基本要求。在特殊极端情况下（如自然灾害、盗窃、战争等原因导致文物藏品遭到损坏、遗失），可为文物藏品进行维修、追索等提供可靠依据。

1. 文物藏品备案的内容

（1）文物藏品总账备案。博物馆文物藏品总登记账的副本应报国家和当地文物行政管理部门备案。

（2）文物藏品目录备案。博物馆的《一级文物藏品目录》要报国家文物局和本省（自治区、直辖市）文物行政管理部门备案，《二级文物藏品目录》要报本省（自治区、直辖市）文物行政管理部门备案，《三级文物藏品目录》要报本市（县）文物行政管理部门备案。

（3）文物藏品档案备案。博物馆的《一级文物藏品档案》要报国家文物局和本省（自治区、直辖市）文物行政管理部门备案，《二级文物藏品档案》要报本省（自治区、直辖市）文物行政管理部门备案，《三级文物藏品档案》要报本市（县）文物行政管理部门备案。

（4）其他备案。按照国家相关法律法规需要备案的工作内容。

2. 文物藏品备案的方式

一是逐级备案制。逐级备案制是指各级各类博物馆逐级向上级主管的文物行政部门或行业主管部门进行备案。实行逐级备案可以保障各级博物馆主管部门都拥有各自所辖行政区域内的博物馆文物藏品档案。一套完整的博物馆文物藏品建档备案工作体系的建立，将有利于大幅度推动我国文物藏品建档、备案工作的健康发展。

二是"双轨制"备案。"双轨制"备案就是实行纸质档案和电子档案同时科学备案的管理模式。电子档案只是科学管理的一种手段，不能取代纸质档案的存在。一份档案，以电子格式和纸质档案同时归档的"双轨制"是较为科学的管理模式。

三、博物馆文物藏品管理的完善策略

第一，加强重视意识，增强认知。新文物保护法施行至今，我国已经针对博物馆的文物藏品管理，增加了许多相关法制规定及规章政策，从而有效地为博物馆的文物藏品管理工作开展奠定了法律基础。应将博物馆的馆藏文物管理作为当前的重要工作，拟订有针对性的管理工作规划。应提升整体的工作质量及管理有效性，保障博物馆的馆藏文物能够规范安全管理。

第二，合理构建完善文物管理藏品制度规范。博物馆在文物管理工作开展中，应当针对博物馆的实际情况来完成相应管理机制的不断完善，严格地履行我国对于博物馆文物藏品管理工作开展的相关标准。要依照博物馆的具体情况来针对性地构建相应的管理规定，不断规范管理技术，在实践的过程中重视具体成效，从而使得博物馆的整体文物藏品管理机制更加规范科学。首先通过对博物馆的文物藏品管理情况进行调研，不断地收集其他地区或者国家的成功管理方法，针对性地制定适合自身的博物馆管理工作规范并予以制度化。通过不断地完善相应的规章机制，有效地保障博物馆的文物藏品管理工作受到相关法律机制保护。

第三，收集馆藏文物提高文物藏品数量及质量。要提高博物馆的文物藏品的数量和质量，就要重视博物馆的长期可持续发展需求，通过开展文物藏品的征集活动来实现这一目的。首先对博物馆所现存的馆藏文物，完成一定的分类归总，不断地使文物藏品的种类通过征集活动有所增加，重视博物馆的未来发展可预见性。在开展征集活动的过程中，可以提前制订文物藏品征集计划，并资助文化遗产保护创新团队。

第二节　博物馆馆藏文物的数字化保护与管理

一、博物馆馆藏文物数字化保护与管理的意义

（一）加强文物保护的必然要求

具有 200 多年历史的巴西国家博物馆，收藏了千万件珍贵文物，其中包括众多稀有文

物。它不仅是巴西历史文明的重要见证，还是人类文明发展的重要瑰宝。令人意想不到的是，2008 年的一场大火将这些人类文明的"活化石"付之一炬，令人备感遗憾。类似这样的文物遗失或被毁事件时有发生。由此可见，作为人类文明的重要见证，文物必须得到有效保护。

2019 年，与巴西国家博物馆同样的不幸在巴黎圣母院再次重演。这座具有八百余岁高龄的建筑经过十多个小时的大火煎熬，塔尖支离破碎，三分之二的屋顶惨不忍睹，只有主体建筑骨架和两座钟楼得以幸存。这场大火带走了众多人类文化的重要遗产，同时也给人们留下了严重的警告：第一，现存的历史文物必须加以重点保护管理，各种防火、防火、防虫、防盗等防护措施务必落实到位、认真执行。第二，不论是如何坚固的文物在经历千百年的岁月后也必将走向腐朽。一些人为保护措施虽然可以延缓腐朽进程，但是受一些不可抗拒的因素影响，以及岁月的侵蚀，文物终究会出现不同程度的、不可挽回的损害。因此，人们必须寻求更为稳妥、更为有效的保护手段用于文物保护。不受时间流失影响的数字化保护措施不失为一项良好的选择。通过 3D 建模技术，文物的各项数据可以永久保存归档。

（二）为文物的展览空间扩容

文物的价值不仅体现在对于人类历史的见证，还体现在本身承载的历史文化内容价值。人们通过历史文物研究，可以获悉当时的社会文化、社会生产力、制造工艺、人文、自然等方方面面的内容。作为历史文明的"活化石"，文物对于现代人类而言不只是一件具有收藏价值的物件，而是一段历史、一份十分珍贵的人类发展经验。通过文物公开展览，人们了解文物承载的历史事件、历史人物等信息，汲取重要人生经验，以古鉴今。因此，文物的开放展览对于公共教育事业发展具有不可预估的重要作用，意义重大。

文物开放展览必须提前考虑好空间和容量问题的解决办法，毕竟任何一座博物馆的空间和容量都不是无限的，这就意味着每次开放展览只有一定数量的参观者可以如愿以偿。与此同时，参观者面对珍贵文物都想拍照留念，过多的强光刺激将会导致文物褪色、脱皮等不可挽回的伤害。因此，如何在不损害文物的前提下让更多的人清楚观览文物，是一件值得深思的事情。数字化技术也许可以解决这一难题。通过对文物进行全面的数字化扫描，获得详尽的 3D 数字数据，建立数字化档案，实现文物的数字化，然后通过数字博物馆对外展览。人们不用来到博物馆，随时随地都能通过现代传播平台一睹文物风采。这样做不仅解决了展览空间和容量的问题，还解决了文物伤害问题。同时，当代传播媒介具有强大的分享传输功能，文物宣传工作者借助这一优势，可以更好地开展文化传承工作，最终实现公共教育全覆盖的目标。

（三）有利于推动数字博物馆建设

日益丰富的物质生活赋予了人们追求更高层次精神生活的力量。越来越多的人走进博物馆，接受历史文化的熏陶。数字技术的飞速发展，推动人类社会进入 5G 时代，互联网已经全面覆盖了人们的工作和生活的方方面面，数字技术已经与人们的生活、工作融为一体，密不可分。人们充分利用数字技术传播优势，弘扬人类文明发展成果，大力宣传人类历史文化，从而更好地实现人类历史文明传承。利用先进的数字技术对博物馆文物进行安全扫描，构建详尽的数字档案，以此为基础进行文物建模，建设在线数字博物馆。届时，人们可以不受时间和地域的限制，通过数字网络就可以随心所欲地参观浏览博物馆文物。2020 年，春节时期，北京故宫博物院就推出了在线故宫游活动，人们足不出户，就可以实现 3D 实景、720 全景逛故宫。与此同时，对文物进行数字化保护与管理，可以有力推动全面文物信息档案库的建立，优化文物资源共享模式。以往的文物资源共享都需要将文物运输到实地，这无疑增加了文物安全风险，实现数字化管理后，只要携带文物各项数据信息就可以参加各地文物展览。

二、博物馆文物数字化保护与管理的实施

（一）创新文物数字化保护与管理的方式

对文物进行全方位数字化扫描归档只是文物数字化保护和管理的一方面，实现文物数字化管理才是重中之重。文物的数字化保护需要采用与之相匹配的数字管理方式才能得以健康推行，以往传统的管理模式已经不能满足需要。

数字化管理体系或系统的数据库拥有文物的 3D 图像、建模数据、信息资料等详细数据，能够随用随调，是文物数字化管理的核心基础。由此可知，建立优质高效的文物数字化保护和管理体系是文物数字化管理的重点所在。文物数字化保护和管理体系主要包含两方面内容，具体内容如下：

①建立文物数据资源档案库。保存文物图像信息、建模数据等文物各项信息数据都是文物数据资源档案库的重要保存内容。为了实现文物信息永久保存，数据不遗失目标，文物数据资源档案库必须将信息资料备份工作视作重中之重。

②搭建文物数字化管理平台。文物数据资源档案库包含丰富多样的数据信息，依照一定的规则、秩序将这些信息梳理整合，是文物数字化管理平台的重要作用。比如，依据一

定的数据标准，文物数字化管理平台可以将相关文物分为陶器、漆器、古籍等类别，同时历史朝代的更迭顺序也可以作为一种标准。

总而言之，文物信息及自身所承载的历史文化借助文物数字化平台得以循序渐进的呈现。管理端的应用和客户端的建设是构建文物的数字化管理平台的重要组成部分，其中客户端建设是文物数字化保护与管理的重点目标。普通用户通过平台客户端，可以在线观赏、研究文物，同时也可以听取博物馆专业人员对文物的讲解，从而实现弘扬与传承传统文化和公共教育的目标。

（二）VR/AR 技术应用于文物数字化保护

随着人们进入 5G 时代，VR/AR 技术已经与人们的生活和工作息息相关。比如 VR/AR 穿戴设备等数字化技术产品在市场上屡见不鲜。在文物保护和管理工作中采用 VR/AR 技术的做法也实践了多年，并且也取得了不错的成效。就文物保护领域内更大范围的应用而言，VR/AR 技术仍然具有强大的应用潜力。但现实情况是，大多数博物馆受经济条件限制，没有引入 VR/AR 技术，也有少数博物馆犹豫不决，处于观望状态。虽然 VR/AR 技术已经日臻成熟，但是在文物数字化保护上并未得到广泛应用。如果想更好地利用 VR/AR 技术，博物馆必须对其进行深度认知，并加以充分应用。

VR 即为虚拟现实，计算机技术、先进电子技术以及图像处理技术等所具备的优势都集于该技术中，综合功能较强，不但可以有效处理多媒体音视频、三维图像，还能实现人工智能、人机交互等。计算机模拟虚拟环境带给人们良好的环境沉浸感，是实现虚拟现实的基础形式。文物数据资源档案库中的具体建模数据可以被 VR 技术调取，用以建立虚拟环境的文物展览形式。比如，构建秦朝街道上车水马龙的虚拟环境，再根据秦陵一号铜马车数据进行数字建模，将两者有机相结合，这时，观赏的人们就会拥有身临其境的生动体验。

AR 技术亦称作增强现实，就字面意义而言，通过虚拟的数字化技术对现实环境进行容量扩充，即在真实世界中嵌入虚拟信息内容，并令人通过感官感受到这一过程，从而切身享受到超越现实的观感体验。文物的数字化保护和管理中可以采用此种技术。AR 技术可以将现实环境与虚拟环境相融合，营造逼真的文物展现实展览效果。比如，博物馆采用 AR 技术实现虚拟的文物与真实的环境完美融合，身处真实文物的全息投影中，人们在观赏时不仅身临其境，也颇具趣味性、生动性。

（三）构建基于资源共享的数字展馆

封存文物并不是文物数字化保护和管理的最终目的。让历史文物尤其是颇为珍贵的历史文物能够更好地展示于人前，实现文物资源的数字化展示才是文物数字化保护和管理的重要目标。综合前言可知，传承、弘扬历史文化并实现公共教育是文物展览的目标。实现对文物所承载的历史文化的传承、宣传文物背后所包含的公共教育意义亦是文物数字化保护和管理的最终目标。建立文物数字化展览馆是文物数字化保护和管理的最终表现方式。数字展馆的建立必定会打破传统的文物的研究学习方式。同时，数字展馆的建立也是目前对文物实现全方位保护的最佳方式。

建设文物数据资源库和资源共享的数字展呈平台，是数字展馆建设的两项重要内容。数字资源档案库建设和文物展览平台建设都必须依照一定的规范形成文物数字化标准体系。采集、整理、存储、加工、使用等文物数字化工作都必须依照该标准规范执行，从而构成"一站式"文物数字化资源管理服务体系。这样一来，全国范围内文物大数据的建设就会有据可依，能够更好地实现大数据资源共享，从而令各阶层群众都能享受到丰富的文物数字化资源。

第三节　博物馆馆藏文物的文化传播能力提升

对于博物馆文化价值的探讨一直以来都是学术界的热点问题，也是许多研究者所关心的问题。但是，通过对现有文献的解读和分析可以看到，大部分文献中都有"大篇幅的叙事泛化"的问题。本文作者主张：以"文物"为切入点，探讨其对"历史"的影响，并把"历史"与"新时代"相结合，只有如此，才能显示出文物学术研究的实际意义。

一、文物在文化传播中的地位与作用

文化传播的水平与传播者的文化观念、价值观念有着密切的关系。一种文化要想拥有更强的凝聚力和更强的感染力，就必须拥有更多的文化内容和更多的文化气息，还要拥有更多更强的传播途径。在博物馆中，文物的文化传播能力，是经过漫长的岁月洗礼而形成，带有一定的文化内涵的信息传递功能，以博物馆为基础，以展示的方式对观众的心理层面起到了影响。在文化交流中，文物的位置和功能具体表现为：

（一）传递文化信息，构建历史文化内涵

文化遗产可以向观众传达所承载的文化信息。博物馆把古代文物的"古"字和其中所蕴含的众多民间文化相关的历史故事，以文物为载体，更加直接、方便、及时地向观众展

示出来。受众能够隔着时间和空间与文物进行"面对面交流",更易于接受和感受其中所蕴含的历史和文化意蕴,从而提高传播的效果。在文化传递的过程中,文化遗产既要成为一个"搬运工",也要成为一个历史和文化内涵的"塑造者"。文物既是具有代表性的文化符号,又是"传播者",用以构建具有特色的历史文化,发挥文化效应。

(二)影响受众对文化的体验

在文化交流中,文化遗产对文化舆论的影响和导向起着重要的作用。举个例子来说,如果文物属于盛酒器,那么听众收到的文物文化信息与文化印象多与美食文化相关,这对听众关于文物文化的体验产生直接的影响。若文物为一组编钟,则听众将获得更多的礼仪与音乐的体验。文化遗产类型的差异,将直接影响到文化遗产引导的走向。而新媒介的出现,又使文物在社会中具有更大的影响力,使得文物在大众中经常作为文化的主导性力量,引导着大众的文化走向。这样才能让观众感受到文物的信息传播效果,让文物的文化形象深入人心。

(三)提升受众文化审美层次与文化情感

文化遗产的"文化气质"和文化品位,将对观众的文化审美观产生重要的影响。文化遗产所传达出的信息,将会使观众产生强烈的文化情绪。要提高观众的文化审美观,提高观众对历史的文化情怀,就必须依靠文物解说工作者的努力。讲解员具有较高水平和较高素质的文化美感,主要表现为自身的文化气质和内在美。把文物的文化意蕴和个性的力量融合在一起,展现出互补的文化效应,可以提高观众的文化审美水平,更易于使观众对文物有文化感情。

二、博物馆馆藏文物文化传播能力的提升途径

(一)加强文物保护,努力保留文化痕迹

各文物保护单位应组织有关人员,对文物全面巡查与维修,如有问题,应立即予以处理。为此,应积极建立相应的制度,强化对有关工作人员的监管,并对文物资源给予科学保护。对文化遗产的开发和保护方法,主要有三个方面:第一,要从大局出发,树立整体观念。这说明了对文物的保护并不是单纯的修复,而是要对其做一次全面的调查,并根据实际情况做出最好的保护计划。第二,保护文化遗产,要从表面向内保护,一改最初的粗放。第三,在利用科技手段修复文物时,要注意保存文物的历史和文化印记。

（二）优化文物展览方式，完美展现文物文化价值

第一，用立体思维创造出文化遗产的个人化展示方式。立体思维对于展示文物的多层次、多角度具有十分重要的意义。所以，文物展示的展策者应该有更多的思维、更多的开拓创新，抛弃以往过时的展示形式，以更新颖和更有个性的形式展示给公众。

第二，将文化遗产展示与数字技术相融合，创造出符合时代特点的智慧展示。在我国的美术馆中，文物陈列的数码化已成为重要的发展方向。要使文化遗产展示与时俱进，就需要与信息化技术相融合。将电子信息技术引入真实的文物展示中，将传统展示和数字展示有机地融合起来，推动文物展示规划的高端化和智能化。所以，如何将文物陈列和数字技术有机地融合起来，成为我国美术馆的另一个重要课题。

（三）提升文物讲解员水平，充当好文物载体工作

第一，为保护文物，充实文物解说人员的文化底蕴，增强文物文化传承的厚度。历史遗迹中蕴藏着丰厚的文化底蕴。各种类型的文物展示各不相同的文化内涵，例如历史文化、礼仪文化、民俗文化、饮食文化等，都具有深厚的历史底蕴，传达了一个民族的性格、伦理、精神和心理。这些展示了历史文化的遗存，汇聚了古人的精神气质和智慧，带给人们思想上的启迪、精神上的鼓舞和文化艺术上的熏陶。

第二，提高讲解者的解说水平。解说是一项很关键的技能，包含了解说的方式和方法。讲解者可以根据展品的不同，添加不同的剧情，以取得较好的解说效果。解说能力实际上属于一种思维能力，讲解员需要在对文物解释的过程中启发联想、情景交融、有的放矢。

综上所述，文化遗产对人类的交流具有十分重要的意义。它既能传达文化信息，构筑有个性的文化意蕴，又能指导观众的文化取向，还能使观众产生积极的心理感受，同时也能提高观众的文化审美水平和文化情怀。要提高我国历史文化遗产的交流水平，就需要在历史遗产的基础上，加大对历史遗迹的保护力度，优化文物的展示方法，才能最大限度地体现出文物的文化价值。提高文化遗产解说人员的素质，就要做好文化遗产的载体工作。要做到这一点，需要长时间积累，以及自己的坚持与付出，还需要不断地创新、实践与研究。

第四节　博物馆文化传播教育职能及其发展

博物馆作为一个地区的历史与文化的瑰宝，是一个地区发展变化的记录与见证。随着时代的变迁、教育方式的多元化，博物馆的文化交流与教育功能越来越突出。

博物馆内收藏文物、保护文物、展示文物、开展社会教育活动，广泛地宣传数字技术化保护成果等文化资源，可以让大众群体在视觉、听觉等多个层面上交互与反馈，最终构成文化传播教育的闭环，这样就可以更好地发挥出文化传播教育的功能。所以，从博物馆的角度来看，要发挥文化宣传和教育功能，这是社会的教育职责。

一、博物馆文化传播教育职能

当今社会，博物馆发挥着举足轻重的作用。博物馆主体职能也被持续扩大，不仅是保存、研究人类自然、文化的学术机构，更是面向公众、担负教育职责的科普教育基地、爱国主义教育基地、思想政治教育基地。当代的博物馆，是一个与民众交流的"文化之桥"，是一个让民众参与其中的"文化舞台"。所以，要充分挖掘博物馆的文化资源，充分发挥博物馆的教育功能，就需要深刻地探讨博物馆的文化交流特征，并更好地探索和创新博物馆教育的新模式。

不同的民族、不同的地区，文化也有各自的特点、各自的差异。文物保护单位既是历史的载体，又是文化的载体。推动具有地区特点的文化发展与建设，为人们提供更多的精神文化服务，是博物馆的职责，也是博物馆的主要功能。博物馆文化具有多样化和广泛性的特征。随着社会的发展，我国已进入了新的发展阶段。后辈要保护和利用先辈们所遗留下来的珍贵财富，使中国悠久的文明得以发扬和延续。这就要求充分发挥出博物馆宣传教育功能，让博物馆文化在人们心中生根发芽，让文化对广大人民群众产生深远的影响，让大众认知和崇拜文化。

二、博物馆文化教育传播职能的创新

（一）创新博物馆文化教育理念

伴随着时代的发展，人民群众对于精神和文化的需要越来越强烈，而博物馆又担负着对历史和文化传承的职能，教育作用也越来越突出。

充分利用文化遗产的特殊性，挖掘文化遗产的深层内涵，充实文化遗产教育内容，革新文化遗产的形态，构建文化遗产的理论体系。因此，博物馆教育不能将文化遗产当作博物馆收藏、研究的副产品，而是要当成博物馆开展一切工作的起点和终点，让大家改变对博物馆功能的传统认知。博物馆最直接、最常见的方法就是展览，但是现在，我国尤其是一些中小博物馆，依然无法从多角度、全方位地认识到展览，更多的还只是在表面上做简单的展示，并单方面灌输。对于进入博物馆的游客来说，最常用的方法就是对文物的文字解释，或是人工解说，更多的信息和知识点都需要靠游客自己去理解。此种单一的沟通模式所带来的负面效应，极大地制约了博物馆教育沟通功能的发挥。这一现象也揭示出了博物馆自身的被动和懒散，并将极大地影响到参观者的教育效果。博物馆应该意识到，在传递知识过程中，双方的互动所起到的作用和影响要比教育者向被教育者的单向传播大得多，应扩大展览展示的教育功能。

对博物馆来说，要达到教育功能的最大限度，必须把最佳的文化结果提供给受众，让他们更好地去学习，去接受教育。因此，博物馆不仅要拥有高品质的文化产品，还要能够与受众展开积极的互动，并启发和引导受众，同时，还需要革新满足社会需求的、多元化的、科学的传播方法，从而提高和发展博物馆的教育观念。

（二）丰富博物馆文化教育传播方式

21世纪各种新媒介不断涌现，以新、旧媒介进行博物馆文化的推广，已成为具有普遍性和广泛性的方式。现在人们所使用的传播途径一般有报纸、书本、宣传页、海报、电视、微信、抖音、微博、讲座等。面向各年龄层受众，宣传手段要科学化分级。可以把展会的消息传播到受众面较广的报纸上，如当地的日报、晚报、行业报纸等；或者在附近的学校，农村企业、社区张贴宣传单；也可以采用讲课模式；或者用一系列的教学视频；还可以采用在电视上录节目的方法。

在中小城市，尤其要注重与受众的交互，这就要求运用新媒体技术，充分利用微博、微信公众号和自媒体的作用，制作短片和其他成本较低的宣传方式，促进资讯的传递，并扩展博物馆的影响。因此，在文化传播面向大众时，一定要对症下药，找准自己的位置，这非常重要。

（三）发挥互联网技术在博物馆教育传播中的作用

在数码资讯的年代，资讯的快速传递、广泛而有效的影响，为传统文化的传承提供了有力的助力。处于信息化社会中的传统文化，一定要与现代科技相融合，运用新的传播手段和信息科技，充分发挥出博物馆的文化宣传和教育功能，让更多的游客对博物馆产生浓烈的兴趣，并能体会到信息科技给人们带来的全新体验。因此，在博物馆的日常工作中，要把科学技术与互联网结合起来，建立一个网上的信息服务平台，并利用此平台，协助公众认识及把握博物馆资讯。利用现代的互联网和资讯科技，提高公众对博物馆的认识，促进文化和教学观念的传播，促进教学体系的改革，改善馆内的基本设备，比如三维展品展示平台、参观者大数据统计、收藏资料的共享平台、社会实践活动调查和实施、社会反应表现的统计。在博物馆中引进现代科技，利用 3D 技术对博物馆展品、文物和社会教育活动做 360 度的虚拟展示；AI、VR 技术、预约平台等新型的数字化平台，可以更好地为文化教育宣传工作提供帮助，用博物馆的新理念、新业态给观众们带来新的体验。

（四）大力提高博物馆策展水平

传播历史，传承文化，这是我国博物馆的教育传播功能。因此，如何更好地向公众展示这些优秀的文化作品，以更好地为公众服务，更好地促进会展策划工作的开展，就显得尤为重要。由于人民群众的精神和文化需要不断提高，参观和重视博物馆的人数也在不断增加。一场高水准的展会能引起全球的关注，近年来，参展队伍与日俱增。相反，如果展出得不够吸引人，那就会使博物馆陷入门可罗雀的地步。所以，要发挥博物馆的文化宣传和教育功能，必须有一个高水准的展览策划和展示计划。

"以人为本""科学定位"和"深度研究"是会展成功的基本条件，以人民为中心的宗旨，从展览大纲到形式设计、信息宣传，再到社会教育活动、文创发展等领域进行开拓与创新，全方位、系统性地发掘与阐释展会的内容与意义，并在表现方式上实施革新。例如在展示中运用现代科技，利用触摸屏来充实展示的内容，延伸对文物的认识，使所呈现的方式更加丰富。利用声光电技术将 2D 和 3D 内容，比如文物和展板、影像、风景等表现得生动活泼，增强与参观者的互动性，激发参观者的好奇心，使他们更加喜爱展品。

在新时代的发展进程中，博物馆的文化宣传和教育功能被赋予了新的使命。怎样才能更好地发挥博物馆的宣传和教学功能，如何更好地为公众提供更多的信息，这是一个亟待解决的问题。新时代下，对博物馆传播教育职能的核心和要义进行剖析与研究，对提高传播教育职能的理论和方法进行创新和改进，充分地发挥传播教育职能，这就是博物馆弘扬传承历史文化、为社会文明进步发展所应该承担的社会职责。

参考文献

[1]《文物学概论》编写组. 文物学概论：彩图版［M］. 北京：高等教育出版社，2019.

[2]《中国大百科全书》总编委会. 中国大百科全书［M］. 北京：中国大百科全书出版社，2009.

[3]〔日〕伊藤寿郎、森田恒之著；吉林省博物馆学会译. 博物馆概论［M］. 长春：吉林教育出版社，1986.

[4] 陈万里. 越器图录［M］. 北京：中华书局有限公司，1937.

[5] 陈潇. 浅谈纸质文物的保护措施［J］. 中国民族博览，2022（04）：187-189.

[6] 谌璐琳. 高校博物馆研究［J］. 自然科学博物馆研究，2021，6（06）：4.

[7] 丁一斐. 试论博物馆文物陈列［J］. 收藏与投资，2023，14（03）：144-146.

[8] 杜若铭. 文物藏品在博物馆工作中的重要性探究［J］. 中国民族博览，2022（19）：205-208.

[9] 冯先铭. 我国陶瓷发展中的几个问题——从中国出土文物展览陶瓷展品谈起［J］. 文物，1973（07）：20-27+14+28-29+87-88.

[10] 付世权. 博物馆馆藏革命文物的保护利用研究［J］. 中国民族博览，2022（12）：210-213.

[11] 龚德才. 文物保护基础理论［M］. 合肥：中国科学技术大学出版社，2019.

[12] 郭仁. 关于青瓷与白瓷的起源［J］. 文物，1959（06）：13-14.

[13] 郭星. 博物馆铁器文物的保护［J］. 收藏与投资，2022，13（10）：140-142.

[14] 国家文物局博物馆与社会文物司. 博物馆青铜文物保护技术手册［M］. 北京：文物出版社，2014.

[15] 国家文物局博物馆与社会文物司. 博物馆铁质文物保护技术手册［M］. 北京：文物出版社，2011.

[16] 韩宏博. 博物馆馆藏残损青铜器的修复研究［J］. 收藏与投资，2022，13（06）：

112-114.

［17］黄智杰. 博物馆古陶瓷器修复的仿色工艺研究［J］. 陶瓷，2020（06）：16-21.

［18］雷蒙德·阿古斯特，周秀琴. 博物馆的法定定义［J］. 中国博物馆，1987（01）：86-92.

［19］刘彩平. 现代博物馆文物保护及管理趋势研究探析［N］. 科学导报，2022-10-21（B03）.

［20］刘明骞. 我国高校博物馆研究的评述与展望［J］. 自然科学博物馆研究，2021，6（06）：10-18+91.

［21］刘沛恩. 博物馆文物保护与管理趋势分析［J］. 艺术品鉴，2023（06）：105-108.

［22］刘小文. 浅谈博物馆文物管理中的文物保护措施［J］. 中国民族博览，2022（15）：214-216.

［23］倪炎. 馆藏铁质文物保护修复［J］. 首都博物馆论丛，2019（00）：448-454.

［24］申桂云. 铁质文物锈蚀机理及广西出土、出水铁质文物保护研究［J］. 辽宁省博物馆馆刊，2009（00）：508-542.

［25］宋向光. 物与识：当代中国博物馆理论与实践辨析［M］. 北京：科学出版社，2009.

［26］孙华. 试论遗址博物馆与遗址公园的关系［J］. 博物院，2022（03）：26-32.

［27］孙华. 遗址博物馆的特点与规建［J］. 东南文化，2022（04）：14-24+191-192.

［28］孙辉. VR技术在博物馆文物保护中的应用［J］. 收藏与投资，2023，14（03）：113-115.

［29］陶冶. 关于博物馆陶瓷器保管工作的探究［J］. 文物鉴定与鉴赏，2021（21）：156-158.

［30］王成兴，尹慧道. 文物保护技术［M］. 合肥：安徽大学出版社，2005.

［31］王晓丹. 博物馆馆藏文物数字化保护与管理研究［J］. 参花（下），2022（12）：62-64.

［32］王欣. 博物馆金属文物保护与修复研究［J］. 收藏与投资，2023，14（01）：119-121.

［33］韦文恒. 博物馆纺织品文物预防性保护措施分析［J］. 文化产业，2023（06）：114-116.

［34］吴秋林，杨春艳. 中国生态博物馆的"生态"研究［J］. 大连民族大学学报，2022，24（04）：311-319.

［35］严文明，安田喜宪. 稻作、陶器和都市的起源［M］. 北京：文物出版社，2000.

[36] 杨巧灵. 博物馆文物藏品的保护与利用分析 [J]. 文化月刊, 2022 (11)：119-121.

[37] 张志辉. 博物馆文物陈列与文物保护意识研究 [J]. 中国民族博览, 2022 (18)：197-200.

[38] 赵婷. 博物馆青铜器传统修复技艺的传承发展 [J]. 收藏与投资, 2023, 14 (03)：107-109.

[39] 周鼎凯. 遗址博物馆的发展优势与瓶颈研究 [J]. 中国博物馆, 2021 (02)：99-104.

[40] 朱乃诚. 中国陶器的起源 [J]. 考古, 2004 (06)：70-78.